EMIL BOCK

MICHAELISCHES ZEITALTER

EMIL BOCK

MICHAELISCHES ZEITALTER

URACHHAUS

Erstmals erschienen 1979 als erweiterte Ausgabe des Bandes
»Im michaelischen Zeitalter«, Urachhaus, Stuttgart 1948.

Diese Ausgabe basiert auf dem Text der 2. Auflage 1995
und enthält Vorträge und Aufsätze aus den Jahren 1923 bis 1957.

ISBN 978-3-8251-5362-5

Erschienen 2023 im Verlag Urachhaus
www.urachhaus.de

ⓔ auch als eBook erhältlich

Umschlaggestaltung: Katja Schüch, Kirchheim/Teck
Satz: Klaus H. Pfeiffer
Gesamtherstellung: GGP Media GmbH, Pößneck

FSC www.fsc.org MIX Papier | Fördert gute Waldnutzung FSC® C014496

Klimaneutral Druckprodukt ClimatePartner.com/53248-2106-1005

INHALT

GELEITWORT ZUR NEUAUSGABE 2023

Taucht man in die Vorträge Emil Bocks ein, die er in den dramatischen Jahren von 1923 bis 1957 gehalten hat, so fühlt man sich aus der eigenen Tiefe heraus aufgerufen, neue Wege mutvoll zu ergreifen. Auch ist es sehr eigenartig, dass man beim Lesen des Buches den Eindruck haben kann, den machtvollen Worten eines alten und doch neuen Propheten zu lauschen, einem Vorverkünder der neu aufgehenden Christus-Sonne. Er ruft, wie einst Johannes der Täufer: Ändert euren Sinn! Verfallt nicht den Zauberkünsten der dunklen Mächte mit ihrer verlockenden Technik, ihren Egoismen usw. und verschlaft nicht das geheimnisvolle Erscheinen des Christus im Goldhauch des Ätherischen. Erkennet auch – so mahnt Emil Bock – den Vorkämpfer Christi, Michael, der euch in Freiheit zum Schauen der Christus-Sonne erkraften will.

Mit Erkenntnis-Sicherheit weist Emil Bock auf die Aufgaben der vergangenen Epochen hin, wie auch auf die Notwendigkeit, heute der gesteigerten Macht der Widersacher bewusst und mutig zu begegnen. Daher nennt er sein Buch: »Michaelisches Zeitalter – Die Menschheit vor dem Zeitgewissen«. Er schreibt: »Christus und Michael sind der Menschheit mitten in den wachsenden, stürmischen Finsternissen nahe; sie tragen ihr die Sonne entgegen, die in der Mitternacht leuchtet« (siehe den Vortrag »Michael, der Fürst des Fortschritts«, S. 189).

In tiefer Verehrung schaut Emil Bock auf Rudolf Steiner, der wie ein großer Lehrer und Wegweiser von ihm erlebt wird.

April 2023 — Gundula Jäger

VORBEMERKUNG DER HERAUSGEBERIN

Im Jahr 1948 war ein äußerlich sehr bescheidenes Büchlein erschienen uner dem Titel »Im michaelischen Zeitalter«. Im Jahr 1948 erschien ein äußerlich sehr bescheidenes Büchlein mit dem Titel »Im michaelischen Zeitalter«. Es enthielt eine Reihe von Zeitbetrachtungen und historischen Skizzen, die Emil Bock in den dramatischen Jahren vor und nach dem Zweiten Weltkrieg gehalten und danach zum Druck bearbeitet hatte. Namentlich die Betrachtungen vor 1941 hatten den ganzen Ernst des Zeitgeschehens und das ständig drohende Verbot der bereits heftig bekämpften Christengemeinschaft zum Hintergrund. Die Zuhörer hatten damals das deutliche Bewusstsein davon, dass hier ein Mensch ohne Rücksicht auf seine eigene Person mit michaelischem Erkenntnismut und in aller Offenheit über die geistige Situation der Gegenwart sprach. Dabei wurde immer auf Rudolf Steiner hingewiesen und betont, dass allein mithilfe seines Lebenswerkes die Zeitschicksale wirklich verstanden und bewältigt werden können. Es war ein Nach-vorne-Ausweichen, das in den Menschen den Mut zu innerer Initiative und klarem Durchschauen der äußeren Prüfungen, zugleich aber auch die Zuversicht und geistige Sicherheit wecken wollte: »Durch unsere Reihen schleichen die Dämonen und schreiten die Götter« (s. Kapitel »Christliche Ideale im michaelischen Zeitalter«).

Das Büchlein mit diesen zum Teil zeitgebundenen Beiträgen war bald vergriffen, und es schien lange Zeit nicht gerechtfertigt zu sein, es in derselben Form wieder abzudrucken. Im Jahr 1979 aber, hundert Jahre nach dem Beginn unseres gegenwärtigen Michael-Zeitalters, ist es eine Forderung des Augenblicks, es in neuer und erweiterter Gestalt wieder erscheinen zu lassen. Überdies wird damit einer Absicht Emil Bocks entsprochen, der wiederholte Male erste Ansätze gemacht hat, eine solche erweiterte Fassung herauszugeben. Andere Aufgaben haben dies jedoch verhindert.

Fast Jahr für Jahr hatte Emil Bock in der Michaelizeit Ansprachen und Vorträge zu dem Thema »Der Erzengel Michael und sein Zeitalter« gehalten, die er dann für eine Veröffentlichung in der Zeitschrift »Die Christengemeinschaft« überarbeitet oder umgeschrieben hat. Auch die von ihm zur Jahreswende gehaltenen Zeitbetrachtungen haben diese Thematik immer wieder berührt. So entstand im Laufe von mehr als 20 Jahren eine stattliche Reihe von Aufsätzen, welche die Grundmotive und Grundideen vielfältig wiederholen und mit einer gewissen Systematik von den verschiedensten Aspekten aus beleuchten und weiterführen. Dass dies nicht erschöpfend geschehen konnte, liegt im Wesen der Sache.

Überschaut man die zeitgeschichtlichen Betrachtungen in ihrer Ganzheit, dann zeigt sich in überraschender Deutlichkeit, dass die Darstellungen – nachdem die augenblicksbezogenen Einzelheiten herausgenommen waren – heute nicht überholt sind, sondern in mancher Hinsicht sogar an Aktualität gewonnen haben. In der Zeit ihrer Entstehung war vieles erst im Anfangsstadium zu beobachten, was heute zur massiven Bedrohung angewachsen ist.

Die Aufsätze sind im Wesentlichen chronologisch angeordnet. Die im Inhaltsverzeichnis angegebenen Jahreszahlen bezeichnen das Jahr, in dem die Vorträge und Ansprachen gehalten sind. In der Regel wurden sie im darauffolgenden Jahr veröffentlicht. Nur der Aufsatz »Christliche Ideale im michaelischen Zeitalter« (1940) konnte nicht mehr erscheinen, da im Herbst 1941 die Christengemeinschaft bereits verboten war.

Der als Präludium vorangestellte Aufsatz »Geistesmut im Denken« wurde 1923 für das Michaeli-Heft der Zeitschrift »Tatchristentum« geschrieben.

Obwohl die vier letzten Aufsätze schon in der 1962 erschienenen Aufsatz-Sammlung »Der Kreis der Jahresfeste« enthalten sind, wurden sie doch auch in dieses Buch wieder aufgenommen. Sie verbinden den jahreszeitlichen mit dem geistesgeschichtlichen Aspekt und bringen so wesentliche und grundlegende Schilderungen, dass in diesem Zusammenhang nicht auf sie verzichtet werden konnte.

Mai 1979 Dr. Gundhild Kačer-Bock

VORWORT

Schillers Distichon »Mein Glaube« drückt die religiöse Einstellung ungezählter moderner Menschen aus:

»Welche Religion ich bekenne? Keine von allen,
Die du mir nennst. – Und warum keine? – Aus Religion.«

Diese Worte sind heute von einer viel umfassenderen Aktualität als zur Zeit seiner Entstehung. Die Erkenntnis, mit dem eigenen religiösen Suchen und Ahnen innerhalb der historisch entstandenen kirchlichen und religiösen Verhältnisse allein und heimatlos dazustehen, kann an sich schon zu einem fruchtbaren inneren Ausgangspunkt, ja zu einem religiösen Erlebnis werden.
Für viele Zeitgenossen unserer dramatisch geprüften Gegenwart stellt sich die Einsicht, die sich in die schillerschen Worte prägen lässt, so dar: Ihnen ist die traditionelle Frömmigkeit zu eng und zu seelenegoistisch, als dass sie sich noch voll damit verbinden könnten. Ihnen kommt es angesichts der Größe des heutigen Gesamtschicksals klein vor, das persönliche Seelenheil des Einzelnen so sehr zum Mittelpunkt und Inhalt des religiösen Lebens zu machen. Sie halten nach Möglichkeiten Ausschau, in einem überpersönlichen Sinne *fromm zu sein mit dem Zeitalter*. Wichtiger als die Frage »Wie werde ich erlöst?« ist ihnen die andere: »Was hat die Gottheit mit mir und meinem ganzen Zeitalter vor; was erwartet sie von mir; zu welchen inneren Schritten ruft sie durch die Schicksalssprache meine Gegenwart auf?«

In weiter zurückliegenden Zeiten bildete es den Inhalt der Religion, dass die Menschen *das Göttliche in der Natur* erlebten und verehrten. Erst in dem Jahrtausend, das jetzt seinem Ende entgegengeht, konnte sich die persönliche Frömmigkeit herausbilden, die um das Thema *»Gott und die Seele«* kreist. Einen Übergang aus dem Kosmischen in das Individuelle stellte die an die völkische Blutsgemeinsamkeit gebundene Strömung der Volksgötter-Verehrung dar, die in der Religion des Alten Testaments ihren Höhepunkt erreichte und zugleich in das Menschheitliche überleitete. Die Sehnsucht nach einer umfassenderen überpersönlichen Frömmigkeit, die im Sinne des schillerschen Distichons die Besten unserer Zeit beseelt, lässt als ein erstes Vorzeichen erkennen, wie in der Zukunft die Religion wieder einen kosmischen Charakter und Radius annehmen kann. Es wird in der Zukunft entweder gar keine lebendige Religion mehr geben oder eine solche, die zu den göttlichen Mächten und Wesenheiten in allem inneren und äußeren Dasein des Himmels und der Erde verehrend aufschaut. Einen Übergang dazu bedeutet es, dass uns die Seelendramatik unseres Zeitalters anleitet, *Gott im Schicksal,* und zwar nicht nur jeweils in dem Auf und Ab des persönlichen Lebens, sondern auch in der großen Führung der Menschheitsgeschichte zu suchen und zu finden. Die Größe des Zeitalters hebt den Einzelnen über sich selbst hinaus. Sollte allein im Bereich des religiösen Lebens, das doch die edelsten Anlagen des Menschenwesens zur Entfaltung bringen kann, die Selbstbefangenheit andauern, die den Menschen sich nur um die Achse der persönlichen Erlösungssehnsucht drehen lässt?

Das Wort »Gott« hat sich zu sehr vollgesogen mit den Gefühlen der egoistischen Frömmigkeit, zu welcher die persönliche Frömmigkeit in einer Zeit zusammenschrumpfen musste, die nur noch auf dogmatischem Wege, d.h. unter Umgehung eines gedanklich-klaren Erkennens, zu einem Wissen von der Existenz einer höheren Welt gelangte. Der moderne Mensch lernt durch Erkenntnis-Ehrlichkeit angesichts des Wortes »Gott« ganz bescheiden zu sein und nur den allersparsamsten Gebrauch davon zu machen. Ehe er in neuerrungener, mit vollwachem Bewusstsein vereinbarer Kindlichkeit das Wort »Gott« wieder aussprechen kann, wird er zunächst vielleicht nach Ausdrücken tasten, die das Ganze, Reich-Umfassende einer »göttlichen Welt« bezeichnen.

Wir stehen, indem wir uns in die Welt hineingestellt fühlen und uns unserer in der Welt gesammelten Erfahrungen und Erkenntnisse bewusst werden, weder bloß vor einem materiell-mechanischen Sach-Zusammenhang noch befinden wir uns so ohne Weiteres dem letzten höchsten Wesen, das wir mit dem Worte »Gott« bezeichnen, gegenüber. Unserem eigenen seelisch-geistigen Wesen begegnet durch die bunte Vielheit der sinnlich-wahrnehmbaren Welt-Inhalte hindurch eine reich gegliederte Welt von seelisch-geistigen Wesenheiten. Nicht nur antwortet meinem Ich aus jedem anderen Menschen auch ein Ich: Sowohl in den Kreatur-Reichen von Stein, Pflanze und Tier, die meinen Sinnen zugänglich sind, als auch aus den übersinnlichen Bereichen über dem Menschen, die in den wachsenden Kreisen zusammenfassender Schöpfungsgruppierungen zu erahnen sind, antworten meinem Geist hierarchische Chöre eines unendlichen Geister-Reiches.
Was hier gemeint ist, hat mit »Pantheismus« nichts zu tun. Pantheismus ist nichts anderes als ein mit verschwommenen Abstraktionen verbrämter Materialismus. Nur ein erkennendes und anerkennendes Wahrnehmen konkreter geistiger Individualitäten kann hier gemeint sein, so wie ja auch Menschen untereinander sich gegenseitig als ewige geistige Ich-Wesen ernst nehmen müssen. An den Namen, mit denen in der Alten Welt und auch in den biblischen Büchern die Wesenheiten des hierarchisch abgestuften Reiches der Geister bezeichnet worden sind, braucht man nicht zu hängen. Wichtig aber ist, dass bereits das Weltbild des Evangeliums und des Urchristentums, indem es über die vier sinnlich wahrnehmbaren Reiche von Stein, Pflanze, Tier und Mensch hinaus die rein geistigen Wesensstufen der Engelreiche bis hinauf zu den Cherubim und Seraphim beim Namen nennt, eine reale »göttliche Welt« beschreibt. Ebenso wenig wie in den Tagen der Apostel braucht es für den modernen Menschen eine Schwierigkeit darzustellen, innerhalb des christlichen Weltbildes die lebendige Vielheit der göttlichen Wesen mit dem monotheistischen Gedanken der erhabenen Einheit Gottes in Einklang zu bringen. Die Vielzahl der hierarchischen Wesenheiten – hier gehören sogar noch alle kreatürlichen Wesen unserer irdischen Naturreiche hinzu – verhält sich zu dem einen höchsten Gott, den wir den Vater

nennen, nicht anders, als wie sich die Vielzahl der Glieder und Organe des menschlichen Organismus zur Einheit der Persönlichkeit verhält, die sich zu ihren Leibes-, Lebens- und Seelenfunktionen dieser Glieder und Organe bedient. Der irdisch verkörperte Mensch ist als Ebenbild der Gottheit erschaffen. Deshalb ist es berechtigt, alle Wesen des Himmels und der Erde zusammen als einen großen, dem Menschenleibe vergleichbaren Leib Gottes aufzufassen. Die Engel, die die Schicksalswege der einzelnen Menschen geleiten, sind in einem höchst exakten Sinne die »Hände« Gottes. Die Führung durch den Engel – den Genius des eigenen Wesens – hat derjenige erfahren, der sagen kann: Ich habe »die Hand Gottes« in meinem Leben verspürt. In gleicher Art könnte man die Erzengel, die geistigen Führerwesen der Völker, als die Arme Gottes bezeichnen. Allen Hierarchien wären so innerhalb der großen kosmischen Leiblichkeit Gottes der Platz und die Aufgabe zuzuweisen. Das »Herz Gottes« schließlich, das schöpferische Mittelpunktswesen unseres Weltalls, ist der Christus, der aus höchster hierarchischer Sphäre einmal in eine menschliche Inkarnation eingetreten ist, um die dem Götterleben entfallene Erdenmenschheit wieder an die Welt der Höhen anzuknüpfen. Deshalb ist durch das Wesen Christi das Wesen des Vaters am unmittelbarsten zu erkennen und zu erfahren. Wie sich an den gedankenblind und abstrakt gewordenen Begriff »Gott« alle traditionelle Einengung und seelen-egoistische Verkleinerung des christlichen Blickes und Empfindens angeheftet hat, so kann der Begriff einer realen »göttlichen Welt«, wenn damit der Ausblick auf die heilig gegliederten Stufenreiche der Diener Gottes verbunden ist, die Befreiung und die Wiederherstellung des kosmisch weiten Horizontes mit sich bringen, nach welcher der moderne Mensch sich sehnen und Ausschau halten muss. Der Bann der Befangenheiten muss sich lösen. Die egoistisch eingeengte persönliche Frömmigkeit kommt in Wirklichkeit nur zu Berührungen mit dem Engel, der der eigenen Seele als führender Wächter, als Hand Gottes, beigegeben ist, auch wenn man vermeint, unmittelbar vor dem Thron des höchsten Gottes zu stehen. Die volksgebundene Religiosität, die sich nicht über die Ebene hinausschwingt, wo Patriotismus und Frömmigkeit benachbart sind, mag sich noch so anspruchsvoll als Christentum bezeichnen: Sie dringt nicht über die volksegoistische Sphäre des Erzengels vor, der dem eigenen Volke als Volksgeist zugeordnet ist.

Ins Freie des menschheitlichen Horizontes kämpft sich die christliche Stimmung erst empor, wenn sie das »Frommsein mit dem Zeitalter« erlernt, indem sie die im Zeitenschicksal wirksamen göttlichen Mächte und damit die Sphäre der realen Zeit-Geister, der »Urkräfte« oder »Urbeginne«, berührt. Im Erringen eines religiösen Zeitalter-Bewusstseins wächst der Mensch erst wirklich über sich selbst hinaus. Er findet die Religion, von der das schillersche Distichon am Schlusse spricht.

Hier kommen wir an das Schlüsselmotiv heran, um welches die Betrachtungen dieses Büchleins kreisen. Die neuere Geisteswissenschaft, die von Rudolf Steiner begründete Anthroposophie, spricht in Übereinstimmung mit alten Traditionen von einer Gruppe geistiger Führer-Genien, die gewissermaßen zwischen den Archangeloi und den Archai, zwischen den Volksgeistern und den Zeitgeistern, stehen. Es gibt sieben Erzengel, die sich in zyklischem Wechsel zum Rang eines Zeitalter-Genius aufschwingen und der vorwärtsschreitenden Menschheit durch etwa dreieinhalb Jahrhunderte den Stempel ihres Willens und Wesens aufprägen. Der sonnenhafteste unter ihnen ist derjenige, den die Tradition von den Zeiten des Alten Testamentes her als Michael bezeichnet. Wenn er das Zeitenruder in Händen hält, hat die Menschheit auf Erden die Prüfungen eines michaelischen Zeitalters zu bestehen, aber auch die Segnungen eines solchen zu empfangen. Das trifft auf unsere Zeit zu. Der Erzengel Michael steht in einer besonders engen Beziehung zu Christus. Nicht als ob der Mensch seiner, um zu Christus zu kommen, als eines Mittlers bedürfte, gewissermaßen als eines Mittlers zum Mittler. So wie die Christuswesenheit als »das Herz Gottes« in besonderem Maße für den einen höchsten Weltengrund, den Vater, transparent ist, so auch Michael als »das Antlitz Christi« für Christus. Wer Michael begegnet, steht durch ihn hindurch Christus selbst gegenüber. Das ist das Geheimnis des gegenwärtigen michaelischen Zeitalters: Kommt unsere Gegenwart durch alle ihre Schicksalsprüfungen geistig zu sich selbst, dann steht sie vor einem Genius des Werdens, durch den sie wie durch ein Prisma oder ein Fenster dem Christus selber von Angesicht zu Angesicht begegnet.

Mehr als je sind heute die inneren Entwicklungen wichtiger als der äußere Fortgang der Ereignisse. Es kommt alles darauf an, dass wenigstens einige Menschen an dem, was geschieht, erwachen. Das ist letzten Endes die Absicht der Schicksalsmächte, die die Katastrophen und Prüfungen unserer Zeit über uns verhängen.
Über die Geist-Seite des Gegenwartsschicksals, über das innerste Mysterium des Zeitalters in systematischer, zusammenhängender Form etwas auch nur einigermaßen Vollständiges zu sagen, wäre, solange wir in den übermenschlichen Hochspannungen und den daraus hervorgehenden Kultur-Depressionen mitten darinnenstehen, ein schier unmögliches Unterfangen. Vielleicht kann es aber doch für manch einen eine Hilfe im Erringen der notwendigen Überschau bedeuten, den Betrachtungen zu folgen, durch die versucht wurde, jeweils auf die Schrecken des heraufziehenden Gewitters vorzubereiten oder die Erschütterungen, nachdem sie hereingebrochen waren, innerlich zu verarbeiten und zu meistern. Immer bestätigte und bewährte das, was geschah, die aus einer spirituellen Welt-Orientierung geschöpften Vorstellungen und Leitgedanken. Man lebt sich wohl auch in den Wesensstil des unser Zeitalter gestaltenden Genius ein, wenn man die durch Jahre hindurch immer wieder fortgesetzten Bemühungen rückschauend noch einmal mitmacht, nach den inneren Gesetzmäßigkeiten des Michael-Zeitalters zu tasten. So wurde bei der Zusammenstellung der folgenden Betrachtungen kein Wert darauf gelegt, Wiederholungen zu tilgen. Es ist auf eine Leserschaft gerechnet, die ein Interesse daran hat, wie man sich im Kreise derer, die bemüht sind, die von Rudolf Steiner erschlossene Geist-Erkenntnis für unsere Zeit fruchtbar zu machen, besonders im Kreise der Christengemeinschaft, über den Gang der Gegenwartsschicksale Rechenschaft zu geben versucht hat.

Stuttgart 1923 — Lic. Emil Bock

PRÄLUDIUM: GEISTESMUT IM DENKEN

Ein katholischer Theologieprofessor wurde in seinem Seminar einmal gefragt, wie sich der einzelne Priester damit zurechtfinden solle, dass die Kirche der Entwicklungslehre als einem gesicherten Ergebnis der neueren Naturforschung widerspricht. Der Student erhielt zur Antwort: »Wenn Rom diese oder jene Lehre verdammt, so bedeutet das nicht, dass sie falsch ist.«

Der Fragesteller und seine Mitstudierenden waren durch die Antwort vollauf zufriedengestellt und von ihren Zweifeln befreit. Nur ein junger Protestant, der zugegen war, fasste sich an den Kopf. Er verstand den Professor nicht, und noch weniger verstand er diejenigen, die sich mit dessen Antwort zufriedengaben. Er empfand sich vor einer ihm völlig fremden Welt.

Eine solche Szene offenbart die Kraft- und Bewusstlosigkeit des konfessionellen Christentums gegenüber dem menschlichen Denken. Die katholische Kirche hat seit Kopernikus und Galilei in dem neueren naturwissenschaftlichen Denken einen reißenden Wolf gesehen, den man mit allen Mitteln im Vorhof zurückhalten muss, damit er nicht in das Innere des Tempels eindringe. Sie war nie der Meinung, dass die Naturwissenschaft keine Wahrheit enthielte. Sie hat, was Galilei lehrte, nicht als unwahr, sondern als gefährlich verdammt. Sie hat sogar aus den Reihen ihrer eigenen Priesterschaft die schärfsten Denker als gelehrte Vertreter der materialistischen Naturwissenschaft herausgestellt. Der immer mächtiger werdende Wolf wurde in den Vorhöfen gepflegt, damit es umso besser gelänge, ihn von den Hallen des Tempels und vom Allerheiligsten fernzuhalten.

Der Protestantismus entstand mit dem neuzeitlichen, naturwissenschaftlichen Denken zugleich. Er durchschaute nicht das wahre Wesen des neben ihm Aufwachsenden. Arglos ließ er den Wolf, der im Schafspelz der Wahrheit einherging, in sein Haus und Heiligtum herein. Gewiss meldete sich auch im Protestantismus immer wieder das Gefühl der Besorgnis, wie es in der katholischen Kirche zur bewussten und planmäßigen Abwehr führte und führt. Überall, wo sich in protestantischen Reihen etwas von der katholischen Haltung gegenüber dem Denken geltend machte, sprach man davon, man müsse um des Glaubens willen Glauben und Wissen trennen. Aber das Gefühl der Besorgnis wirkte mehr nur wie ein undurchschauter Instinkt. Es konnte nicht verhindern, dass auf theologischem Felde, wo das wissenschaftliche Denken fernzuhalten unehrlich gewesen wäre, die Macht des Wolfes Eingang fand. Das intellektualistisch-materialistische Denken richtete sich in seiner undurchschauten Zerstörungskraft auf die Heiligen Schriften, und schließlich wurde so dem Menschen, ohne dass er es sogleich bemerkte, die Bibel geraubt.

In imposanter Größe ragt der Tempel des Katholizismus noch immer empor. Aber er ist in all seiner Macht ein Greis. Mit dem Wolf hat man auch das verjüngende, fortschreitende Element von ihm ferngehalten. Der Tempel verdankt den Fortbestand seines überalterten Daseins dem »Nein«, das der Furcht vor dem Wolf entstammt. Es kann ja auch ein gewalthabender Herrscher aus Furcht handeln. Der Tempel, den der Protestantismus um sein Allerheiligstes, das Wort, hätte bauen können, blieb ungebaut. Obwohl es im protestantischen Lager immer Menschen gab, die ihr warmes, gläubiges Herz innerhalb der Wolfskälte des neueren Denkens behaupteten, wusste der Wolf listig den Bau des Tempels zu verhindern, indem er das Verständnis für die gemeinschaftsbildende Kraft des Sakraments ersterben ließ. Und längst hat sich das Untier über das ungeschützte Allerheiligste hergemacht. Die Menschen glaubten der Wahrheit zu dienen, indem sie forderten, dem kritischen Denken sei vor der Bibel keine Grenze zu setzen; in Arglosigkeit ließen sie das ungöttlich gewordene Denken in den Bereich des göttlichen Wortes herein.

So ruht der Tempel, in welchem die *heutige* Menschheit, ohne die Gegenwart zu verleugnen, das *heutige* Sein und Wirken Gottes verehren

und anbeten kann, noch auf dem Grunde des Stromes, dessen rasch strömende Wellen unsere Zeit sind.
Es ist klar, dass für jeden, der vor allem anderen nach Wahrheit strebt und sich diese Wahrheit nicht durch irgendwelche Rücksichten trüben lassen will, aufseiten des Protestantismus zunächst mehr Recht liegt als aufseiten des Katholizismus. Es geht ihm wie dem jungen Menschen, der im Seminar dabeisaß und sich vorkam, als sei er in eine fremde Welt versetzt. Gegenüber der bloßen Abwehr des nach Wahrheit fragenden Denkens durch den Katholizismus – ob dieser Katholizismus nun durch päpstliche Verordnungen dem Denken das Tempeltor versperrt oder innerhalb der protestantischen Reihen Glauben und Wissen trennt – müssen wir mutvoll bejahen, was die immer-junge Gegenwart von uns fordert.
In der katholisch-dogmatischen Verneinung desjenigen Denkens, das nicht im Vorhof bleiben will, sondern nach dem Heiligen fragt, steht eine längst vergangene Zeit vor uns. Sie zeigt sich uns in einem bedeutungsvollen mythischen Bild: Im alten Ägypten naht sich der Mysterienstätte zu Saïs der suchende Jüngling. Die Priester nehmen ihn unter ihre Schüler auf, führen ihn durch alle Räume ihres Tempels, lassen ihn alle heiligen Zeichen anschauen und lehren ihn die hohe Weisheit, die ihnen selbst zuteil geworden ist. Nur beim Allerheiligsten schreiten sie wortlos mit ihm an einem verschleierten Bild vorüber. Das Fragen in ihm verstummt nicht, er verlangt zu wissen, was unter dem Schleier verborgen ist. Mit tiefernsten Worten warnen die Priester den Jüngling. Vor dem Bild soll alle Frage verstummen. Aber nun hat er kein Ohr mehr für die Weisheitslehren der Priester, seine Seele kennt nur noch die Frage nach dem verschleierten Bild. Des Nachts flieht ihn der Schlaf, und immer wieder treibt ihn die Unruhe des Fragens zu dem Bild hin. Schließlich wird in ihm die Sehnsucht nach der Wahrheit übermächtig; im Fieber greift er nach dem Schleier und zieht ihn fort. Die Sage erzählt, dass die Priester ihn am nächsten Tag tot zu Füßen des entschleierten Bildes gefunden haben. Seine Seele war zu schwach gewesen, die Übermacht des Götterbildes zu ertragen.

Die katholische Kirche handelt heute noch an dem Denken, das nach dem Göttlichen fragt, wie die Priester vor Jahrtausenden an dem Jüngling zu Saïs handeln mussten. Als ob des Menschen Seele unterdessen nichts gewonnen hätte; als ob jenes hohe göttliche Wesen nicht auf die Erde gekommen wäre, um der menschlichen Seele Kraft und Freiheit zu verleihen. Heute ist es längst eine Tatsache, dass alle zur Gegenwart erwachten Menschen fragen wie der Jüngling zu Saïs. Das fragende Denken ist überall erwacht, in ihm ringt sich des Menschen Seele zur Freiheit empor. Als die neue Zeit heraufdämmerte und die Seele den Mut zur Frage erringen sollte, da wurde den Menschen anstelle des alten ägyptischen Bildes vom Jüngling zu Saïs das neue keltisch-germanische Bild von Parsifal vor die Seele gestellt.

Als ein träumender Tor durchirrt Parsifal die Welt. Staunen zieht zwar oft und immer stärker durch sein Gemüt, aber zum wachen, freien Fragen gelangt er noch nicht. Sein schenkendes Schicksal führt ihn in die Gralsburg. Er sieht, wie der Gral die Herzen und Leiber der Ritter speist. Und er sieht Amfortas an der Wunde leiden, die selbst der Gral nicht schließen kann. Aber auch jetzt kommt er noch nicht aus dem Traum des Staunens zum Wachen des Fragens. Was der Jüngling zu Saïs noch nicht durfte, das soll Parsifal, aber er kann es noch nicht. Als der Tag die Nacht ablöst, findet er sich wieder in der Wildnis; die Gralsburg ist ihm versunken. Er muss zurück in den Wald der langen Irrnis, weil er nicht zur Frage erwacht ist. Er darf erst wieder in das heilige Gebiet des Gralstempels eintreten, wenn in ihm die mutige Kraft der Frage lebt. Mit ihr überschreitet er die Schwelle und wird erwürdigt, Gralskönig zu werden.

Die Menschheit ist aufgewacht. Sie ist aus der Zeit des Jünglings zu Saïs vorwärtsgeschritten zu derjenigen, in welcher Parsifal sich im Tempelbereich das hohe Königtum erfragen muss. Warum aber ruht der Tempel noch auf dem Grunde des Stromes?

Es könnte scheinen, als ob die protestantische Bejahung des Denkens schon ein Sich-Bekennen zur Parsifal-Frage wäre, die in den Tempel der Zukunft hineinführt. Sie ist jedoch alles andere als eine wache Tat.

Sie war von Anfang an nichts als ein Sich-mitreißen-Lassen und Mitgehen mit der kurz zuvor geborenen naturwissenschaftlichen Denkungsweise. Diese war zustande gekommen durch einen Ruck, der – einem Naturvorgang vergleichbar – in der allgemeinen Bewusstseinsentwicklung eingetreten war. Das damit verbundene Aufwachen gleicht dem des Menschen, der am Morgen ausgeschlafen hat. Es beruht keineswegs auf einem mutvollen freien Sich-Erwecken.

So ist es zu verstehen, dass das neue Denken, das der Protestantismus mitmachte, weil es nicht aus einem erwachten Herzen kam, ein bloßes Kopfdenken blieb und nicht den ganzen, totalen Menschen ergriff. Einem Zug der Zeit folgend, fing der Mensch an, sich über die sichtbare Welt zusammenhängende Gedanken zu machen. Aber diese Gedanken blieben, da sie nicht von innen her durchblutet waren, grau und blass. Ein reiches, kunstvoll gefügtes wissenschaftlich-weltanschauliches Begriffssystem entstand, das aber farblos und blutleer war. Dem Erwachen des Kopfes folgte noch kein Sich-Erwecken des Herzens. Das Innere des Menschen, das allein den Gedanken des Kopfes Leben und volle Realität hätte verleihen können, wurde eher noch dumpfer und unbewusster als vorher.

Damit bahnte sich eine gefährliche Spaltung in der menschlichen Seele an. Mit den neu geschenkten Gedankenkräften nahm der Mensch schnell den Reichtum der Sinneswelt in Besitz. Sein regeres Gedankenleben führte ihn zu einer Fülle von neuen Sinneseindrücken, auf welche die tieferen, unbewussteren Schichten seines Wesens mit einer ganz neuen Flut von undurchschauten, ungeläuterten Wünschen und Trieben antworteten. Dem von irdisch-sinnlichen Wahrnehmungen und abstrakten Kopfgedanken angefüllten *Bewusstsein* stand, je mehr die kindliche Naivität und Unschuld erlosch, das vom Feuer der Sinnensucht erfüllte, unerweckte »Unbewusste« gegenüber.

Ohne es zu wollen und zu wissen, sandte der Mensch aus den Niederungen seines unbewussten Daseins alles Undurchschaute und Unbeherrschte, das in ihm war, in seine Gedanken hinauf. Gedanken und Worte wurden unbewusst zu Verhüllungen des Instinktiven im Menschen. Die Klugheit wurde zum Instrument des Egoismus. Heute ist nicht nur die Politik, sondern auch das alltägliche Leben und sogar die Wissenschaft bis in die Theologie hinein von »Schlagworten« erfüllt. Das Denken wird durch das aufsteigende ungeläuterte »Unbewusste« trotz all seiner logischen Richtigkeiten geschwächt und verfälscht. Nicht von mutig und bewusst gepflegter innerer Stärke getragen, schwingt es sich nicht über die Welt der äußeren Sinne hinaus. Und, nicht zur Welt des Geistes emporgedrungen, versteht es auch die Welt der Sinne nicht mehr. Es breitet ein dicht gesponnenes Trugnetz über alles aus, indem es die Dinge der Welt für nichts als toten Stoff hält. Der Materialismus des Denkens ist ein Irrtum, weil er aus der Sündhaftigkeit des Menschenwesens stammt. Der Ehe zwischen dem Ungeläutert-Instinktiven und den abstrakten Begriffen des Kopfes entsprießt eine Welt von Gespenstern, denen schließlich der Mensch noch zur äußeren Sichtbarkeit verhilft. Schauen uns nicht ihre toten Fratzen tausendfältig aus Maschinen, Telegrafendrähten und Zahlen über Zahlen an?

Der altgermanische Mythos sagt, dass der Fenriswolf aus Loki (Luzifer), dem in der niederen Lohe wohnenden Versucher, geboren worden sei. Wenn der Mensch sein luziferisches Triebleben unverwandelt lässt, so fallen ihn nachher die eigenen Gedanken aus der Außenwelt gespensterhaft wie reißende Wölfe an. Die Furcht, die den Katholizismus veranlasst, den Tempel gegen das Denken abzusperren, ist die Furcht vor dem Wolf, den der Mensch der Gegenwart doch immerfort selbst ins Leben ruft. Und die Bejahung des Denkens im Protestantismus ist ein argloses Mitgebären des Wolfes, solange sie nicht zu einer bewussten und mutvollen, stets erneuerten, verwandelnden und erweckenden Tat erhöht wird. Weder durch den Katholizismus noch durch den Protestantismus geschieht etwas zur Erringung der Parsifal-Frage, der das Gralskönigtum verheißen ist; weder dort noch hier geschieht etwas zur Durchchristung, zur Erlösung des Denkens. Weder dort noch hier wird dem Tier wirklich gewehrt, das aus dem Abgrund unseres Inneren aufsteigt, dem Drachen, der auf dem Felde der menschlichen Gedanken den Wolf gebiert. Drache und Wolf sind Tatsachen unseres gegenwärtigen seelischen Daseins. Ihnen entfliehen wir nicht, wir mögen uns wenden, wie wir wollen. Entweder fallen ihnen unsere letzten Heiligtümer und damit unsere Seelen zum Opfer oder wir nehmen den Kampf mit ihnen auf. Von welcher Seite wird uns Hilfe und Kraft für den Kampf zuteil?

Als die Zeit des neuen denkerischen Bewusstseins heraufdämmerte, wurde dem Menschen das Bild Parsifals vor die Seele gestellt zum Zeichen, dass die Zeit des verschleierten Bildes zu Saïs abgelaufen sei. Jetzt hat der Mensch intellektuell zu denken gelernt; er hat die Geister gerufen gleich dem Zauberlehrling in Goethes Gedicht. Aber jetzt bestürmen sie ihn; er wird sie nun nicht los. Es ist an der Zeit, dass zu der Gestalt Parsifals eine andere hinzutrete, nicht von dieser Welt: der Erzengel des Mutes, der das Antlitz des Christus als des Todbesiegers selbst ist: Michael. »Und es erhob sich ein Streit im Himmel: Michael und seine Engel stritten mit dem Drachen. Und der Drache stritt und seine Engel, und siegten nicht, auch ward ihre Stätte nicht mehr gefunden im Himmel. Und es wurde ausgestoßen der große Drache, die alte Schlange, die da heißt Teufel und Satanas, der die ganze Welt verführt, und wurde auf die Erde geworfen und seine Engel wurden auch dahin geworfen« (Offb. 12).

Wie werden wir zu Mitstreitern Michaels? Indem wir unser Denken, von wahrem, uns ganz durchglühendem Mut beseelt, zu einem wirklichen Fragen und Ringen um den Geist machen. Stellen wir angesichts der geistigen Welt in Demut und Mut die Parsifal-Frage, so entzaubert sich uns die Welt, in die unsere Sinne schauen. Zur Seele unserer Gedanken wird statt des drachenhaft-dunklen Instinkt- und Trieblebens unsere Liebe, unser guter Wille, unser Geistesmut selbst. Unsere tätige Liebe zum Geist ist der Licht-Speer, mit dem wir den Drachen in uns töten. In die Welt unserer Gedanken, die wir zum reißenden Wolf haben werden lassen, und in die Welt der Sinne, die wir durch unsere Gedanken zu begreifen trachten, können wir, wenn wir im Heere Michaels streiten, das durch Mut und Liebe errungene Geistige tragen.

Es geht nicht länger an, dass die Menschen den Wolf des kritischen Verstandes an der Schwelle des Heiligtums bloß abwehren, nachdem sie ihn ins Leben gerufen haben. Es geht aber auch nicht länger an, ihn arglos wüten zu lassen. Wir müssen uns ihm mit michaelischem

Seelenmut priesterlich nahen, um ihn zu verwandeln. Wir erlösen in ihm unser eigenes Denken und die durch uns mit Gespenstern belebte Sinneswelt. Dem Denken muss endlich mutig und bewusst teilgegeben werden am Heiligtum der Innerlichkeit. Dazu aber muss es von innen heraus anders werden. Herz und Kopf müssen dazu erzogen werden, dass sie zusammenwirken in einem Denken, das vom Herzen her durchblutet und von Liebe durchströmt ist. Ein solches Denken ist zum Verstehen und Erkennen nicht nur der sinnlich wahrnehmbaren, sondern auch der übersinnlichen Welt imstande und kann deshalb erst die Wahrheit über die uns umgebende Welt finden.

Franziskus von Assisi kam einst in den Ort Agobio, der bedrängt wurde von einem »ungeheuren Wolf, schrecklich und wild, der nicht nur die Tiere, sondern auch die Menschen fraß«. Da ging er hinaus, schritt mutig dem reißenden Tiere entgegen und rief: »Komm, Bruder Wolf, hierher.« Und der Wolf kam sanftmütig wie ein Lamm und legte sich still zu des Franziskus Füßen und lauschte seiner Verkündigung. Von dieser Stunde an diente der Wolf dem Menschen. Diese Legende gibt uns ein prophetisches Bild für die michaelische Tat, die im Großen am menschlichen Denken getan werden muss.

Im Jahreslauf beginnt die Michaeliszeit an der Schwelle des Herbstes, wenn es in die kältere, dunklere Jahreszeit hineingeht. So lässt uns der michaelische Geistesmut, durch den sich das Herz zum Erkenntnisorgan erweckt, Licht und Wärme hineintragen in die kalte winterliche Zone des bloß kopfmäßigen Denkens. Am Michaelistag ist die Sonne in das Sternzeichen der Waage eingetreten. Die zum Geistesmut erwachte Liebe des Herzens stellt sich, die Waage haltend und den Ausgleich schaffend, zwischen den unbewussten, trieberfüllten Abgrund unseres Wesens und die Gedanken unseres Hauptes wie das Blatt zwischen Wurzel und Blüte.

Michaelisch leben heißt, aus mutiger Herzenskraft das Innere und das Äußere vermählen. Und ein Anfang des michaelischen Lebens ist das erlöste Denken. Wer aus den Tiefen seines Inneren Liebe hinaufströmen lässt in seine Sinneswahrnehmungen und Gedanken, der benennt die Dinge und Wesen der Welt nicht mehr mit angelernten Worten: Er grüßt sie als Brüder und Schwestern. Sein Denken wird zum grüßenden Namengeben, aus dem wiedergefundenen göttlichen Schöpfungsauftrag heraus (1. Mos. 2,19). Das michaelische Denken bringt dem Menschen auch über die Welt der Sinne neue höhere Wahrheit und Weisheit. Es wird zum Michael-Speer, mit dem er den Gespensterschleier, das Gemächte des Drachen, durchstoßen kann. Zum Schauen verwandelt sich das Denken durch den Mut des Herzens zum Geist. In diesem Schauen wird der Mensch, wie Richard Wagner es in seinen Schriften bezeichnet, »wissend aus dem Gefühl«. Er wird wie Parsifal »aus Mitleid wissend«. Der Lichtspeer des schauenden Denkens zerteilt den Vorhang des materiellen Daseins und es eröffnet sich vor uns das Geistgebiet, in welchem Michael inmitten seiner Engel dem Christus dient.

Aus dem unerlösten, wenn auch noch so geistreichen Denken kann letzten Endes nur »vom Untergang des Abendlandes« gesprochen werden. Wenn aber überall wenigstens einige Menschen ihre Seelen inmitten der größten äußeren Bedrängnis und Not zum michaelischen Denken und Schauen erwecken, so werden wir mit innerer Berechtigung statt vom Untergang des Abendlandes vom Aufgang einer neuen Christus-Offenbarungs-Zeit sprechen können.

IM MICHAELISCHEN ZEITALTER

Wer mit innerer Überlegenheit in seiner Zeit stehen und das Schicksal meistern will, darf sich nicht damit begnügen, das, was äußerlich um ihn her geschieht, zu beobachten. Er muss bestrebt sein, in den inneren Sinn und in die Gottesabsichten einzudringen, aus denen das Geschehen seines Zeitalters hervorfließt. Er muss versuchen zu erkennen, wo auf dem Zifferblatt der inneren Weltenuhr der Zeiger angelangt ist. In früheren Zeiten gab es eine Weisheit – sie ist noch von dem gelehrten rosenkreuzerischen Abt Johannes von Trittenheim und seinem Schüler Agrippa von Nettesheim aufgezeichnet und in der Gegenwart durch Rudolf Steiner aufs Neue zur Darstellung gebracht worden –, die für jedes Zeitalter die wichtigste Hilfe zu einer solchen inneren Gegenwartsorientierung sein kann: Jede Zeit steht unter der geistigen Führung eines Erzengels, der jeweils zur Würde eines Zeitgeistes emporsteigt. Sieben solche Zeitregenten lösen sich in der gleichen kosmisch begründeten Reihenfolge immer wieder ab. Einem jeden von ihnen ist eine Epoche von etwa so viel Jahren zugemessen, als ein Jahr Tage hat. Im Aufblick zu dem jeweilig den Ton angebenden Erzengel können die auf Erden lebenden Menschen ein prägnantes Bild gewinnen, das ihnen zum inneren Schlüssel für das Geschehen und die Gottesabsicht ihres Zeitalters wird.

Diese alte und neue Weisheit vom inneren Schreiten der Geschichte enthüllt uns, dass wir heute in einem Michael-Zeitalter leben. Um das Jahr 1879 hat der Erzengel Gabriel, der in der planetarisch differenzierten Siebenheit der Zeitalter-Genien den Kräften des Mondes zugeordnet ist, die Zeitenlenkung an Michael, den Erzengel der Sonne, abgetreten. Was ist das Wesen eines michaelischen Zeitalters? Vielleicht kann uns ein Blick auf die Epoche, in welcher der Erzengel Michael zum letzten

Mal als Zeitgeist gewaltet hat, zugleich über das Wesen unseres eigenen Zeitalters Aufschluss geben. Die letzte Michael-Zeit ging vom 7. bis zum 3. vorchristlichen Jahrhundert. Drei hervorragende Kennzeichen sind fast auf den ersten Blick an dieser historisch so wichtigen Epoche abzulesen.

Das erste ist dies: Kaum eine andere Zeit hat einen so unermesslichen Reichtum an erleuchteten geistigen Führergestalten aufzuweisen wie diese. Wohin wir auch blicken auf dem weiten Erdenrund: Überall muss es uns sein, als stießen wir auf eine reiche, erlauchte Versammlung großer Geister, über deren Gleichzeitigkeit wir nicht genug erstaunen können. Die ganze Fülle der alttestamentlichen Propheten, von Jesajas, Jeremias, Hesekiel, Daniel und Jona bis zu Esra und Nehemia, mögen sie die Offenbarungen, die sie empfangen haben, in den biblischen Büchern niedergeschrieben oder nur mündlich an die Zeitgenossen weitergegeben haben: Sie alle sind Söhne des Michael-Zeitalters. Gleichzeitig mit ihnen leben und wirken die großen Philosophen Griechenlands, in deren noch gottgeschenkten Gedanken das abendländische Denken, an dem wir alle Anteil haben, geboren worden ist: von Heraklit und Pythagoras bis zu Sokrates, Plato und Aristoteles. Und mit den Denkern sind die schaffenden Künstler im Bunde, die ganz Hellas und insbesondere das perikleische Athen mit Schönheit schmückten: die Plastiker Phidias und Praxiteles, die Dramatiker Äschylos, Sophokles und Euripides. Unzählige Namen wären noch zu nennen, um allein den Anteil anzudeuten, den Griechenland an jener großen Geisterversammlung hat.

Zur gleichen Zeit ging über Indiens himmelsnahe Erde der große heilige Gautama-Buddha, der Erleuchtete, der in aller Stille doch so machtvoll wie kein anderer Menschheitslehrer der historischen Zeit die Sehnsucht nach dem Überirdischen in die Seelen gepflanzt hat. Ein Sohn dieses michaelischen Zeitalters war ferner der historische Zarathustra, der große Lehrer der Perser, der die uralte zarathustrische Sonnen-Weisheit erneuerte und von dem wir in den Gathas des Zend-Avesta die wunderbarsten moralischen Weisheitssprüche besitzen. Und sogar wenn wir in den fernsten Osten blicken, begegnen wir Angehörigen der großen leuchtenden Schar: Als Zeitgenossen der israelitischen

Propheten und der griechischen Philosophen wirken die chinesischen Weisen, der Mystiker Laotse und der Sittenlehrer Kungfutse.
Die Fülle der Geister auf Erden ist ein Rätsel, das sich erst aufzuhellen beginnt, wenn wir zu Häupten der Menschen den michaelischen Zeitgeist erblicken, der mit all seiner Kraft bemüht ist, Lichtstrahlen des Geistes in die dafür empfänglichen Seelen dringen zu lassen. Sendboten Michaels sind die vielen großen Geister auf Erden, michaelischer Inspiration entstammt das reiche, vielgestaltige Geistesleben, das überall in der Menschheit in so wunderbarer Gleichzeitigkeit aufblüht. –
Das *zweite* Kennzeichen der Michael-Zeit hängt auf das Engste mit dem ersten zusammen: Das michaelische Zeitalter ist keineswegs eine Epoche des Friedens und der Windstille; große Stürme brausen über die Menschheit dahin und halten die Völker in prüfender Spannung und Erregung. Als die Zeit der Michael-Herrschaft heraufzog und der Prophet Jesajas zu seinem Volke sprach, rückte die Heeresmacht der Assyrer heran und zerschlug zehn von den zwölf Stämmen Israels. Ein winzig kleines Land, unter dauernder Bedrohung, wurde Schauplatz der reichen prophetischen Geisteskultur, bis auch dieser Rest zertrümmert wurde. In der Heimatlosigkeit der babylonischen Gefangenschaft erreichte dann das prophetische Geistesleben seine erhabensten Gipfel. Aber gerade auch wenn wir in die Umwälzungen der ganz großen Weltverhältnisse blicken, werden wir die Dynamik des Michael-Zeitalters gewahr. Zuerst rafft das düstere Herrenvolk der Assyrer ein ungeheures Weltreich zusammen und baut magisch-gewaltige Städte als Symbole seiner Macht. Aber keine hundert Jahre hat es Bestand. Da wird es bereits von den Babyloniern gestürzt und zertrümmert, und Nebukadnezar türmt seinerseits in unermesslicher Bauleidenschaft die Zeichen seiner Herrschaft auf: Staunend stehen wir in den Museen vor den wiederaufgebauten Teilen der Tore und Mauern Babylons. Wieder hat das weitreichende Weltreich nur kurzen Bestand. Die Heere des Persers Kyros, der selber als ein Bote des michaelischen Zeitgeistes erlebt worden ist, machen ihm ein Ende. Dann branden von dem neu errichteten Perserreich her die Wogen des asiatischen Machtwillens an die Gestade Europas. Das kleine Volk der Griechen wehrt in

den Perserkriegen heldenhaft die Gefahr ab. Und zuletzt geht, noch vor Ende der Michael-Zeit, das die ganze politische und geistige Ordnung der Welt verändernde schnelle Wunder der Alexander-Züge über die Erde hin. In zwölf Jahren erobert der junge Mazedonier-König die großen Reiche und bildet daraus ein neues, das vom Aufgang der Sonne bis zu ihrem Niedergang reicht, es mit dem noch jungen, neuen europäischen Geisteselement durchdringend.

Auch die stürmische Bewegtheit des Zeitalters ist ein Rätsel, das sich erst durch den Blick auf den gewaltigen Erzengel der Zeit löst. Michael pflügt unermüdlich den Acker der Menschheit, damit der Geistessame, den er in so großer Fülle ausstreut, auf Gedeihen Aussicht hat. Er rüttelt und schüttelt die Menschheit. Ihr Erwachen zum Geiste ist ihm wichtiger als ihr äußeres Wohlergehen. Viel Altes muss stürzen, damit das Neue entstehen kann. Göttlich-michaelische Stürme sind es, die über die Erde dahingehen. –

Ein *drittes* Kennzeichen des letzten Michael-Zeitalters ist das stille Wunder eines in allen Landen gleichzeitig aufstrahlenden Morgenröte-Glanzes. Überall ist als die Seele der reich aufgehenden Geistessaat die Sehnsuchts- und Hoffnungs-Idee zu erkennen, dass nun bald ein höchstes göttliches Wesen zu ihrer Hilfe und zu ihrem Heil unter den Menschen erscheinen wird. Die verschiedensten Gestalten nimmt die menschheitlich auftretende Christus-Erwartung an: Die Propheten des Alten Testaments verkünden laut das Kommen des Messias, die Philosophen Griechenlands von Heraklit bis zur Stoa tasten sich in ehrfurchtsvoller Scheu an die schöpferische Welten-Mittelpunktskraft heran, die sie wie der Evangelist Johannes den Logos nennen und die sie als ein Wesen empfinden, das der Menschheit näherkommt. Der Perser Zarathustra sagt die Menschwerdung des hohen Sonnengenius voraus. Und sogar Laotse spricht, ohne es deutlich zu wissen, von Christus, indem er in den Sprüchen seines Tao-te-king, des »Buches vom Tao«, dem Mysterium des Logos nahezukommen sucht, den die chinesische Sprache mit dem Urwort Tao bezeichnet.

Das allgegenwärtige Aufleuchten des sehnsuchtgetragenen Christus- oder Logos-Gedankens ist erst recht ein Werk des michaelischen

Zeitgeistes. Was später unter den Menschen Johannes der Täufer sein wird, ein Wegbereiter des Christus, das ist in den höheren hierarchischen Reichen zu allen Zeiten der Erzengel Michael. Das Wirken Michaels, besonders wenn er ein Zeitalter regiert, ist immer die Vorbereitung einer neuen Christus-Offenbarung. Und so waren die michaelischen Jahrhunderte, die unserer Zeitrechnung vorangingen, überall von den Lichtstrahlen erfüllt, die bereits den Sonnenaufgang der Christus-Inkarnation ankündigten.

Welche von diesen Kennzeichen des letzten Michael-Zeitalters sind nun in unserer michaelischen Gegenwart wiederzuerkennen? Am deutlichsten drängt sich uns das zweite auf. Heute kann sich niemand mehr der Einsicht verschließen, dass wir in Jahrhunderten leben, die nicht einmal mehr vorübergehend den Charakter der Windstille an sich tragen können. Vielleicht war um das Jahr 1910 der michaelische Charakter des Zeitalters noch nicht mit aller Deutlichkeit zu erkennen. Der Ausbruch des Weltkrieges war dann aber mehr als die Entladung eines politischen Konfliktes. Mit der Gewalt einer kosmischen Katastrophe brachen aus den Untergründen des Seins Spannungen und Stürme hervor, die die wahre Dynamik der neuen Geschichtsepoche offenbarten. Und nur der oberflächliche Blick kann meinen, die Stürme seien bereits verbraust, wenn wieder einmal eine akute Kriegsgefahr beseitigt worden ist. Die Dynamik des Weltkrieges dauert in fortwährender Steigerung an, auch in den Ländern, die damals nicht in die kriegerischen Auseinandersetzungen verflochten gewesen sind. Wieder gehen michaelische Unruhen und Stürme über die Erde hin; wieder ist der am Werk, der die Menschheit schonungslos rüttelt und schüttelt, um sie zum geistigen Aufwachen zu bringen. Und der Gedanke, dass wir noch Jahrhunderte dauernder Hochspannung vor uns haben, braucht uns nicht zu ängstigen: Es ist ein Vorzug des Schicksals, Sohn oder Tochter einer Michaels-Zeit zu sein.

Das Vorstehende ist zwei Jahre vor Ausbruch des sogenannten Zweiten Weltkrieges gesprochen und geschrieben worden; es war bereits gedruckt, als am Michaelistage 1938 in München die Staatsmännerbesprechung – Chamberlain, Daladier, Hitler, Mussolini – stattfand, die in überraschender Art die Kriegsgefahr zu bannen schien, die jedoch für diejenigen, die sich keiner Illusion hingaben, nichts als ein Warnungs- und Sturmzeichen allerersten Ranges war. Als dann das neue blutige Völkerringen ausbrach und sich durch so viele Jahre hindurch zu einer völlig unfassbaren Höllen-Entfesselung steigerte, wurde die Evidenz des Vergleiches unserer Zeit mit den gigantischen kriegerischen Umwälzungen des letzten vorchristlichen Michael-Zeitalters eine vielfache, man möchte fast sagen: tausendfache. Schon im ersten Stadium der neuen Menschheitskatastrophe war das Maß an Umwälzungen und Zerstörungen, die der Erste Weltkrieg mit sich gebracht hatte, bald bei Weitem überboten. Zuletzt starrten die Trümmerfelder und Aschenhalden der untergegangenen Städte Mitteleuropas gen Himmel. Die Atombomben, die im Fernen Osten durch Blitzgewalten von völlig undurchschauter und doch auch apokalyptischer Art den Abschluss einer Kriegsphase erzwangen, beleuchteten zugleich noch einmal in einem Schreckenssignal die unterdes akut gewordene ungeheuerliche Ost-West-Spannung. Man hatte sich zu der Einsicht aufzuschwingen, dass der Ausdruck »Zweiter Weltkrieg« in keiner Weise mehr ausreichend war, um das zu bezeichnen, was sich zugetragen hatte. Das war weit mehr als bloß ein Krieg gewesen. Geisteskämpfe, ja Geisterschlachten, waren ausgebrochen, die zum Zusammenbruch und Untergang einer ganzen alten Welt hatten führen müssen, ähnlich, nur viel gigantischer, wie die Alexanderzüge damals die Besiegelung eines Welt-Endes gewesen waren. Noch unendlich viel deutlicher als nach dem Ersten Weltkriege liegt es auf der Hand, dass das Ruhen der Waffen nicht den beendeten Austrag der entfesselten Menschheitsspannungen, nicht die Bewältigung des aufgewühlten Chaos bedeuten kann. Die Unzahl der Toten – keine andere historische Zeit seit den Tagen der Sintflut hat ein solches Massensterben gesehen, wie es in unserer Zeit von Menschen selbst bewirkt wurde – strahlt, ob es wahrgenommen wird oder nicht, den Ernst der Zeitalter-Prüfung aus.

Die michaelische Macht durchfurcht aber den Acker der Erde nicht mit dem Pflug der Prüfungen, ohne dann in reichster Fülle die Saat des Geistes auszustreuen. Auch unsere Zeit wird nicht ohne die inspirierten Geistesführer sein, wie das letzte Michael-Zeitalter sie hatte. Es wird nur darauf ankommen, ob die menschlichen Boten des Erzengels auch erkannt werden. Der erste michaelisch-inspirierte Bahnbrecher des Geistes hat bereits seine umfassende Botschaft ausgerichtet: Rudolf Steiner. Und ganz gewiss werden in den vor uns liegenden Zeiten, wenn die Michaels-Herrschaft zu ihrem Höhepunkt emporsteigt, viele helle Sterne am Himmel der Menschheit aufgehen.
Wie steht es nun mit dem dritten Merkmal, den Vorzeichen einer neuen Christus-Offenbarung? Wieder will Michael durch all sein machtvolles Wirken an den Schicksalen und Seelen dem Christus den Weg bereiten. Es soll das übersinnliche Ereignis, das die Überlieferung die »Wiederkunft Christi« nennt, zur Tatsache werden und bereits in dieser Michael-Epoche in eine wachsende Zahl von Seelen hineinleuchten. Aber gerade in dem Auftreten der ersten Vorahnungen dieses Ereignisses muss sich unsere Zeit grundlegend von dem vorchristlichen Michael-Zeitalter unterscheiden. Damals war die Menschheit noch im Besitz der letzten, wenn auch bereits verdämmernden Kräfte des Hellsehens. Beim ahnenden Hineinschauen in das Geistgebiet nahmen die dazu noch fähigen Seelen die immer näher herankommende Christuswesenheit wahr. Alle messianischen Weissagungen waren irgendwie an den geistigen Tatsachen selber abgelesen. Heute dagegen hat der fortschreitende Teil der Menschheit auch den letzten Rest der alten geistigen Spür- und Wahrnehmungsfähigkeiten verloren. Im Geistgebiete kann sich das Unerhörteste ereignen: Die Seelen sind zu grob und zu plump, um es zu gewahren. So können zunächst nur versteckte, verkleidete, unerkannte und der Missdeutung ausgesetzte Zeichen von einem Näherkommen des Christus in den Seelenbereich der Menschheit eindringen.

Dennoch muss es gewagt werden, auf solche »Zeichen der Zeit« hinzudeuten.

Eine der wichtigsten, allenthalben in den Seelen auflebenden Tendenzen könnte man als eine *energische Diesseitigkeit* bezeichnen. Immer ausschließlicher auf das Diesseits gerichtet war der Sinn der kulturschaffenden Menschheit bereits von der Mitte des vorigen Jahrhunderts an. Aber das führte doch zunächst nur zu dem satten bürgerlichen Materialismus der wilhelminischen Vorkriegszeit. Dann aber fuhr, man weiß nicht woher, in den Materialismus in steigendem Maße eine völlig unbürgerliche Heftigkeit und Leidenschaft hinein. Die gelegentlich sogar zu Wut und Hass gesteigerte Abwendung von allen Jenseits-Vorstellungen brachte in weitesten Kreisen Gleichgültigkeit, Entfremdung, ja sogar Feindschaft nicht nur gegenüber dem kirchlichen, sondern überhaupt gegenüber dem religiösen Leben mit sich. Dafür nahmen ausgesprochen irdisch-diesseitige Bestrebungen eine geradezu religiöse Intensität und Gestalt an. Die Inbrunst und Leidenschaft, die frühere Zeiten auf religiösem Felde entfaltet hatten, flossen nun z.B. in das politische Leben ein. Nicht nur traten nationalistische Tendenzen, die auch früher schon oft genug mit Religion verknüpft und verquickt worden waren, nunmehr bewusst mit eigenem religiösen Anspruch und Charakter auf. Auch Sozialismus und Kommunismus wuchsen über die kühle marxistische Verstandesmäßigkeit hinaus und wurden, zumal im europäischen Osten, eine Art eschatologisch-messianistische Religion. Hierher gehört auch der wie in Vulkanausbrüchen je und je aus dem Erdboden emporsteigende Zug zu machtvoll wirkender Symbolik und kultusähnlicher Gestaltung gewisser Höhepunkte im weltlich-öffentlichen Leben.

Da, wo man auf religiösem Felde bleibt, sehnt man sich weithin nach einer neuen Diesseitsfrömmigkeit, nach einem religiösen Erleben der Natur. Meistens tritt dies Suchen außerhalb der christlichen Kirchen, oft auch in ausgesprochenem Gegensatz zu ihnen auf; nur selten wagt es sich innerhalb des traditionellen Rahmens hervor. Mögen aber die extremeren Formen, in die sich das Streben nach kosmischer Religion kleidet, z.B. als Neuheidentum, immer wieder schnell von der Bildfläche verschwinden: Der darin zutage tretende Diesseits-Zug der Seelen wird fortwährend breiter und eindeutiger.

Sowohl in den rein weltlichen als auch in den religiös-weltanschaulichen Anti-Jenseits-Tendenzen ist es, als sollten aus dem Felsgestein des Diesseits noch ganz andere, nie zuvor gekannte Funken herausgeschlagen werden. Tappt und tastet da nicht die Seele unserer Zeit nach dem Geist der Erde?

Durch seine Auferstehung und Himmelfahrt ist der Christus zum allgegenwärtigen neuen Erdgeist geworden. Macht sich sein Dasein und Nahesein heute bereits dunkel in neuer Kraft bemerkbar? Sind nicht vielleicht viele von denen, die mit dem Christentum nichts mehr zu tun haben wollen, dennoch dem Christus auf der Spur? Mehr sogar als die Kirchenchristen? Das Christentum ist, recht verstanden, kosmischer Natur, es ist die wahre Diesseitsreligion. Das an vielen Orten und Altären zugleich gefeierte christliche Sakrament, in welchem doch überall die Anwesenheit des Christus erlebt wird, ist die Verwirklichung der irdischen Allgegenwart, in die der Christus durch Auferstehung und Himmelfahrt übergegangen ist. Und so ist das christliche *Sakrament* die stille Antwort auf den lauten Frageruf des Zeitalters, der in all den oftmals auch zu kultischen Formen drängenden Diesseitigkeitstendenzen vernommen werden kann. –

Ein anderes bedeutsames Zeichen der Zeit ist der *Willens-Charakter*, den alles kulturelle Leben zuerst in ruhiger Steigerung, dann, als das erste Drittel unseres Jahrhunderts abgelaufen war, in explosiver Plötzlichkeit angenommen hat. Das Kopfmäßige wurde in stürmischer Radikalität abgeschüttelt, die akademischen Ideale waren schnell im Kurs gesunken. Willensimpulse traten auf den Plan, die mit Mut und Schwung das »Ganz Neue«, ja das Unmögliche zu verwirklichen unternahmen. Sieht man zunächst von allem Über-das-Ziel-Hinausschießen und von allen Vergröberungen und Dämonisierungen ab, so lässt sich in dem Regewerden neuer Willenskräfte durchaus ein michaelisches Symptom erkennen. Wie er in seiner letzten Herrschaftszeit, insbesondere in Griechenland, dem Menschen die Kraft des *Gedankens* zugeströmt hat, so will Michael heute den *Willen* des Menschen inspirieren und befeuern. Es ist auch ein Anzeichen der herannahenden neuen Christus-Offenbarungen, das sich, wenn auch zunächst noch ganz entstellt, in der neu aufsteigenden Willenshaftigkeit erkennen lässt. Die »Wiederkunft Christi« wird sich weder im Sinnesbereich noch im Übersinnlichen einfach bloß »von außen her« ereignen. Wie sich der Christus nach seiner Auferstehung und Himmelfahrt zunächst den Jüngern auf innere Art, durch Einwohnung in ihren pfingstlich begeisterten Seelen, offenbarte, so wird sich sein neues Nahesein auch durch das Regewerden neuer Kräfte im Seeleninneren der Menschen kundtun. Man wird von einer an das Pfingstereignis gemahnenden »inneren Wiederkunft Christi« sprechen können.

Gewiss ist, was sich heute regt, in all seiner Allzu-Irdischkeit weit davon entfernt, den Menschen näher mit dem Christus zu verbinden. Die aufschäumenden Willens-Radikalitäten sind zweischneidig. Auf der einen Seite fordert Michael vom Menschen eine radikale Seelenhaltung. Es gibt aber auch die Perversion dieser Radikalität: dämonische Besessenheit. Dennoch kann in der gegenwärtigen Willenswendung der tumultuarische Anfangszustand eines Werdeprozesses gesehen werden, der nur richtig geleitet und gelenkt werden muss. Es ist aber nötig, auf die großen Gefahren des in die Menschheit hereinbrausenden Willensstoßes aufmerksam zu sein.

Kann man nicht oft genug beobachten, dass viele der heute als typisch erscheinenden Willensmenschen innerlich recht schwach und haltlos sind und entweder zu starken Stimmungsschwankungen oder zu einer großen inneren Unselbstständigkeit neigen? Die Willenshaftigkeit beruht zum größten Teil darauf, dass die Seelen der heutigen Menschen sich stürmisch tiefer in ihre physische Leiblichkeit hinunterverkörpern. Und wenn es falsch ist, im geistigen Streben das Irdische zu vergessen und den Boden unter den Füßen zu verlieren, ebenso verhängnisvoll ist es, im Irdischer-Werden den Geist zu vergessen und ihn nicht in den seelischen Einkörperungsprozess mit hineinzunehmen. Das Ich des Menschen ist geistiger Natur. Vergisst der Mensch den Geist, so vergisst er im Grunde sich selbst. Sein Ich flattert schließlich kraftlos über ihm und vermag nicht mehr mit in den Willen einzugreifen. Die Gefahr entsteht, dass der Mensch willensrobust und zugleich ichschwach wird.

Die Gefahr, das Geistige zu vergessen und in den Leerlauf bloß äußerer, wenn auch imposanter Willensleistungen hineinzustürmen, besteht heute auch für das Kulturganze. Man will das »Ganz Neue« verwirklichen. Und der darin sich aussprechende Eroberermut verdient jede Bewunderung. Aber was ist »ganz neu«? Mir kommt bei dieser Frage immer als Gleichnis eine Erfahrung in den Sinn, die man in den ägyptischen Eisenbahnen machen kann. Bei der langen schnellen Fahrt durch die Sandwüste muss man trotz der unausstehlichen Hitze alle Fenster und Luken dicht geschlossen halten, um das massenhafte Eindringen des feinen Sandstaubes zu verhindern. Um nun aber doch die Empfindung der frischen Luft zu erzielen, lässt man in jedem Abteil den Propeller eines Ventilators laufen. Jedoch besteht natürlich der Wind, der den Reisenden das Atmen erleichtert, keineswegs aus frischer, sondern nur aus der immer wieder im Kreise herumgetriebenen, längst verbrauchten Luft. Nur von außerhalb des Eisenbahnwagens könnte man frische Luft beziehen. So ist es auch im kulturellen Leben. Solange man auf die bloß irdische materielle Sphäre beschränkt bleibt, kann auch die imposanteste Kulturleistung im Grunde nur eine Wiederholung oder eine neue Mischung von Längst-Dagewesenem sein. Das »Ganz Neue« muss vom Himmel auf die Erde heruntergeholt werden. Es wird erst erreichbar, wenn der Blick und Wille des Menschen das Geistgebiet mitumspannt. Letztlich muss gerade der Wunsch, wirklich Neues, Nie-Dagewesenes zu schaffen, dazu führen, in irgendeiner Form die Kraft des Gebetes wieder in die menschlichen Strebungen miteinzubeziehen. Was noch im Schoß der Geisteswelten ruht, muss, wenn es zu irdischer Wirksamkeit gebracht werden soll, heruntererbeten werden. Die Gebetserziehung der Seele, die *Pflege des Gebetes* – das gar nicht in üblicher Art eine spezifisch »religiöse« Form zu haben braucht – ist die stille Antwort auf die laute Frage, die sich in der erdbebenartig auftretenden Willenshaftigkeit kundtut. –

Nach einem Christus-Mysterium wird schließlich auch da getastet, wo auf ein neues *Gemeinschaftserlebnis* Wert gelegt wird. Unser Zeitalter ist daran, die Magie der Gemeinschaft zu entdecken. Nicht mehr bloß bergender und stützender Schutz für den Einzelnen, sondern ein Mittel zu größeren Wirkungen soll die Gemeinschaft sein. Und es ist in der Tat jede wirkliche Gemeinschaftsbildung eine Art Geisterbeschwörung, weil dadurch eine Kraft entsteht, die größer ist als die Summe der Kräfte, die die Einzelnen besitzen. Die Zweischneidigkeit allerdings liegt auf der Hand, wenn eine Menschheit, die von Geistern nichts weiß und auch nichts wissen will, anfängt, Geister zu beschwören. Von dieser Zweischneidigkeit haben wir in den Kräfteballungen unserer Zeit schon viel zu spüren bekommen.

Das Christus-Wort: »Wo zwei oder drei versammelt sind in meinem Namen, da bin ich mitten unter ihnen« erleuchtet und erfüllt, gerade wenn man es im Blick auf die »Wiederkunft Christi« versteht, eine wichtigste Gegenwartstendenz. Dies Wort enthüllt ja die höhere Vollmacht der Gemeinschaft gegenüber den Möglichkeiten, die der Einzelne besitzt. Dabei dringt es allerdings, indem es die niedrigen Zahlen »zwei oder drei« nennt, mit stiller Energie auf die Echtheit und Substanz, die nie durch die großen Zahlen propagandistischer Statistik zu ersetzen ist.

Die Christengemeinschaft ist sich bewusst, durch ihr gemeindebildendes Bestreben mehr zu tun, als was nur ihren einzelnen Gliedern zugutekommt. Wahre Gemeinschaftsbildung ist ein Mittel zur Herbeirufung helfender göttlicher Kräfte, sie ist schließlich ein Mittel zur Verwirklichung des neuen Kommens Christi selbst. Die um unsere Altäre sich vollziehende *Gemeindebildung* darf also auch aufgefasst werden als stille Antwort auf eine Frage, die laut aus den Erscheinungen des Gegenwartslebens hervortönt.

ZWISCHEN ZWEI MICHAEL-ZEITALTERN

Es ist wohl kein Zufall, dass sich in den Jahren, in denen wir stehen, die großen Völker- und Menschheits-Spannungen immer gegen den Herbst hin, wenn im Jahreslauf die Michaelszeit beginnt, ganz besonders bemerkbar machen und zur Entladung kommen. Es entspricht dem inneren Charakter unserer Zeit, dass von Jahr zu Jahr die seelischen Erdstöße und Erschütterungen, die wie aus Untiefen in das Leben der Menschheit empordringen, gewaltsamere und gewaltigere Dimensionen annehmen. Es wird eben immer deutlicher, dass wir in ein michaelisches Zeitalter eingetreten sind; und schließlich werden zur inneren Meisterung der Gegenwartsprobleme nur diejenigen Menschen imstande sein, die, gefühlsmäßig oder in klar gedanklicher Art, ein Verhältnis dazu finden, dass die fortschreitende Menschheit heute unter der Führung des strengen kämpferischen Erzengels Michael steht. Je mehr die großen Fragen des Gegenwartslebens sich türmen und uns bedrängen, umso mehr müssen wir lernen, das, was auf dem Schauplatz der irdischen Welt geschieht, von einer höheren Warte aus zu betrachten: gewissermaßen als den untersten Rand eines Geschehens, das weit über die Köpfe der Menschen in das Geistgebiet emporragt und sogar zum allerwesentlichsten Teil im Übersinnlichen vor sich geht. Nimmt man Bild und Namen Michaels, wie sie ungewollt als symbolischer Ausdruck heute an allen Ecken und Enden auftauchen, ernst, so ist dadurch allein schon ein Vorhang zerrissen vor einer ganzen Welt geistiger Wesenheiten. Gibt es den Erzengel Michael, so gibt es die ganze Fülle höherer Geister und so gibt es vor allem, herausragend aus dem großen Heer der Engel und Erzengel, die sieben Zeitengeister, die sich in kosmisch geregelter Reihenfolge immer nach ungefähr dreieinhalb Jahrhunderten in der Aufgabe ablösen, die Menschheit vorwärtszuführen und mit geistigen Impulsen auszurüsten. Wir haben schon öfter von dem großen Rhythmus der sieben Erzengel-Zeitalter gesprochen, von dem geheimen Erzengel-Kalender, der von einer höheren Sphäre her Aufschluss für die irdischen Spannungen und Verknäuelungen gibt. Man kann diesen großen, immer sich erneuernden Siebener-Rhythmus mit dem kleineren Rhythmus von sieben Zeiteinheiten vergleichen, durch den wir fortwährend hindurchgehen, indem wir den Ablauf der Tage in Wochen gliedern. Der kleinen Woche aus sieben Wochentagen steht dann die große Weltenwoche gegenüber, die aus sieben großen Erzengeltagen besteht. Jeder Erzengeltag aber ist ein ganzes Zeitalter von etwa so viel Jahren, wie ein Jahr Tage hat.

Die sieben Tage der Woche sind nicht gleichen Wesens. Die innere Differenzierung, die zwischen ihnen waltet, hat man in früheren Zeiten deutlicher erlebt und auf den Unterschied der sieben Planetensphären zurückgeführt. Noch heute ist in den verschiedenen europäischen Sprachen aus den Namen der Wochentage die Beziehung zu den Planeten abzulesen:

Montag – Mond; Dienstag – Mars (franz.: Mardi); Mittwoch – Merkur (franz.: Mercredi); Donnerstag – Jupiter (franz.: Jeudi); Freitag – Venus (franz.: Vendredi); Samstag – Saturn (engl.: Saturday); Sonntag – Sonne.

Wie die Tage der kleinen Woche, so sind auch die Erzengeltage der großen Weltenwoche nach den verschiedenen Kräften der sieben Planetensphären voneinander unterschieden, nur schreiten sie in umgekehrter Reihe vorwärts:

Oriphiel ist der Erzengel des Saturn, Anael der Erzengel der Venus, Zachariel der Erzengel des Jupiter, Raphael der Erzengel des Merkur, Samael der Erzengel des Mars, Gabriel der Erzengel des Mondes, Michael der Erzengel der Sonne.

Jedes Mal, wenn im Reigen der Zeitenführer-Geister Michael die Herrschaft antritt, nimmt das Zeitalter einen Charakter an, durch den es sich aus allen anderen Zeitabschnitten der vorangehenden und nachfolgenden zwei Jahrtausende heraushebt: Das ist ähnlich wie bei dem Tag der Sonne, der sich ja auch aus dem Gang der Woche heraushebt.

Der Sinn des Sonntags ist aber schon in der kleinen Woche nicht eigentlich der eines gemächlichen Ruhe- und Feiertages. Man würde seinen Sinn besser erkennen und verwirklichen, wenn man ihn als Ende und Krönung der Woche und zugleich als Anfang einer neuen Woche erleben würde. Tatsächlich soll die Sonne des Sonntages es an den Tag bringen, was im Laufe der Woche errungen und erreicht worden ist. Jeder Sonntag sollte die innere Abrundung und Sichtung sein zu einem Abschnitt des tätigen und fortschreitenden Werdens. Erst recht aber müssen die Sonntage in der großen Erzengelwoche, die Michael-Zeitalter, den Charakter einer Prüfung und Entscheidung in sich tragen, die zu neuen Entschlüssen führt. In jedem Michael-Zeitalter wird die Menschheit unerbittlich geprüft auf das, was echt und zukunftsfähig in ihr ist; eine unbestechliche Sonnenkraft bringt an den Tag, was in den vergangenen zwei Jahrtausenden menschheitlicher Entwicklung wirklich geleistet und erreicht worden ist. Dass das Michael-Zeitalter, in welchem wir heute leben, einen solchen Prüfungs- und Entscheidungs-Charakter hat, wird von Tag zu Tag unverkennbarer. Die Zeitenschicksale werden noch viel unerbittlicher werden und uns noch viel mehr auf Herzen und Nieren prüfen. Dass die Probe auf die inneren Mut- und Tragekräfte begonnen hat, muss allmählich jeder fühlen. Hinzu kommt, dass das gegenwärtige Michael-Zeitalter nicht nur die erste Herrschaft Michaels seit der Entstehung des Christentums, sondern zugleich das siebente christliche Erzengel-Zeitalter ist, da die Ereignisse von Golgatha in ein Oriphiel-Zeitalter hineinfielen. Durch eine ganze Erzengelwoche hindurch hat also das Christentum sich entwickeln können, und so wird die Gegenwart insbesondere, was schon fast mit Händen zu greifen ist, eine große Prüfung und Bilanz des Christentums mit sich bringen. Was innerhalb des traditionellen christlichen Lebens nicht innerlich echt, sondern nur erstorbene und erloschene Form ist, wird von den Stürmen der Zeit wie Spreu in alle Winde verweht werden.

Wir haben in der ersten Betrachtung versucht, Licht auf die Rätsel des gegenwärtigen Michael-Zeitalters fallen zu lassen durch einen

Vergleich mit dem letzten großen Michael-Zeitalter vom 7. bis zum 3. vorchristlichen Jahrhundert. Wir haben jene unmittelbar sich heraushebende Epoche der Geschichte vor uns hingestellt, in welcher in den gigantischen Erschütterungen und Umwälzungen der sterbenden Alten Welt der Erzengel Michael als der große Aufrüttler, als der Pflüger des Menschheitsackers erscheint, in der er sich aber vor allem kundtut als der Vermittler und Künder eines übergroßen Reichtums an geistigem Licht: In allen Ländern der Welt treten in erstaunlicher Gleichzeitigkeit die großen Geister, von den israelitischen Propheten, den griechischen Philosophen bis hin zu Buddha und den chinesischen Weisen, wie in einer majestätischen Geisterversammlung auf. Wir wollen diesmal versuchen, Licht für das gegenwärtige Zeitalter zu gewinnen, indem wir die Zeit *zwischen* der letzten und der gegenwärtigen Michaels-Zeit vom Gesichtspunkt Michaels aus zu überblicken versuchen. Wir wollen es wagen, einmal die Frage zu stellen, wie der Erzengel Michael selbst den Weg von seiner letzten zu seiner gegenwärtigen Menschheitsführung gefunden, wie er sich auf unsere Gegenwart vorbereitet hat. Durch eine solche Fragestellung werden wir uns vielleicht auch an dasjenige herantasten, was das spezifisch Neue und damit die eigentliche innerste Aufgabe des gegenwärtigen Michael-Zeitalters ist. In die Zeit zwischen den beiden Michael-Epochen fallen vor allem zwei Ereignisse, durch welche die inneren Lebensbedingungen der Menschheit von Grund auf verändert worden sind. Das erste ist das Mysterium von Golgatha. Und wenn auch alle solche Fragestellungen als sehr kühn erscheinen mögen, wollen wir doch einmal fragen, wie das Christus-Ereignis und seine Weiterwirkung in der Menschheit wohl vom Erzengel Michael miterlebt worden ist. Dabei müssen wir bedenken, dass zwischen dem Erzengel Michael und der Christuswesenheit die allerinnigste Beziehung besteht. Alles Sinnen und Trachten des Erzengels der Sonne ist einzig und allein darauf gerichtet, Christus, dem hohen Sonnengeist, zu dienen und ihm die Wege zu bereiten. Insbesondere wenn Michael als Fürst eines Zeitalters wirksam ist, kann man wissen, dass er durch alles, was er tut, einem neuen Hervortreten des Christus, einer neuen Christus-Offenbarung zugunsten der

Menschheit die Bahn bricht. So war auch die Wirksamkeit Michaels während des letzten Michael-Zeitalters einzig und allein darauf abgezielt, auf das Kommen Christi vorzubereiten. Wenn der Erzengel in die mächtig aufgerissenen Ackerfurchen der Menschheit einen so vielfältigen Samen geistigen Lichtes säte, wenn er allenthalben die Führer der Völker zu Propheten und Denkern inspirierte, so tat er das, um die Menschheit mit Gedankenkräften auszurüsten, die sie nötig haben würde, um den Christus, wenn er in ihrer Mitte erschiene, erkennen und verstehen zu können. Wagen wir es nun, uns in die Seele Michaels zu versetzen, nachdem er in der Zeit nach dem Tode Alexanders des Großen das Steuerruder der Geschichte aus der Hand gegeben hatte, so liegt die Vorstellung nahe, dass ihn die große bange Frage erfüllt hat: Wird wohl das Gedankenlicht, das ich der Menschheit spendete, ausreichen, sodass der Christus auf Erden, wenn er kommt, auch wirklich erkannt werden kann? Wir können hier tastend von der großen *Spannung Michaels* sprechen, die wie eine geballte Wolke die Menschheit im Geistgebiet überschwebte.

Wenn wir nun bedenken, wie wenig der Christus, als er in Menschengestalt über die Erde wandelte, bemerkt und erkannt worden ist, wie verschwindend klein der Kreis war, der wenigstens ein ahnendes Gefühl für sein wahres Wesen aufbrachte, wie eigentlich doch die Menschheit im Ganzen keine Notiz genommen hat von dem, was sich in Palästina in so großer Stille abspielte, dann müssen wir zu der Vorstellung kommen, dass die Frage und Spannung in der Seele Michaels einen immer ernsteren und sorgenvolleren Charakter angenommen hat. Wir sehen schon sehr früh das Erlöschen eines wirklichen Christus-Verständnisses in der Geschichte der christlichen Theologie. Das Zeitalter der Kirchenväter bedeutete gleichzeitig die Abenddämmerung des urchristlichen Wissens, den Anfang der aussichtslosen Glaubensstreitigkeiten und der Erstarrung ursprünglich lebendiger Erkenntnisse zu kirchlichen Dogmen. Musste sich angesichts solcher Entwickelungen der Erzengel Michael nicht fragen, ob nicht doch seine Bemühung, die Menschheit mit Gedankenkräften auszurüsten, vergeblich gewesen sei?

In der Zeit zwischen den beiden Michael-Epochen ist noch ein zweites Ereignis eingetreten, das eine ungeheuer einschneidende Veränderung in der Bewusstseinslage der Menschheit hervorgerufen hat. Dieses Ereignis aber ist noch unvergleichlich viel mehr als das Mysterium von Golgatha von der Menschheit verschlafen worden. Man ist sich seiner noch so gut wie gar nicht bewusst geworden, weil es ein Vorgang war, der sich im Geistgebiet abspielte und in die irdische Geschichte nur Schatten und huschende Lichter hineinwarf. Deshalb ist es auch schwer, dieses Ereignis mit einleuchtender Deutlichkeit zu umschreiben. Eine gewisse Hindeutung darauf ist in den Versuchen enthalten, zwischen dem Mittelalter und der Neuzeit eine klare Grenze zu ziehen. Es ist zwar nur selten die Anschauung anzutreffen, dass der Anbruch der Neuzeit durch ein klar umrissenes Ereignis herbeigeführt worden sei. Man ist fast durchweg geneigt, die Einteilung von Altertum, Mittelalter und Neuzeit mehr als eine Angelegenheit des systematisierenden Verstandes als des objektiven geschichtlichen Verlaufes selber zu betrachten. In Wirklichkeit aber ist das, was wir mit Berechtigung »Neuzeit« nennen können, durch ein dramatisches Ereignis von der größten Tragweite heraufgeführt worden. Die konfessionell-protestantische Geschichtsschreibung hat oft versucht, die Reformation Martin Luthers als die Tat zu charakterisieren, die das Tor der Neuzeit aufgeschlossen habe. Es ist aber mit Recht immer darauf hingewiesen worden, dass die deutsche Reformation ja nur ein Glied innerhalb eines längst vorher einsetzenden großen Dramas europäischer Umgestaltungen gewesen ist. Tatsächlich war bereits das Jahrhundert vor 1517 nicht nur erfüllt von mancherlei vorreformatorischen Wirksamkeiten, sondern auch von allen den großen und folgenreichen Erfindungen und Entdeckungen, die mit einem Schlage den Horizont der fortschreitenden Entwicklung so völlig veränderten.

Im Jahre 1413 fand der Übergang des Frühlings-Aufgangs-Punktes der Sonne aus dem Sternzeichen des Widders in das der Fische statt.* Auf

* Der astronomische Übergang in das am physischen Himmel sichtbare Stern*bild* der Fische war schon mehr als ein Jahrtausend früher erfolgt. Hier ist vom Gang der Sonne durch die mehr geistig aufzufassenden Stern*zeichen* die Rede.

diesen Zeitpunkt, der aber durch eine solche Jahreszahl nur ungefähr angedeutet werden kann, verlegt die neuere Geisteswissenschaft den Anfang des Zeitalters der Bewusstseins-Seele. Man muss dies Ereignis in der Tat in erster Linie so beschreiben, dass dadurch die Menschheit ruckartig zu einem Aufwachen im Bewusstsein genötigt worden ist. Versuchen wir im Anschluss an die Schilderungen Rudolf Steiners eine kurze Charakterisierung. Wenn Menschen im Altertum und im Mittelalter Gedanken gedacht haben, so taten sie das mit dem Bewusstsein, dass sie damit nur Anteil nehmen durften an einem großen und reichen Gedankenleben, das nicht ihnen selbst, sondern den Göttern gehörte. Deshalb war das Gedankenerleben dieser älteren Zeiten immer mit dem Gefühl eines ehrfurchtsvollen Empfangens verbunden. Wenn wir heute von einem Gedanken sagen, »er leuchtet uns ein«, so gebrauchen wir einen Ausdruck, der durchweg für die Charakterisierung des Gedankenlebens dieser alten Zeiten zutreffend gewesen wäre. Die Gedanken leuchteten von außen in die Seelen der Menschen herein. Dann kam die Zeit heran, in der die Wesenheiten höherer Reiche, denen bis dahin die Verwaltung der Gedankenkräfte im Kosmos oblag, die von ihnen verwaltete Intelligenz zugunsten der Menschen, die dadurch den Weg zur Freiheit finden sollten, losließen. Von nun an mussten die Menschen selber die Gedanken hervorbringen. Das Erlebnis »Ich denke« begann. – So ungewohnt solche Vorstellungen zunächst auch sein mögen, man muss es doch wagen, den Vorgang so zu beschreiben: Geistige Kräfte, die bis dahin von Götterwesenheiten höherer Sphären getragen und gehalten worden waren, blitzten und regneten auf die Erde hernieder.

Und wieder fragen wir, mit welchen Empfindungen der Erzengel Michael auf diesen Vorgang hingeblickt haben mag. Die Gabe, die der Himmel jetzt an die Menschheit gab, musste ja eine überaus zweischneidige sein. Wenn jetzt die Menschen selber zu Verwaltern der Gedankenkräfte wurden, so zog dadurch gewitterartig die Freiheit in ihr Wesen ein. Aber eben aufgrund dieser Freiheit entstand die große Frage: Werden die Menschen die ihnen jetzt frei überlassenen Gedankenkräfte verwenden, um irdische Klugheit daraus zu machen, die sie dann in den Dienst ihres Egoismus stellen, oder werden sie dadurch für das Geistige erwachen und in innerer Opfergesinnung Organe des Gottschauens und des liebenden Dienens daraus machen? Die Möglichkeit zu den ungeheuersten Abirrungen trat in einer neuen plötzlichen Weise auf, ebenso wie die Möglichkeit zu einer nie geahnten Höherentwicklung. In der Seele Michaels, der immer um die Christus-Zukunft der Menschheit ringt, musste jetzt eine große kosmische Sorge Platz greifen. Die Spannung Michaels wird endgültig von der *Sorge Michaels* abgelöst.

An dieser Stelle müssen wir, um die Schilderungen weiterführen zu können, das Bilder-Alphabet der Offenbarung Johannis heranziehen. Die Sprache der Apokalypse ist dem irdischen Verstand deshalb so schwer zugänglich, weil die Bilder, die da geschildert werden, gar nicht als mit Menschen-Augen gesehen vorgestellt werden dürfen. Es ist wohl nicht falsch zu sagen: Die Apokalypse schildert, wie die Erzengel, und in ihrem Kreise insbesondere Michael, mit ihren Augen schauen. Dass wir dieses Buch in menschlicher Sprache besitzen, kommt daher, dass der Erzengel den Seher Johannes auf der Insel Patmos gewissermaßen bei der Hand genommen und mit seinen Augen hat schauen lassen. – Dieses letzte Buch der Bibel enthält in seinen gewaltigen Kreisen und Runden von Sendschreiben, Siegeln, Posaunen und Zornesschalen die Zifferblätter der inneren Weltenuhr. Wir können daran die Gesetze der übersinnlichen Geschichte ablesen, die zwar zu allen Zeiten gültig sind, die aber in bestimmten Ausprägungen zu gewissen Zeiten ganz besonders deutlich in die Erscheinung treten. So können wir das Bewusstseinsseelen-Zeitalter, in welches die Menschheit durch jenes Ereignis am Anfang des 15. Jahrhunderts eingetreten ist, in einem besonderen Sinne als das *Zeitalter der Posaunenklänge* betrachten. Was sind die sieben Posaunenklänge vom Blickpunkte Michaels aus? Wir können sie ansehen als die großen Weck- und Warnrufe, die der Erzengel selber ausstoßen lässt, um die Menschheit auf die Gefahren hinzuweisen, die ihr im Bewusstseinsseelen-Zeitalter drohen. Äußerungen der großen michaelischen Sorge vernehmen wir, wenn wir diesen Klängen lauschen.

Die Offenbarung Johannis leitet das Ertönen der Posaunenklänge durch ein Präludium ein. Am Anfang des 8. Kapitels wird uns in den offenen Himmeln ein majestätisch-ruhevolles Bild gezeigt. Es heißt: »Bei der Eröffnung des siebenten Siegels entstand eine große Stille, ein großes Schweigen in den Himmeln eine halbe Weltenstunde lang, und ich sah die sieben Engel, die vor Gott stehen. Ihnen wurden die sieben Posaunen gegeben. Und ein anderer Engel trat hervor zu dem himmlischen Altar, der trug ein goldenes Rauchfass in der Hand und ihm wurde viel Räucherwerk gegeben, auf dass er es spendete zu den Gebeten der Frommen auf dem goldenen Altar vor dem Throne Gottes. Und von diesem Räucherwerk stieg der Weihrauch empor zusammen mit den Gebeten der Frommen, gespendet von der Hand des Engels vor Gott.« Ein Einblick wird uns gestattet in die Größe und Feierlichkeit des in den Himmeln vollzogenen Kultus. Wir möchten denken, dass nichts in der Welt imstande sei, diese Andacht und Stille zu durchbrechen; und doch sehen wir schon die sieben Engel bereitstehen mit den Posaunen und fangen an vorauszufühlen: Es kommt der Augenblick, wo das Schweigen dennoch gebrochen wird, wenn nämlich die Engel die noch ruhenden Posaunen erheben und zum Ertönen bringen. Im Fortschreiten bringt die Apokalypse selber Bewegung in das ruhevolle Bild. »Da nahm der Engel das Rauchfass und füllte es mit Feuer vom Altar und schüttete das Feuer auf die Erde und siehe, da erdröhnten Stimmen und Donner, Blitze und Erdbeben, und die sieben Engel hoben an zu posaunen.« Ein gewaltiges kosmisches Gewitter bricht aus, als der Engel das Feuer von dem himmlischen Altar ausgießt und auf die Erde regnen und blitzen lässt. Aus dem Donnern dieses Gewitters werden die Posaunenklänge geboren. Das sind die Bilder, durch welche die Offenbarung Johannis das Ereignis der Ausgießung der kosmischen Gedankenkräfte schildert, das am Anfang des 15. Jahrhunderts seinen entscheidenden Höhepunkt gefunden hat.

Ehe wir uns den Zeitaltern zuwenden, die durch das Ertönen der Posaunen eingeleitet werden, blicken wir einen Augenblick lang in die Vorgänge hinein, die sich auf der Erde zugetragen haben, während in den geistigen Welten die Ausgießung des Feuer-Regens begann. Man hat der Geschichte vom Anfang des 15. Jahrhunderts nicht allzu viel Beachtung geschenkt. Das aber hat wohl gerade auch seinen Grund in dem mancherlei tumultuarischen Durcheinander, das zunächst auf der Erde durch das übersinnliche Geschehen bewirkt worden ist.

Der ersten Hälfte des 15. Jahrhunderts wurde in gewissem Sinn das Gepräge gegeben durch die sogenannten Reform-Konzilien, die von 1409 bis 1449 mit kurzen Unterbrechungen in Pisa, Konstanz und Basel tagten. Die führenden Persönlichkeiten der abendländischen Christenheit, Kardinäle, Bischöfe und Professoren, waren versammelt, um eine neue Ära des christlichen Lebens zu begründen. Und man sollte meinen, dass so die Menschheit auf die denkbar beste Art vorbereitet gewesen wäre zum Empfang des geistigen Regens, der vom Himmel auf die Erde ausgegossen wurde. Die zuständigen Instanzen, wenn man so sagen will, waren günstigerweise beieinander. Sehen wir nun aber wirklich in den Gang der Konzilsverhandlungen hinein, so werden wir nur ein endloses, aussichtsloses Streiten gewahr, mit dem man sich gegen die in der Tat schon recht zweifelhaft gewordene Alleinherrschaft des Papstes wandte und aus dem schließlich nichts anderes als der allerdings moderne Konzilsgedanke hervorging: Ein gewisser kirchlicher Parlamentarismus entstand – berief sich doch auch 100 Jahre später Luther auf die Konzilien gegen den Papst –, und damit war der Anfang des demokratischen Impulses gegeben, der in der Weiterentwicklung Europas eine so große Rolle gespielt hat, dessen Ursprung aber nicht auf politischem, sondern auf kirchlichem Boden liegt. Und wir stehen vor der Frage: Ist dieser abstrakte moderne Gedanke wirklich das Einzige, was die Menschheit von den feurigen Gedankenkräften des Himmels aufzufangen fähig war?

Im Jahre 1415 gab es ein unmittelbares Feuerzeichen: Johannes Hus wurde auf dem Scheiterhaufen verbrannt, und ein Jahr darauf wurde das Feuer noch einmal angezündet: Hieronymus von Prag, der Freund und Mitarbeiter des Johannes Hus, wurde gleicherweise ein Opfer der Flammen. Nun gibt es auch auf der Erde ein Feuer. Ist es das gleiche, das der Engel aus dem himmlischen Rauchfass auf die Erde geschüttet hat? Das himmlische Feuer brannte in Johannes Hus und Hieronymus von Prag, die sich mit Begeisterung für das echt-christliche Prinzip der inneren Freiheit, wie es sich im sakramentalen Symbol des Kelches ausdrückt, einsetzten. Die offiziellen Instanzen des Christentums aber beschlossen in dem gleichen Jahr 1415, dass fortan im Sakrament der Kelch überhaupt nicht mehr an die Laien ausgeteilt werden sollte. Das Feuer des Scheiterhaufens, das sie anzündeten, war in der Tat das Gegenfeuer des Irdischen gegen den Feuerregen des Himmels und macht deutlich, wie wenig die Menschheit zum Empfang dessen bereit war, was der Himmel jetzt zu geben hatte.

Im Jahre 1431 flammte wieder das Feuer eines historischen Scheiterhaufens auf. In Rouen in Frankreich wurde die Jungfrau von Orléans verbrannt. Der echte himmlische Feuerfunke hatte in der Seele dieses schlichten Landmädchens gezündet. Sie hatte den Erzengel Michael vor sich hintreten sehen, und die Worte, die er zu ihr gesprochen, hatten in ihr die übermenschliche Begeisterung und Kraft ausgelöst, die sie dann instand setzte, die französischen Truppen zum Sieg zu führen. Nun setzten die Würdenträger dieser Welt es durch, dass sie als Hexe verbrannt wurde; und wieder lodert das Abwehrfeuer der nicht für den Himmel aufgeschlossenen Menschheit empor.

Auf eine Episode sei in diesem Zusammenhang hingewiesen, die weniger bekannt geworden ist. Es gab da im französischen Heer einen genial begabten jungen Menschen. Er hatte seine Reichtümer dazu benutzt, um selber Truppen anzuwerben, mit denen er im französischen Heer gegen die Engländer kämpfte. Seine geniale Begabung führte dazu, dass er bereits mit 25 Jahren Marschall von Frankreich war. Die Jungfrau von Orléans wurde unter seinen persönlichen Schutz gestellt, während sie das Heer führte. Nach dem Tod der Jeanne d'Arc spielte sich im Wesen dieses Gilles de Rais eine auffallende Veränderung ab. Die ihn tagsüber sahen, mochten denken, dass er ein fanatischer Asket geworden sei, denn er gab sich den leidenschaftlichsten Kasteiungen und Bußübungen hin. In den Nächten jedoch spielten sich auf seinen westfranzösischen Burgen die wüstesten Orgien und Ausschweifungen ab. In extremer Ausgestaltung haben wir bei Gilles de Rais das erste

Beispiel eines Doppellebens vor uns. Die nächtlich-satanische Seite seiner Existenz steigerte sich; er wurde zum schwarzen Magier, und bevor ihm dann im Jahre 1440 ein Ende gemacht wurde, soll er an die zweitausend neugeborener Kinder eigenhändig abgeschlachtet haben im Zusammenhang mit den schwarz-magischen Kulten, die er ausüben ließ. Solche infernalischen Steigerungen des Bösen im Menschenwesen sind schließlich auch nur zu verstehen, wenn man den Blick auf das richtet, was im Geistgebiete gleichzeitig geschieht. Geschieht Großes im Übersinnlichen, so ist der Mensch entweder stark genug, um sich zum Gefäß und Diener dafür zu machen, oder aber er versagt und fällt dem anderen Extrem anheim: Das höllische Gegenfeuer zu dem Himmelsfeuer wirkt durch ihn hindurch.

An einigen wenigen Stellen ist nun aber auch von dem Feuer des Himmels ungehindert ein reiner Funke aufgefangen worden. Hier ist in erster Linie auf ein Erlebnis hinzuweisen, das der große abendländische Kardinal Nicolaus Cusanus hatte, als er im Jahre 1438 auf der Heimreise von Byzanz, wohin er sich im Auftrag des Konzils zwecks Verhandlungen zwischen der östlichen und westlichen Kirche begeben hatte, über das Mittelmeer fuhr. Beim Anblick des Sternenhimmels tat sich ihm die geistige Welt auf, und er empfing die Inspiration zu seinem philosophischen Grundwerk, das er dann in der Zurückgezogenheit seiner Mosel-Heimat schrieb und 1440 erscheinen ließ: »De docta ignorantia« (»Von der gelehrten Unwissenheit«). In diesem Buch rührte der Cusaner an die große Umwandlung, die nun innerhalb des Denkens der Menschen eingesetzt hatte. Auf dem gleichen Schiff fuhr 1438 eine würdige Patriarchengestalt mit nach dem Westen, der 83 Jahre alte Grieche Gemistos Plethon, der als Gegengesandter der östlichen Kirche nach Rom kam. Er hatte in Mistra, nahe dem alten Sparta, eine letzte griechische Philosophenschule geleitet und begründete nun im Jahre 1440 in Florenz die platonische Akademie, die zur Quellstätte geworden ist für den ganzen Reichtum des Humanismus und der Renaissance-Kultur. Es ist nur eine andere Färbung, in der hier das Hereinwirken der vom Himmel regnenden Gedankenkräfte geschieht.

Wieder in einer anderen Art wurden die neuen Impulse z.B. von Prinz Heinrich dem Seefahrer aufgefangen, der im Jahre 1415, einundzwanzigjährig, von Portugal aus durch die Entdeckung der westafrikanischen Inseln den Anstoß gab zu den großen Entdeckungsfahrten des 15. Jahrhunderts, z.B. eines Vasco da Gama und Christoph Columbus. Und es ist auch nicht ohne Zusammenhang mit dem übersinnlichen Geschehen der Zeit, dass im gleichen Jahr, in welchem das Buch des Nicolaus Cusanus erschien und die florentinische Akademie begründet wurde, Johannes Gutenberg die Buchdruckerkunst erfand. Man kann ja die Frage aufwerfen, ob diese Erfindung, die mehr als irgendetwas anderes die neue Welt heraufgeführt hat, wirklich der Menschheit innerlich zum Segen gereicht hat oder ob nicht dadurch eine große Entwertung und Verflachung des Geisteslebens eingeleitet worden ist. Die Menschheit fing eben das Feuer, das vom Himmel zu ihr herniederregnete, in solchen Prägungen und Gestalten auf, wie sie es vermochte, und so kam das Himmelsfeuer in vielerlei Gestalt, aber auch in manchen Entstellungen und Verzerrungen auf der Erde an.

Das Erklingen der Posaunen löst Schlag auf Schlag die Stufen eines Unheils-Dramas aus. Das Bild des vom Himmelsaltar geschöpften und auf die Erde ausgeschütteten Feuers variiert sich. Bei der ersten Posaune fällt ein feuriger Regen, der aber mit Hagel vermischt ist, auf die Erde und richtet dort Verheerungen an. Bei der zweiten Posaune bleibt das Element des Feuers bestehen; auch behält der Vorgang die Richtung von oben nach unten: Ein brennender Berg stürzt vom Himmel. Die Folgen sind ähnliche; Unheil breitet sich auf Erden aus. Auch bei der dritten Posaune bleiben das Feuer und die Richtung von oben nach unten: Ein brennender Stern stürzt vom Himmel; erneute Verheerung auf Erden. Bei der vierten, mittleren Posaune ist das Feuer-Element bereits erloschen und mit ihm die Bewegungsrichtung. Nun greift das Unheil schon auf die obere Sphäre über. Sonne, Mond und Sterne am Himmel verfinstern sich. Und nun kehrt sich die Richtung um: Die Tiefen antworten den Höhen. Fünfte Posaune: Ein Stern, der vom Himmel gestürzt ist, hat die verschlossenen Tore des Abgrundes durchschlagen, und aus dem Brunnen des Abgrunds qualmen nun die Dünste und Rauchschwaden empor, die sich auf das Irdische legen und sich schließlich in riesige Heuschreckenschwärme verwandeln, alles Lebendige vernichtend. Bei der sechsten Posaune hält die Richtung von unten nach oben an; die empordrängenden Kräfte des Abgrundes verwandeln sich in Kriegsgespenster; es rasen, alles zerstampfend, pferdeähnliche Wesen über die Erde dahin, die aber zugleich durch ihre bläulichen, stählernen Panzer wie Maschinen aussehen. Und in der siebenten Posaune vollendet sich die Linie des Unheils, indem das zweigestaltete Tier aus dem Abgrund emporsteigt, nachdem allerdings der drachenbesiegende Erzengel mit seinen Scharen die Gegenmächte im Himmel überwunden und in die Tiefen gestürzt hat.

Wie kann es nur sein, dass die Gaben des Himmels, aus den Gefäßen des feierlichen, oberen Kultus ausgegossen, auf Erden solche Verheerungen anrichten? Bedeutet nicht das Sprichwort: »Alles Gute kommt von oben«, dass alles, was von oben kommt, gut ist?

Das Grundbeispiel dessen, was von oben kommt, ist eigentlich das Menschenwesen selber. Nicht unserem Leibe nach, wohl aber unserem geistig-seelischen Wesen nach sind wir alle himmlischen Ursprungs und haben bei unserer Geburt einen himmlischen Stern und etwas von den Feuerkräften der höheren Welt mit auf die Erde gebracht. Die schwere Frage des Menschenlebens ist es, wie viel von dem ursprünglich himmlischen Wesen sich im Irdischen gegen das Allzu-Menschliche und Allzu-Irdische zu halten und durchzusetzen vermag. Wenn in den Jahrhunderten der Neuzeit immer mehr die Meinung aufgekommen ist, dass der Mensch ausschließlich ein Produkt der Vererbung und des Milieus, also der Kräfte sei, die von unten her wirken, wenn also der Himmelsursprung des Menschenwesens so völlig in Vergessenheit geraten konnte, musste es nicht schließlich dazu kommen, dass dieser Himmelsursprung am heutigen Menschen tatsächlich nicht mehr wahrnehmbar ist, nicht einmal mehr für ihn selbst?

Das reale Rechnen mit dem Himmelsursprung der Menschenseele würde vieles in der heutigen Kultur ändern, ganz besonders z.B. in der Erziehung. Jedes Kind trägt auf dem Grunde seiner Seele einen ganzen

Schatz himmlischer Mitbringsel, der aus lauter tief träumenden Bildern besteht. Es sind das die Bilder alles dessen, was die Seele hat anschauen können, als sie noch in den Sphären des Überirdischen weilte; Bilder von dem Leben und dem heiligen Handeln der Engelreiche, von den Urbildern alles irdischen Daseins und Geschehens, schlummern tief unter der Schwelle der bewussten Erinnerung. Wächst das Kind heran, so kommt außerordentlich viel darauf an, ob ihm in Erziehung und Unterricht etwas begegnet, was diesem Bilderschatz ähnlich, also selber bildhafter Natur ist, insbesondere was von dem Atem echter Kunst und Religion durchzogen ist. Der Bildhunger des Kindes rührt von eben diesen überirdischen Mitbringseln her. Er muss auf eine solche Weise gestillt werden, dass das Himmlische darin mitschwingen kann. Wenn dem Kind statt einer echten bildhaften, künstlerisch und religiös durchatmeten Seelennahrung abstrakte, kopfmäßige Nützlichkeitsgedanken mit nur irdischem Inhalt dargeboten werden, so kann es gar nicht anders sein, als dass der himmlische Schatz in der Seele verkümmert und verdorrt. Und das ganze Menschenleben hindurch muss dieses Absterben weiterschreiten, wenn nicht der Mensch immerwährend durch echte Pflege von Kunst und Religion seinen Himmels-Ursprung aufrechterhält und ernährt.

Wir stehen hier vor einem Problem, das in Wirklichkeit noch sehr viel zweischneidiger ist. Es bleibt nicht bei einem Verkümmern und Absterben des vom Himmel Mitgebrachten, wenn dies keine Nahrung und Pflege findet. Was ursprünglich himmlisch ist, verkehrt sich nur allzu leicht in sein Gegenteil. Man kann unschwer mehrere Grade von Entartung unterscheiden. Wenn viele Menschen an einer inneren Unruhe leiden, die sich gerne sogar als etwas höchst Moralisches verkleidet, indem sie sich als nie rastender Tätigkeits- und Helferdrang gebärdet, so haben wir darin bereits das Rumoren des himmlischen Erbes, dem der Weg der ruhevollen, meditativen, religiösen und künstlerischen Andacht und Vertiefung nicht gewiesen worden ist. – Es ist nur eine Steigerung dieser gleichen inneren Unrast, wenn Menschen von einer schweifenden Sinnlichkeit umgetrieben und immer mehr in das allzu irdische Fühlen und Wünschen verstrickt werden.

Eine solche Sinnlichkeit ist nicht ursprünglich böse; sie ist das Ergebnis einer Entartung, in die die himmlische Erbschaft der Menschenseele hineingeraten ist, und könnte eben deswegen fast stets durch ein kräftiges künstlerisches und religiöses Gefühl einer Verwandlung und Heilung unterzogen werden. – Schließlich ist sogar der verbrecherische Trieb oftmals nichts anderes als ein Ins-Gegenteil-Umschlagen dessen, was im Menschen himmlischen Ursprungs sein und bleiben sollte. Davon ist oft noch etwas zu bemerken durch die eigenartigen Genialitäten, die mit manchen Formen des Verbrechertums verbunden sein können.

Wir stehen da vor einem strengen Grundgesetz des Menschendaseins überhaupt. Was vom Himmel kommt, ist gut; ob es aber auf Erden gut bleibt, hängt davon ab, wie es hier aufgefangen und vor allem wie seiner gehütet und gepflegt wird. Ist die Entgegennahme falsch und wird die entsprechende Pflege versäumt, so kann sich das himmlische Feuer in die schwelenden Flammen der Hölle und des Abgrundes verkehren. Das ist die warnende, mahnende Sprache der Posaunenklänge.

Überblicken wir von da aus die Entwicklung der Neuzeit bis zu unserer Gegenwart hin und in die Zukunft hinein. Nach jenem Anfangs-Ereignis machte die europäische Menschheit eine Epoche durch, in welcher sie mit ganz neuen denkerischen Begeisterungen beschenkt wurde. Entdeckerfreudig schaute sie um sich. Die Welt schien aus dämmerigen Schleiern hervorzutreten. Aber in das Begeisterungsfeuer des neuen Wahrnehmungs- und Gedankenlebens mischte sich verstohlenerweise bereits das Eis tötender Hagelschloßen. Das Geheimnis der ersten Posaune tritt hervor: Das vom Himmel regnende Feuer ist mit Hagel vermischt. Im irdischen Sinn ist es nicht vorstellbar, dass Feuer und Hagel sich mischen, weil das Feuer den Hagel zerschmilzt. Im geistigen Bilde werden wir damit auf die Gefahr hingewiesen, die jeder Begeisterung droht, wenn sie sich auf nur irdische Gegenstände erstreckt. Es kann dann gar nicht ausbleiben, dass sich das kalte, tötende Element des Verstandes, der auf den irdischen Nutzen zielt, hineinmischt. Jede Begeisterung wird einmal verhageln und Enttäuschungen nach sich ziehen, wenn sie nicht wenigstens den Ausblick auf geöffnete Geisteswelten in sich enthält.

Eine zweite Entwicklungsphase der Neuzeit brachte die erstaunliche Entwicklung der Naturwissenschaft. Im Zeitalter eines Galilei und Kopernikus ertönte die zweite Posaune. Wieder brannte überall das Feuer des neuen Denkens. Je mehr aber der Mensch die Reiche der irdischen Natur durchforschte und kennenlernte, umso mehr wurde ihm dadurch der Ausblick auf den Himmel, auf die Welt des Übersinnlichen, versperrt. Die Welt wurde steinern und undurchsichtig für das Geistige. Es war, als sei, wenn auch im himmlischen Feuer brennend, ein steinerner Berg vom Himmel gefallen. Es war die gleiche Zeit, in der Albrecht Dürer den klassischen Kupferstich »Melencolia« schuf. Es kann die fast zur Resignation werdende Sorge Michaels gar nicht unmittelbarer dargestellt werden, als das in diesem Kunstwerk geschehen ist: durch die Gestalt des Erzengels, der mit müden Schwingen die schwere Stirn wie grüblerisch in seine Hand stützt, den in Kristallform behauenen Felsstein im Vordergrunde, den Stein des Widerstandes, der etwas ganz Ähnliches ausdrückt wie der auf die Erde gestürzte Berg, den die zweite Posaune sichtbar macht.

Wurde die Welt steinern im Zeitalter der Naturwissenschaft, so wurde in der nachfolgenden Zeit des aufgeklärten Bürgertums der Mensch klein. Die dritte Posaune lässt einen brennenden Stern vom Himmel stürzen, der aber den Namen Wermut trägt, weil er bitter ist und im Sinne der Bitterkeit wirkt. Eine weitere Stufe der Ich-Werdung tritt ein, aber es sind darin Kräfte am Werk, die wie alles Bittere zusammenziehen und klein machen. Es zieht der satte, selbstgenügsame bürgerliche Egoismus in die Menschheit ein, der zwar die Menschen glauben lässt, sie seien groß, der sie aber in Wirklichkeit seelisch und geistig zusammenschrumpfen lässt.

Dann kamen die Zeiten, in denen der immer klüger werdenden Menschheit der Glanz des Himmels in Sonne, Mond und Sternen erlosch, insofern derselbe doch immer noch von dem durchschimmernden Übersinnlichen hergerührt hatte. Je mehr die irdische Klugheit Besitz ergriff von der Menschenseele, umso mehr erstarben in ihr

endgültig die letzten Organe und Spürfähigkeiten für das Übersinnliche. Das alles wäre noch viel krasser in die Erscheinung getreten, wenn nicht durch besondere Hereinwirkungen anderer geistiger Geschehnisse gleichzeitig das Gestirn des deutschen Idealismus und der Romantik für eine kurze Zeit am Himmel erschienen wäre. So wirkte sich die himmlische Verfinsterung nachher umso heilloser aus.
Nun brach bereits die Zeit herein, in der die Abgründe auf die neuen Gedankenkräfte der Menschheit reagierten, wo es zischte und brodelte aus den Tiefen, als wären Wassertropfen auf glühendes Eisen gefallen. Die Welt der abstrakten Kopfgedanken gespensterte immer unheimlicher durch die Menschheit im 19. Jahrhundert. Durch sein Denken brachte der Mensch Abbau-Kräfte hervor, die sich an seinen eigenen Lebenskräften bemerkbar machten, ähnlich wie wenn Heuschreckenschwärme sich auf das grünende Leben einer Landschaft stürzen.
In der Gegenwart erleben wir schon das allmähliche Heraufziehen der sechsten Posaune. Selbstverständlich muss das alles durchgemacht werden; auch dieses, dass sich die Heuschreckenschwärme der fünften Posaune in gespensterhafte Kriegsrosse verwandeln. Aber bei aller Erfüllung der irdischen Pflichten und Notwendigkeiten, die stets der gegenwärtige Augenblick von uns fordert, dürfen wir doch nicht aufhören, uns darauf zu besinnen, was wir eigentlich mit den vom Himmel ausgeschütteten Gedankenkräften gemacht haben: Wenn schließlich die allergrößten Summen von Intelligenz aufgewendet werden, um Mittel der gegenseitigen Zerstörung ausfindig zu machen.
In der sechsten Posaune tritt die große Wendung ein. In die Bilder des Unheils mischen sich Ausblicke des Heiles. Da tritt plötzlich der gewaltige Engel hervor, der mit einem Fuß auf dem Ozean und mit dem anderen Fuß auf dem festen Lande steht, dessen Antlitz leuchtet wie die Sonne und dessen Haupt von dem Farbenreigen des Regenbogens umgeben ist. Er hält das Büchlein in der Hand, das er dem Menschen zu essen gibt. Und wenn der Mensch es nimmt, dann enthüllt die siebente Posaune nicht nur den Drachen und das Getier aus dem Abgrund, sondern auch den Erzengel Michael, der den Drachen besiegt. Der Vorhang vor dem Himmel zerteilt sich. Es wird der obere Tempel

sichtbar, der Kreis der 24 Ältesten, die den Lobgesang anstimmen, die Schar der 144000, die auf dem Bergesgipfel das göttliche Lamm verehren. Wir sehen den Engel mit dem »Ewigen Evangelium« durch die Himmels-Sphären fliegen. Wir sehen das mit der Sonne bekleidete Weib ihr Kind gebären und den Christus auf der Wolke wiederkommen mit der Sichel, um die Ernte der Welt einzubringen.

Wie ist die große Wendung, die in der sechsten Posaune eintritt, zu verstehen? Der Mensch darf sich nicht einfach nur den von selbst abrollenden Entwicklungen überlassen, die aus der neuzeitlichen Verstandesmäßigkeit hervorgehen. Wenn ihm die Gaben des Himmels nicht zu Instrumenten der Hölle werden sollen, muss er einmal den Mut fassen, sich wieder ganz unmittelbar an die geistige Welt zu wenden; er muss das Buch aus der Hand des Engels entgegennehmen und essen, d.h. er muss ganz wesenhaft mit den unmittelbarsten Kräften seiner Menschen-Natur einen neuen Anschluss an das übersinnliche Erleben suchen und sein Denken damit durchdringen. Die Offenbarung Johannis lässt deutlich erkennen, dass ihm dabei, wenn er sich das Ziel nur wirklich steckt, eine gewaltige Hilfe zuteilwird. Ein drittes umwandelndes Ereignis nach dem Mysterium von Golgatha und dem Anbruch der neuen Zeit tritt ein: Zuerst stieg der Christus zur Menschwerdung auf die Erde hernieder. Dann wurde die kosmische Intelligenz auf die Erde ausgegossen. Im gegenwärtigen Michael-Zeitalter beginnt der Erzengel Michael selber zur Erde herniederzusteigen, um den Menschen mit seiner Kraft und Hilfe nahe zu sein, wenn sie nach einer Durchgeistigung ihres Wesens streben.

Damit ist dem religiösen Leben der Zukunft eine ganz neue Aufgabe gestellt. Bisher ist es eigentlich so gewesen: Wenn man Menschen begegnet, die besonders klug waren, in besonderem Maße mit der Kraft des Verstandes ausgerüstet, so waren es in den allermeisten Fällen kalte, berechnende Naturen, die wenig warme Herzenskräfte spüren ließen. Traf man dagegen auf Menschen von besonderer Herzenswärme und Frömmigkeit, Menschen von einer besonderen Christlichkeit des Empfindens im alten Stil, so konnte man wiederum in den allermeisten Fällen erkennen, dass es zugleich solche waren, die nicht sonderlich auf die Entwickelung der Verstandeskräfte bedacht waren; die im Gegenteil die Aufgaben des Denkens nur allzu gern den anderen überließen. Schon längst hätte man deutlicher sehen müssen, wohin das führen muss. Man hätte sehen müssen, dass, wenn das so bleibt, die Verstandeskräfte, die nun einmal der Menschheit zur Verwaltung übergeben worden sind, nach einer bestimmten Seite hin abrutschen. Sie gelangen zu den kalten Naturen und schließlich in die Gewalt der Dämonen, die sich überall da einstellen, wo die kalte herzlose Klugheit ihre Erfindungen macht. Gerade derjenige Teil der Menschheit, der sich mit den Idealen der Frömmigkeit und des Christentums verbunden hat, hat sich einer ungeheuren Unterlassungssünde schuldig gemacht, indem er sich der Aufgabe, die Verstandeskräfte zu verwalten, entzog. Die Theologen haben schließlich noch die Theorie erfunden, mit welcher man diese welthistorische Unterlassungssünde glaubte rechtfertigen zu können: Sie definierten geistreich den Unterschied zwischen Glauben und Wissen und leisteten doch nur der frommen Denkfaulheit Vorschub, die sich auf der Insel des Glaubens ansiedeln möchte und das Wissen ungepflegt lässt, ohne zu merken, dass man dadurch an dem Heraufziehen der unheimlichsten Dämonien mitschuldig wird. Das traditionelle Kirchenchristentum hat das zweite große umwandelnde Ereignis, das am Anfang der neuen Zeit steht, noch nicht ernst genommen und vor allem noch nicht als die Aufrichtung einer neuen, christlich-religiösen Menschheitsaufgabe erkannt. Das aber ist die Aufgabe, die sich ein michaelisches Christentum stellen muss, dass gerade da, wo die Liebe zu Christus und der Wille zur Frömmigkeit am stärksten lebendig sind, auch denkerisch gearbeitet wird, damit eine wirkliche Verwaltung der uns anvertrauten Verstandeskräfte im Sinne einer Durchchristung des Denkens geschieht. Mit den Feuerkräften des Herzens muss der erkaltete Verstand erlöst werden zu einem Organ wirklichen geistigen Erkennens und zu dem Auge eines neuen Gott-Schauens.

Im letzten Michael-Zeitalter hat der Erzengel in Fülle *das Gedankenlicht von oben* gespendet. Was er im heutigen Michael-Zeitalter spenden will, ist *das Gedankenfeuer von innen.* Wir dürfen nicht auf die

Ausgießung des heiligen Geistes warten, wie auf ein Wunder, das einfach einmal über uns kommt. Die Ausgießung der Intelligenzkräfte auf die Menschheit hat längst stattgefunden. Es hätte an der Menschheit gelegen, statt dämonisierter Klugheit heiligen Geist daraus zu machen, und es liegt immer noch an uns, ob der nun einmal in die Menschheit ausgegossenen Intelligenz etwas von dem Feuer des Pfingstgeistes abgerungen wird. Wollen wir im michaelischen Sinne Christen sein, so müssen wir uns mitverantwortlich fühlen für die pfingstliche Zukunft der Menschheit, und man soll nicht sagen, dass es inmitten der stürmischen Gegenwarts-Schicksale unzeitgemäß wäre, auf solche, scheinbar abseits von der praktischen Ebene liegende Aufgaben hinzuweisen. Nur derjenige, der um den michaelischen Geist in der eigenen Seele ringt, wird die Kräfte finden, mit denen er das Gegenwarts-Schicksal zu meistern und die immer größer werdenden Aufgaben und Pflichten des Tages zu erfüllen vermag.

CHRISTLICHE IDEALE IM MICHAELISCHEN ZEITALTER

Mit ganz eigenartigen Empfindungen gehen wir alljährlich zur Michaeliszeit über das Laub, das bunt gefärbt von den Bäumen heruntergerieselt ist. Die Sprache des Herbstes dringt tief ein in unser Gemüt. Sie ist zugleich die Sprache des Erzengels, dessen Fest wir an der Schwelle des Herbstes begehen. Der Erzengel schreitet durch unsere Zeit, wie wir über die Straßen gehen. Auch er schreitet über das, was als Restbestand einer untergehenden Welt übrig geblieben ist, und sinnt in seinen Gedanken auf eine ganz neue Welt. Der Herbst in der absteigenden Natur, in dem prachtvoll aufleuchtenden Absterben seines Lebens, ruft uns Jahr für Jahr die Losung zu: Wir sollen den Weg finden *von der Natur zum Geist.*

Aber was die *Natur* durch den Herbst erfährt, erfährt sie schon seit langer Zeit unausgesetzt durch den Menschen. Der Mensch trägt durch seine Art des Lebens und Treibens ein fortwährendes Absterben, ein absteigendes, altmachendes Element in das Leben der Natur hinein. Und dadurch entzieht er sich selbst die Wohltaten der Natur. Dass die Natur für den Menschen heute so wenig mehr hergibt, ist gar nicht zu verwundern. In zweierlei Hinsicht hat der Mensch in den letzten Jahrhunderten zu tief in das Leben der Natur eingegriffen: durch die naturwissenschaftliche Weltanschauung und durch die zivilisatorische Praxis, die in der ungeheuerlichen Entwicklung der modernen Technik kulminiert. Die materialistisch-naturwissenschaftliche Weltanschauung, die in allem nur bewegte Materie sieht, ist sie nicht letzten Endes eine Verunglimpfung, eine Beleidigung der Natur? Von einem Menschen, den wir beschimpfen, können wir nicht im nächsten Augenblick schon wieder Liebe und Hilfe erwarten. Wie soll der Mensch von der Natur Liebe und Förderung erfahren, da er sie so schnöde und lieblos mit den Augen des Materialismus ansieht? Und andererseits: Wenn die Menschen die sogenannten unberührten Landschaften aufsuchen, um sich da zu erquicken und zu erholen – haben nicht diese Landschaften eine und dieselbe Seele mit den zerstörten Gegenden, wo der Mensch gehaust hat, wo er sich die Rohstoffe für seine sogenannte Kulturarbeit geholt hat, wo er die fortgeschrittensten Errungenschaften der Technik letzten Endes nur anwendet, um die unerhörtesten Vernichtungstaten zu begehen? Eine Mutter wird demjenigen nicht ohne Weiteres Liebe und Hilfe erweisen können, der ihr den Sohn oder die Tochter erschlagen hat. Wie sollte die Natur uns noch Kräfte zu schenken vermögen, da sie doch diese Mutter ist? – Aber es war die ganze Entwicklung des naturwissenschaftlich-technischen Zeitalters dennoch notwendig und berechtigt. Es liegt tief in den Notwendigkeiten der Menschheitsentwicklung, dass der Mensch sich selbst der Wohltaten der Natur beraubt, dass er tut, was alljährlich auf symbolische Weise der Herbst tut, wenn er die spendende Natur dem Menschen entzieht. Der Mensch hat einen großen Herbst um sich herum verbreitet und stellt sich so schließlich selbst vor die strenge Forderung, die alljährlich der Herbst an ihn richtet: andere, neue Quellen zu suchen für sein Leben. –

Ja, wenn dem Menschen die Natur nicht mehr hilft, wohin soll er sich denn wenden, um den Sinn seines Daseins zu finden?

Das Weltgeschehen, in welchem wir mitten darinnen stehen, tut eine Sphäre auf, die ganz anders ist als die der Natur. Gewaltsamer als je zuvor machen sich heute die Mächte des *Schicksals* bemerkbar. Eine Sphäre reißt uns in ihre Wirbel hinein, der wir uns gar nicht entziehen können. Nur in dieser Sphäre des Schicksals, so paradox das auch zunächst erscheinen mag, weil wir von daher keinerlei Glück oder Erleichterung, sondern nur dramatische Bedrängnisse und Nöte zu erwarten haben, können und müssen wir den Sinn unseres Daseins finden. Wir berühren uns da mit den wahren Machtverhältnissen und Triebkräften des Daseins. Derjenige Mensch, der spürt, dass jetzt hohe unsichtbare Wesen durch die Welt stürmen, dass mächtige Götterhände in alle Lebensverhältnisse der Menschheit eingegriffen haben,

alles umstürzend, was ein absoluter Wert zu sein schien, der ahnt bereits, dass diejenige Wesenheit, die alle Schicksalsdramatik unserer Zeit letztlich hervorruft und leitet, der Erzengel Michael selber ist.
Mit dem Namen Michael sprechen wir in der Tat den Urheber der Schicksale an, die um uns herum vor sich gehen. Indem wir etwas von dem feuersprühenden Tatenwesen des Erzengels fühlen, wird uns eine erste Berührung mit einer ganzen Welt von Wesenheiten zuteil. Der Name Michael wird zu einem Riss in dem Vorhang, der uns von der übersinnlichen Welt abtrennt. Von der Natur weg sollen wir den Blick auf die Welt des Geistes hinter dem Vorhang lenken. Das ruft uns der Herbst zu. Das michaelische Schicksal unserer Tage spricht zu uns: Lernt mit dem Geist zu leben!
Wir wollen in dreifacher Hinsicht diese Zeitenforderung überdenken: Zunächst suchen wir die dafür nötige geistige Grundorientierung, dann werfen wir die Frage des seelischen Verhaltens auf, und schließlich tun wir einige Blicke in das Gebiet der Lebensgestaltung.

Wie finden wir die *geistige Grundorientierung* in Hinsicht auf den Sinn speziell unseres Zeitalters? Jedes Zeitalter hat seine ganz bestimmte Erkenntnisaufgabe. Zu den Zeiten eines Plato haben viele Genien im griechischen Geistesleben der Aufgabe nachzukommen gesucht, philosophierend die Welt der Ideen zu erforschen. Im urchristlichen Zeitalter haben die christlichen Boten und Lehrer ihre Kräfte darauf gerichtet, mit den Begriffen, die die Menschheit damals besaß, das Wesen des Christus und die Welt der göttlichen Hierarchien zu verstehen. In der Zeit eines Galilei, eines Kopernikus war es die Aufgabe der Zeit, die äußere Natur in ihren Gesetzen und Erscheinungen zu erforschen und dem Menschengeist dienstbar zu machen. Welches ist die Erkenntnisaufgabe *unserer* Zeit?
Wir stehen heute in einem ganz neuen Abschnitt der geistigen Entwicklung. Es treten Aufgaben an den Menschen heran, die er mit den bereits vorhandenen Begriffen nicht verstehen kann. Man muss den Mut haben, zu völlig neuen und ungewohnten Begriffen und Begriffsformen zu greifen, um das zu verstehen, was heute geschieht und

zu geschehen hat. Und wenn das auch manch einem Zeitgenossen noch fantastisch erscheinen mag: Einer derjenigen Begriffe, die geeignet sind, die Erkenntnisaufgaben der Gegenwart zu lösen, ist die Vorstellung, dass es eine Reihe von Erzengeln gibt, denen es obliegt, indem sie einander ablösen, Führer ganzer Zeit-Epochen, Regenten von Zeitaltern, lenkende Zeitgeister zu sein, die von innen heraus der jeweiligen Zeit das Gepräge geben. Und da stehen wir nun vom Ende des vorigen Jahrhunderts an im Umbruch zweier Erzengel-Epochen. Der Erzengel Gabriel, der Erzengel des Mondes, hat die Herrschaft über die Menschheit abgetreten an Michael, den Erzengel der Sonne. Gewiss sind das Tatsachen im Übersinnlichen, die dem nichts sagen, der überhaupt von einer übersinnlichen Welt nichts wissen will. Aber es gehört zum inneren Wesen der Gegenwart, dass man anfangen muss, das Übersinnliche zu begreifen. Und das hat folgende Ursachen:

Dreieinhalb Jahrhunderte lang, etwa von den Tagen der Reformation an, dauerte das Gabriel-Zeitalter. Seine Erkenntnisaufgabe bestand in der Erforschung der äußeren Natur. Gabriel war der Inspirator der Naturwissenschaft, die wir in ihrer bewundernswerten Größe während der letzten Jahrhunderte haben heraufsteigen sehen. Es entsprach dem Willen der geistigen Welt, dass durch die materialistische Prägung, die das naturwissenschaftliche Weltbild annahm, eine tragische Einseitigkeit in die Menschheit Einzug hielt. Gabriel inspirierte die Menschen so, dass sie sich eine Zeit lang ganz materialistischen Gedanken über die Welt hingaben. In den alten mythischen Darstellungen der Erzengel ist Gabriel immer als derjenige geschildert, der mit dem wehrenden, feurigen Schwert an der Pforte des Paradieses steht und den Menschen aus der seligen Gottesnähe vertreibt. Das ist eine Wahrheit, die zu allen Zeiten gilt. Gabriel ist derjenige Erzengel, der weiß, warum einmal die Menschen aus den Reichen des übersinnlichen Lebens heraus auf die Ebene der bloß irdisch-sinnlichen Wahrnehmung verwiesen werden müssen. In einem gabrielischen Zeitalter werden vor der Menschheit die Tore des Übersinnlichen zugeschlossen. Das sind aber nicht die Tore des Paradieses allein, sondern auch die Pforten der Hölle. Und so hatte der Mensch eine Zeit von dreieinhalb Jahrhunderten, in der er weder von Göttern noch von Dämonen in der Aufgabe gestört wurde, die äußere irdische Natur, einschließlich des Laufes der Gestirne, auf die darin waltenden Naturgesetze hin zu erforschen. Da die Pforten der übersinnlichen Welt über ihnen verschlossen waren, kamen die Menschen im Einklang mit dem Zeitgeist Gabriel zu der Einseitigkeit des materialistischen Weltbildes.

Warum musste das so sein? Der Mensch sollte in der ausschließlichen Hinlenkung des Blickes auf die äußeren Weltinhalte eine bestimmte Kraft entwickeln. Er sollte in der Zeit der naturwissenschaftlichen Weltanschauung zu einer gewissen Ichhaftigkeit und Freiheit der Seelenkräfte kommen. Die Menschheit glich einem Menschen, dem einer auf die Schulter klopft und den guten Rat gibt: Setze einmal eine dunkle Brille auf, damit du unbeeinflusst durch die Suggestionen des Lichtes und der Farben die Formen der Welt in dich aufnehmen kannst und dadurch selbst geformt und geprägt wirst.

Wenn wir dieses Bild weiterführen, dann gleichen wir heute einem Menschen, der durch die Gewöhnung an das Sehen durch eine dunkle Brille das Organ und die Empfindung für die Wunder des Lichtes und der Farben verloren hat und nun unbelehrbar ist in der Meinung, es gebe gar keine Farben und diejenigen, die davon sprechen, seien durch eine unwahre Legende irregeführt.

Die Menschheit hat während des Gabriel-Zeitalters die Augen gegenüber dem Geistigen verschließen müssen. Das bloße Dahinschauen auf die äußere Welt und das ausschließliche Forschen nach den sogenannten Naturgesetzen brachte eine Stärkung und Steigerung der persönlichen Ichhaftigkeit und Selbstständigkeit mit sich. Heute aber ist es etwas ganz anderes als noch in der zweiten Hälfte des vorigen Jahrhunderts, wenn die Menschen sagen, die Welt besteht nur aus Materie. Der Mensch muss endlich darauf aufmerksam werden, dass ihm die schwarze Brille wieder abgenommen ist und dass er, wenn er nur will, das Licht und die Farben wieder sehen kann. Heute sind die Augen der Menschheit wieder frei zur Wahrnehmung des lebendigen Geistes. Schon dringt das Übersinnliche wieder in die Seelen herein. Wer aufmerkt, spürt es deutlich, dass heute übersinnliche Kräfte durch die Menschen vibrieren und gewittern. Die Menschen getrauen sich nur noch nicht, das, was sie spüren, ernst zu nehmen. Gewohnheitsmäßig wiederholen sie immer noch die Parole des Gabriel-Zeitalters, das längst abgelaufen ist: Die Welt ist schwarz, sie besteht nur aus totem Stoff und Molekülen.

Seit dem Ende des vorigen Jahrhunderts ist ein anderer Zeitgeist in Funktion getreten. Michael hat die Stelle Gabriels eingenommen. Und damit ist ein so abrupter Umschwung in der Menschheitsentwicklung eingetreten, wie er sonst niemals eingetreten ist und eintreten kann. Der Hebel ist extrem von der einen auf die andere Seite herumgeworfen worden. Wenn es die Aufgabe des Gabriel-Zeitalters war, die äußere Welt zu durchforschen – die Erkenntnisaufgabe des Michael-Zeitalters ist es, der übersinnlichen Welt erkennend gegenüberzutreten, Sinn und Verständnis zu entwickeln für das, was die äußeren Sinne nicht erkennen können. Die geistige Welt muss wieder in das Blickfeld des erkennenden Menschen rücken. Michael ist nicht derjenige Erzengel, der die Menschen aus dem Paradies hinausverweist, er ist es, der sie wieder zurückruft. Er fordert sie auf, durch die offenen Tore zu schreiten. Nun allerdings stehen wir nicht nur vor denen des Paradieses. Denn wenn die Tore des Paradieses offen stehen, so sind die Tore der Hölle auch aufgetan. Das Charakteristische des Michael-Zeitalters ist, dass alle Schleusen gezogen sind, ob wir es wissen oder nicht: Die Begriffe werden noch gehalten von den Denkgewohnheiten der Gabriel-Zeit. Durch unsere Reihen schleichen die Dämonen und schreiten die Götter. Man versteht nicht, was heute geschieht, wenn man sich nicht dazu aufschwingt, im Sinne des Michael-Zeitalters den Blick auf das Übersinnliche zu richten. Die Götter zwingen nicht unser Bewusstsein, sie schenken uns das Zutrauen, selber die neue Blickrichtung auf das Übersinnliche zu finden. Aber sie stellen wie in Stürmen und Erdbeben eine veränderte Welt vor uns hin, der gegenüber die alten Begriffe versagen.

Die Ideale, die noch vor einem Jahrhundert im Zeitalter der Naturwissenschaft gegolten haben, gelten heute nicht mehr. Vom Himmel

her ist die Zeit der materialistischen Naturwissenschaft abgelaufen; die Götter dieser Epoche sind heute zu den Gegnern geworden, denen Michael entgegentritt. Heute wirkt, wo sie wirkten, der Drache des Materialismus. Und wenn Michael in der Gegenwart von Neuem zum Kampf gegen die Drachengewalten antritt; wenn er Menschen sucht, die ihm dabei helfen, so heißt dies, dass der Durchbruch zu einer neuen spirituellen Weltanschauung gefunden werden muss. Es fragt sich: Gibt es Menschen, die alle Erkenntnisfeigheit von sich abstreifen und mutig mitgehen mit der heutigen Erkenntnisaufgabe, den erkennenden Blick auf das Übersinnliche zu lenken?
Dass wir heute in einem »Zeitenübergang« stehen, kann man sogar in den Zeitungen lesen. Mag es auch nur geistreicher Journalismus sein, was man da liest, vielleicht zeigt sich darin doch etwas Wahres. Ich will eine Buchbesprechung als Beispiel heranziehen. Das Buch handelt nicht von politischen oder militärischen Dingen, und der Rezensent glaubt sich entschuldigen zu müssen, dass heute überhaupt ein solches Buch erscheint. Er sagt: »Es hieße den Begriff der Aktualität unangemessen verkümmern, wollte man ihn auf die militärischen und politischen Vorgänge einschränken. Was sich vor den Augen einer staunenden Mit- und Umwelt in den letzten Monaten zu dramatischer Zuspitzung zusammendrängte, ist ja zuletzt nur der in die Sichtbarkeit vorbrechende Ausdruck einer säkularen Umwälzung … Es wäre vermessen, solche künftigen Urteile vorwegnehmen zu wollen. Was sich aber jetzt schon deutlich gewahren lässt, ist, wie sehr die Gegenwart eine Weltstunde im Übergang ist, in einem Übergang, der die religiösen, moralischen, geistigen, seelischen Kräfte nicht minder berührt als die politischen.«
Das ist wahr; nur ist es noch viel mehr wahr, als der Journalismus von heute zu erkennen geneigt ist. Eine geistige Flutwelle ist in die Menschheit hereingebrandet. Das ist es, was wir uns für die geistige Grundorientierung zu sagen haben. Das christliche Grundideal des michaelischen Zeitalters ist *Erkenntnismut.* Da darf man nicht mehr in der Haltung verharren, die Glauben und Wissen trennen möchte: auf der einen Seite die Wissenschaft, die sich mit der äußeren Welt

befasst, und auf der anderen Seite, nur dem Glauben zugänglich, die innere Welt und das Göttliche. Die Trennung von Glauben und Wissen gehört heute schon zu der Welt des Drachen. Die Menschheit wird dadurch umnebelt. Gerade im Interesse des religiösen, christlichen Lebens muss heute der größte Erkenntnismut gefordert werden. Die Erkenntnisgrenzen, die die Naturwissenschaft und die Theologie aufgerichtet haben, die Naturwissenschaft nach der Seite der Natur hin, die Theologie nach der Seite der Seele hin, müssen durchbrochen werden.

Es darf dem Menschen nicht mehr nur das Äußere der Natur bekannt und interessant sein; es muss wahrgenommen werden, dass geistige Mächte in der Natur walten. Das Übersinnliche in allen Naturreichen muss dem Menschen bewusst werden. Es muss der Mensch aber auch durch die Überbrückung der Abgründe, die uns von den Geheimnissen des Inneren trennen, mit den Geistgewalten, die in der Seele wirksam sind, mit den tiefsten Geheimnissen des Menschenwesens und Menschenschicksals, in Berührung kommen. Nach Geist-Erkenntnis strebend muss das Christentum der Zukunft sich verhalten angesichts aller Fragen, die uns die Natur und die uns das Schicksal aufgibt.

Welches *seelische Verhalten,* welche Einstellung von Denken, Fühlen und Wollen, ist nun dem Michael-Zeitalter gemäß? Da müssen wir den ungeheuren Stimmungsumschwung bedenken, der heute, die Bewusstseinsumwandlung begleitend, wie ein Naturereignis durch die Menschheit hindurchgeht. Eine Antipathie, je geradezu ein Hass hat sich herausgebildet gegen das bloß kopfmäßige Denken, gegen den Intellektualismus. Man mag nichts mehr hören in der Tonart des akademischen Intellektualismus. Das ganze Gedankengut der vergangenen Jahrhunderte scheint an ein Ende zu kommen, zu versprühen. Gegen die gedanklich orientierte Zeit kommt eine andere, willensmäßig eingestellte herauf; der Gegenstoß des Willens setzt ein. Das meiste, was man bisher auf Schulen und Universitäten gelehrt hat, kommt heute den Menschen nicht nur überflüssig, sondern sogar lächerlich vor. Schon die Kinder mögen es nicht mehr lernen; auch sie sind bereits von der Technik besessen. Die Elementargeister der Technik wirken schon in ihnen und lassen sie sich nur noch für Flugzeuge und Autos interessieren. Da bringt man ein Wissen über die Geschichte des griechischen oder römischen Altertums gar nicht mehr an. Es hat zweifellos viel für sich, dass heute manche Bildungsmumie abgeschafft wird. Aber man muss doch den Vorgang im Ganzen recht erkennen und beurteilen.

Es gibt in der Tat zweierlei Arten des Denkens. Davon hat in mythologischer Art schon das Altertum gesprochen, indem es die beiden ungleichen Brüder Epimetheus und Prometheus schilderte. Wenn der Mensch bloß kopfmäßig denkt, ist er Epimetheus, der schwächlichere Bruder des Prometheus. Der Name des Epimetheus sagt, dass seine Art des Denkens immer hinterher kommt. Epimetheus ist der Nach-Denkende, aber nicht eigentlich im Sinne der inneren Besinnung; er ist der, der hinter den Dingen herdenkt, der nur das versteht, was schon der Vergangenheit angehört. Der Kopfverstand begreift immer nur, was vergangen ist und nicht mehr lebt. Er hinkt hinter dem gegenwärtigen Leben hinterdrein.

Und es gibt eine andere Art des Erkennens im Menschen, die mehr aus den Willenstiefen stammt. Sie ist personifiziert worden in der Gestalt des Prometheus, der es gewagt hat, den Göttern das Feuer zu rauben und aus den Himmeln auf die Erde herunterzutragen zu den Menschen. Wenn man sich heute vom kopfmäßig-intellektuellen Denken abwendet und sich einseitig auf das sogenannte praktische Denken einstellt, so greift man, wenn auch tastend, nach der Region des Prometheus, d.h. eines Denkens, das vorausdenkt und in die Zukunft dringt. Das Denken, das in der Mathematik, in der Physik, in der Technik angewendet wird, ist konstruktiv. Erfindungen werden gemacht, Dinge werden geschaffen, die imponieren, weil sie sich den Anschein geben können, etwas Neues, Griffe in die Zukunft, zu sein. Da wirkt in der Tat der Wille im Denken mit, und das bloß Kopfmäßige tritt zurück. Insofern kann man schon begreifen, dass heute das epimetheische Denken des Gymnasiums und der Universität zum alten Plunder geworfen wird. Man möchte als Kind eines technischen

Zeitalters ein Genosse des Prometheus sein, des Praktischen, Erfinderischen, des technischen Genius, der mit dem Feuer umgeht.
Es ist berechtigt, dass man heute so empfindet. Ein prometheisches Element muss errungen werden. Epimetheus und Prometheus verhalten sich in gewisser Hinsicht wie Gabriel und Michael. Das Prometheische, richtig verstanden, ist mit dem Michaelischen verwandt. Es muss im Michael-Zeitalter ein Denken entwickelt werden, das mit der Gewalt des Willens durchdrungen ist, das dem Leben dient, indem es unmittelbar schöpferisch in die Welt eingreift. Aber die Menschheit weiß nicht, was sie tut, indem sie so einseitig im Sinne der Technik ein Willensdenken entfaltet. Sie weiß nicht, in welche unheimlichen Räume sie sich damit hineinwagt. Sie weiß nicht, welche Sphäre sie beschwört. Sie weiß nicht, dass sie mit dem prometheischen Feuer spielt, das zu gebrauchen mehr als eine äußere Sachkenntnis erfordert.
Zunächst ist es jedenfalls eine Tatsache, dass die moderne Technik in all ihrer bewundernswerten Größe den Menschen mit lauter unheimlichen Lebensinhalten umgeben hat und dass durch sie der Mensch immer mehr in die Lage des Zauberlehrlings kommt, der den verzweifelten Ruf ausstößt: »Die ich rief, die Geister, werd' ich nun nicht los.« Schon zur Zeit der erschreckenden Anfangs-Offensiven während des Zweiten Weltkrieges konnte man es Tag für Tag in den Zeitungen lesen, dass, indem die modernsten Errungenschaften der Technik zur Anwendung kamen, eine wahre Hölle entfesselt war. Das Wort »Hölle« gehörte bereits zu den alltäglichen Begriffen, mit denen man das eigene Vernichtungs- und Zerstörungswerk kennzeichnete.
Als sich im Fortgang des Krieges das Grauen steigerte, das die Menschheit durch die Ausgeburt ihrer eigenen Gedanken über sich heraufbeschworen hatte, als z.B. die systematische Total-Zertrümmerung der deutschen Städte einsetzte und schließlich immer noch anhielt, obwohl man schon so oft gemeint hatte, das Maß des Möglichen und Ertragbaren sei bereits überschritten, da erstarb den Menschen das Wort »Hölle« auf den Lippen, weil es längst nicht mehr ausreichte, um die Schrecknisse zu bezeichnen. Ganz zuletzt tauchte es in einem bestürzend neuen Sinne noch einmal auf – als die ersten Atombomben

fielen. Nun war der Erkenntnis nicht mehr auszuweichen, dass die überstürzte Vervollkommnung der Technik abgründige Sphären aufgerissen hatte, aus denen Kräfte von unheimlicher Rätselhaftigkeit in das Menschendasein hereinbrachen.

Um auf diese abgrundtiefen Fragen einiges Licht fallen zu lassen, wollen wir uns ihnen von einer Seite her nahen, die zunächst überraschend sein mag, weil sie dem Ganzen gegenüber auf den ersten Blick als allzu lyrisch erscheinen könnte. Uns tun heute neue Einsichten darüber not, wie sich im Menschen die drei Seelenkräfte Denken, Fühlen und Wollen zueinander verhalten. Die Schul-Psychologie besitzt dafür nur unzureichende Begriffe. Sie nützt uns nichts mit ihren gelehrten Abstraktionen. Wir müssen uns zu einer innerlich viel realistischeren Betrachtung aufschwingen.

Denken, Fühlen und Wollen sind die drei Grundkräfte in unseren Seelen. Aber wie verschieden ist die Sphäre einer jeden derselben! Im Denken allein sind wir wach. Im Fühlen und Wollen dagegen tragen wir, auch wenn wir uns zum Tageswerk erhoben haben, die Geheimnisse der Nacht mit uns herum, weil wir im Fühlen nur ein träumendes, im Wollen nur ein schlafendes Bewusstsein haben, weshalb man heute auch so gern von dem »Unterbewussten« und »Unbewussten« im Menschenwesen redet.

Diese Erkenntnis hat Rudolf Steiner nicht umsonst immer wieder neu verkündet und vertieft, um dem Menschen eine ganz bestimmte Kenntnis über sich selbst zu geben. Im Denken wacht der Mensch, da ist Tag. Im Fühlen träumt er, im Wollen schläft er: da ist Nacht. Nun gibt es eine merkwürdige Sehnsucht in der neueren Menschheit, die sich seit über einem Jahrhundert immer wieder in klassischen poetischen Zeugnissen ans Licht ringt. Es ist die Sehnsucht, aus den grellen Lichtern des Tages, des gewöhnlichen, kopfbewussten Lebens, in die Regionen der tieferen, nächtlicheren Seelenkräfte einzudringen. Lassen wir drei Zeugnisse dieser Nachtsehnsucht zu uns sprechen. Friedrich *Nietzsche* legt seinem Zarathustra die Worte in den Mund:

»O Mensch, gib acht!
Was spricht die tiefe Mitternacht?
Ich schlief, ich schlief –
Aus tiefem Traum bin ich erwacht: –
Die Welt ist tief,
Und tiefer, als der Tag gedacht.«

Was der Tag, unser tagwacher Kopfverstand, denken kann, ist nur die Oberfläche. Die wahren Weltgeheimnisse ruhen da, wo die Welt tiefer ist, als der Tag gedacht; sie können nur entzaubert werden durch die tieferen, nachtverwandten Kräfte unserer Seele.

Der gleichen Sehnsucht hat bereits *Novalis* in seinen »Hymnen an die Nacht« vollendeten dichterischen Ausdruck gegeben:

»Abwärts wend' ich mich zu der heiligen, unaussprechlichen, geheimnisvollen Nacht.«

Die Abwendung muss eine vollständige sein. Sogar von den wunderbaren Lichtern des nächtlichen Himmels müssen wir uns trennen, weil sie uns noch an die Lichter des Tages erinnern:

»Himmlischer als jene blitzenden Sterne dünken uns die unendlichen Augen, die die Nacht in uns geöffnet. Weiter sehn sie, als die blässesten jener zahllosen Heere – unbedürftig des Lichts durchschaun sie die Tiefen eines liebenden Gemüts.«

»Wer oben stand auf dem Grenzgebirge der Welt und hinübersah in das neue Land, in der Nacht Wohnsitz – wahrlich, der kehrt nicht in das Treiben der Welt zurück, in das Land, wo das Licht in ewiger Unruh hauset.«

Wir haben nicht nur die Tag-Augen, die mit unserem tagwachen Denken verbündet sind. Wir haben auch die Augen, die »die Nacht in uns öffnet«. Es sind die zunächst noch schlummernden Augen, mit denen wir in die Sphäre hineinschauen, der wir mit unserem Fühlen und Wollen angehören. Mit ihnen nehmen wir viel wichtigere, größere Weltinhalte wahr, so lehrt es uns Novalis in seiner »Nachtbegeisterung«.

Als dritter Zeuge metaphysischer Nachtsehnsucht möge Richard *Wagner* zu uns sprechen. In »Tristan und Isolde« stimmt er das hohe Lied der Nachtgeheimnisse an. Im 2. Akt singt Tristan von dem Zauber des Liebestrankes:

»Er mir erschloss,
Darin ich sonst nur träumend gewacht,
Das Wonnereich der Nacht.
Von dem Bild in des Herzens
Bergendem Schrein
Scheucht er des Tages
Täuschenden Schein,
Dass nacht-sichtig mein Auge
Wahr es zu sehen tauge.«

Nachtsichtig muss des Menschen Auge werden, wenn es die Wahrheit schauen soll. Die Sehnsucht nach dem Reich der tieferen Seelenkräfte kann sich nicht deutlicher aussprechen. Was persönliches Liebessehnen zu sein scheint, ist in Wirklichkeit durchsichtig geworden und gesteigert zu dem umfassendsten überpersönlichsten Lebensstreben der menschlichen Seele überhaupt.

»Oh, nun waren wir
Nachtgeweihte!
Der tückische Tag,
Der Neid-bereite,
Trennen konnt' uns sein Trug,
Doch nicht mehr täuschen sein Lug!
Seine eitle Pracht,
Seinen prahlenden Schein
Verlacht, wem die Nacht
Den Blick geweiht ...«

Durch solche Dokumente ist dem heiligen, weltenaufschließenden Zauber Ausdruck verliehen worden, der da waltet, wo der Mensch die Geheimnisse der Nacht in seinem Wesen trägt: in seinem Fühlen, in seinem Wollen. Die seherisch-dichterischen Genien der neuen Zeit lassen uns durch ihr Wort ahnen, dass der Mensch, wenn er in den

Brunnen des Fühlens und Wollens hinuntersteigt, wo ihm das Licht des Tagdenkens verdämmert, in die Nähe der Götter gelangt.

Daneben gibt es aber eine ganz andere Strömung, die viel mehr in den Vordergrund getreten und viel maßgebender geworden ist, was die äußeren Weltverhältnisse und die herrschende Denkungsart unserer Zeit anbetrifft. Sie hat den vom Kopfdenken hervorgebrachten Materialismus ins Extrem getrieben, indem sie ihn ganz mit der triebhaften Willensnatur ergriff. In ihr führt die Verachtung des Kopfmäßigen, der tiefe Abscheu gegen den Intellektualismus zu einer leidenschaftlichen Hinwendung zum Unbewussten, Instinktiv-Willensmäßigen. Man vergöttert das Unbewusste. Zugleich hat man sich, indem man die Vererbung für das ausschließliche Prinzip des Lebens hielt, die Meinung gebildet, dass in den verborgeneren Schichten des Menschenwesens, je tiefer man hineinkommt, der Mensch umso enger mit dem Tier verwandt ist. Man glaubt, in den Wesenstiefen des Menschen sitzt das Tier als sein eigentlicher Ahnherr. Und indem man das Unterbewusst-Instinkthafte, das man gerne irreführend das »Intuitive« nennt, vergöttert, gibt man, mehr oder weniger bewusst, dem Tier den Vorrang über den Menschen. Denn wenn das Instinktive den Wert des Menschen ausmacht, was ist dann der Mensch? Das Tier übertrifft ihn weit an ungebrochener instinktiver Kraft. Durch die Irrwege seines Kopfbewusstseins hat er sich nur geschwächt und den Grund zu der Zerrissenheit und Zwitterhaftigkeit seines Wesens gelegt: Ein in Dekadenz geratenes Tier muss man dann eigentlich den Menschen nennen.

Wer hat nun recht, die dichterischen Genien, die in ihrer Begeisterung für die Geistgeheimnisse der Nacht erkennen lassen, dass der Mensch mit den tieferen Kräften seiner Seele in die Sphäre der Götter hineinragt und hineingehört, oder die Instinkt-Anbeter, die den Menschen zu rühmen glauben, wenn sie sagen, dass sein tieferes Wesen dem des Tieres verwandt sei?

Es dürfen heute nicht wieder Dogmen aufgerichtet werden. Aber es müssen gewisse Dogmen gestürzt werden. Und dasjenige Dogma, das zuallererst gestürzt werden muss, ist das von der Tierabstammung des Menschen. Der Mensch stammt nicht vom Tiere ab! Das konnte nur der äußerste Materialismus zum Dogma erheben. Der Mensch ist geistiger Natur. Sein wahres Wesen urständet in den höheren Welten, er stammt von den Göttern ab. Das immer mehr zu erkennen, gehört zu den dringendsten Aufgaben unserer Zeit. Die Götterherkunft des Menschen ist der Grund dafür, dass er in seinen tieferen Seelenkräften, im Fühlen und Wollen, hineinragt in den Ozean der in ihm waltenden Götterkräfte. Mit unseren Köpfen ragen wir frei aus dem Wasser heraus. Mit unserem Fühlen und Wollen können wir im Meere der Göttlichkeit geborgen sein. Deshalb ist immer wieder das Gebiet der Nacht von den Dichtern als so heilig empfunden und beschrieben worden.

Damit sind wir vor einer zweischneidigen Wahrheit angelangt. Der Mensch ragt mit seinen tieferen Seelenkräften, mit der Nachtseite seines Wesens, in das Übersinnliche hinein. Da sind die Gaben der Götterherkunft des Menschen noch zu spüren. Aber diese Gaben verbrauchen sich heute schnell. Wenn der Mensch mit seinen Willenskräften in das Übersinnliche hineinragt, so kann es nur allzu leicht geschehen, dass sich hier auch das Widergöttliche, das der Mythos das »Tier aus dem Abgrund« nennt, seiner bemächtigt. In der Technik hat der Mensch in materialistischer Weise den Griff in die Willenssphäre getan. Er hat das praktische Denken, wie er es nennt, ausgebildet und Willens-Gedanken, prometheische Impulse, entwickelt. Diese Gedanken aber hat er ausschließlich in den Dienst des äußerlich-irdischen Lebens mit seinen Zweckmäßigkeiten und Egoismen gestellt. Die Welt des Übersinnlichen, wie sie ihm in vergangenen Zeiten als das Göttliche nahe war, ist ihm entschwunden. Man kann aber nicht in die Willenssphäre eindringen und dabei im Bereich des Irdisch-Stofflichen bleiben. Rein irdische Zukünfte glaubte man zu gestalten, indem man die Willens-Gedanken dazu benützte, Erfindungen zu machen. In Wirklichkeit aber hat man in die Sphäre gegriffen, in welcher der Mensch in die übersinnliche Welt hineinragt, und hat so das »Tier aus dem Abgrund« beschworen. Gerade deswegen muss die Theorie von der Tierabstammung des Menschen so dringend bekämpft werden, weil dadurch nicht nur dem Tier im Menschen, sondern den Tierdämonen der Tiefe

Tür und Tor geöffnet werden. Der Drache, gegen den Michael kämpft, macht sich heute bereits in der menschlichen Kultur breit. Den Drachen zu stürzen, ist die Aufgabe des michaelischen Zeitalters.

Die Menschen sind heute nur aus einem Extrem ins andere gefallen. Der Intellektualismus sollte überwunden werden. Das ist richtig. Man muss sich von den luziferischen Truggeistern des bloß kopfmäßigen Verstandes abwenden. Aber nun fällt der Mensch in das andere Extrem, das nur umso gefährlicher ist, weil er damit in den Bereich der ahrimanisch-satanischen Gewalten gerät, die sich in die Technik einnisten. In den Maschinen und den sonstigen Errungenschaften des technischen Zeitalters hat man es mit ebenso vielen Ausgeburten des »Tieres aus dem Abgrund« zu tun.

Die Parole und Tendenz unserer Zeit, den Intellektualismus zu überwinden, hat auf den ersten Blick in vieler Hinsicht etwas Bestechendes. In der Epoche der extremen Kopfmäßigkeit kam mit der Sphäre des Gefühls, das man als Sentimentalität beiseiteschob, auch das menschliche Traumleben zu kurz. Vor lauter Gescheitheit verlernte der Mensch das Träumen. Macht nun die »Überwindung des Intellektualismus« dem Traum und seiner Poesie den Weg wieder frei? In Wirklichkeit verlernt der Mensch durch den Gegenstoß des Willens, der alles unter die Herrschaft der Technik stellt, das Träumen erst recht. Vom Traumleben droht überhaupt nichts übrig zu bleiben außer chaotischen Albdruckträumen. Der Mensch störte und verdarb sich das Wunderreich der Nacht, indem er die Nachtprovinz im eigenen Wesen so blind und ungestüm aufwühlte. Statt derjenigen gnadenvollen Mächte, die ihn im Schlaf aufbauen und erquicken, nahen sich dem Menschen auch in der Nacht die von ihm selbst beschworenen Gespenster. Wenn er im Zeitalter des Intellektualismus das Träumen verlernte: Im Zeitalter der Technik verlernt er sogar den erfrischenden Schlaf.

Es entsteht kein Heil daraus, wenn nur an die Stelle des epimetheischen Kopfdenkens das drauflosstürmende prometheisch-technische Denken gesetzt wird. Es muss das Gleichgewicht hergestellt werden zwischen den Seelenkräften des Menschen. Die Brücke muss gebaut werden zwischen Denken und Wollen. Der Mensch darf den Glauben an das Denken nicht verlieren; nur muss Blutwärme hineinkommen in die Kopf-Gedanken. Und umgekehrt – die Willens-Gedanken müssen von dem klaren Licht der Ideale aufgehellt werden, statt bloß der Zweckmäßigkeit des äußeren Daseins zu folgen. Der Mensch darf in die Willenssphäre nicht ohne Ehrfurcht hineingreifen. Der Mensch muss wissen und wollen, dass er den Göttern begegnet, wenn er sich aus der Willenssphäre die Gedanken geben lässt.

Im michaelischen Zeitalter stehen wir vor der Aufgabe, langsam auch in den tieferen Seelenkräften, die in uns sind, im Fühlen und im Wollen, *aufzuwachen.* Da ist von der größten Wichtigkeit, was der Mensch bewusst unternimmt zur Erziehung seines Gefühls, das die Mitte seines Wesens bildet zwischen Denken und Wollen. Diese Mittel-Sphäre fällt bei dem heutigen Menschen fast ganz aus. Was diejenigen, die aus Furcht vor Sentimentalität planmäßig eine gewisse Gefühllosigkeit kultivieren, noch an Gefühlen zu haben meinen, sind nur allzu oft entweder verbrämte Intellektualismen oder Wünsche, Triebe und Leidenschaften, die bereits der Willensschicht angehören. Der Mensch muss die fühlende Mitte seines Wesens pflegen, um nicht zwischen den Extremen des Kopfes und der bloßen Willenshaftigkeit zerrissen zu werden. Hier treffen wir auf die gar nicht wichtig genug zu nehmende Aufgabe des künstlerischen und religiösen Lebens. Dieses muss im Menschen ein fortschreitendes Erwachen bewirken. Ein leiser Sonnenaufgang des aufwachenden Bewusstseins muss zunächst die Sphäre des Fühlens erhellen, in welcher wir nur erst träumen. Und dann muss mit Bewusstheit und Wachheit allmählich auch durchdrungen werden die Sphäre des Willens, in welcher wir noch schlafen.

Richard Wagner hat auf »Tristan und Isolde« sogleich die »Meistersinger« folgen lassen und hat damit dem Hohen Lied der Nacht den strahlenden Gesang einer neuen Tagbegeisterung hinzugefügt. In den »Meistersingern« ist alles so sonnenfroh, und die Sonnenhelligkeit wird schließlich gekrönt in dem strahlenden Chor »Wacht auf, es nahet gen den Tag«. Richard Wagner hat seine ganze Philosophie in die

»Meistersinger« hineingeheimnisst. In der Johannisnacht hat der Ritter Walter von Stolzing einen Traum gehabt, der kommt ihm morgens beim Aufwachen zum Bewusstsein. Und Hans Sachs leitet ihn an, den Aufwachtraum nun in Poesie und Musik umzusetzen. Der alte Meistersinger spricht aus, was Richard Wagners tiefste Lebensüberzeugung war:

> »Mein Freund, das grad ist Dichters Werk,
> Dass er sein Träumen deut und merk.
> Glaubt mir, des Menschen wahrster Wahn
> Wird ihm im Traume aufgetan:
> All' Dichtkunst und Poeterei
> Ist nichts als Wahrtraumdeuterei.«

Und so gibt Hans Sachs dem Lied, das die Frucht dieser Morgenstunde ist, den Namen: »Die selige Morgentraumdeut-Weise«. Derjenige, der im »Tristan« die Nacht mit ihren Geheimnissen besungen hat, belehrt uns jetzt über das Mysterium, das an der Schwelle zwischen Nacht und Tag, zwischen Schlafen und Wachen, waltet. Da, wo der Mensch vom Traum oder besser gesagt *im* Traum erwacht, wird die wahre Kunst geboren. Die Traumsphäre ist der Mutterschoß der Kunst. Nur muss der Mensch, um ihre Segnungen zu erlangen, da, wo er sonst bloß träumt, leise erwachen. Dann durchdringen die Inspirationen des Himmels das irdische Leben.

Das leise Erwachen der Traumsphäre im Menschen muss aber auch die Frömmigkeit der Zukunft gebären. Die Religion aller vergangenen Zeitalter wurzelte und verblieb in den unbewussten Schichten der Menschennatur. Die Frömmigkeit aller Zeiten, die hinter uns liegen, gehörte berechtigterweise dem götterdurchwalteten Reich der Nacht an. Sie waltete in der Traum- und Schlafsphäre des Menschenwesens und stand unter der Führung einer geistigen Macht, die selber als der Regent der Nacht angesprochen werden kann und die in den biblischen Büchern Jahve genannt wird. Jahve ist die Gottheit, die sich in der Mondengestalt symbolisiert. Der Regent der Nacht war der Regent des religiösen Lebens. In der Vergangenheit galt als aufschlussreicher Wahrspruch das Wort: »Den Seinen gibt's der Herr im Schlaf.« Aber das ist gerade einer der Gründe, weshalb der moderne Mensch mit Religion nichts mehr zu tun haben will. Der moderne Mensch will nicht schlafen, sondern wachen. Dass er alle schlafverwandte Frömmigkeit ablehnt, ist schließlich auch an der giftigen, hasserfüllten Parole abzulesen: Religion sei Opium für das Volk. Eine Religion, die den Grad der vom Menschen errungenen Wachheit mindert, kann uns in der Tat nicht mehr frommen. Das religiöse Leben muss aus der Herrschaft Jahves in eine andere Herrschaft übergehen. Der Erzengel Jahves ist Gabriel, der Erzengel des Mondes. Aus der Herrschaft Jahves und Gabriels muss das religiöse Leben befreit werden und übergehen in die Sphäre Michaels, des Erzengels der Sonne, der der Schutzherr des wahren Erwachens ist. Durch Michael wird diejenige göttliche Wesenheit zum Führer des neuen religiösen Lebens, die Jahve abgelöst hat. Das ist Christus selber. Christus ist der Geist der Sonne, und in seinem unmittelbarsten Dienst steht Michael, der Erzengel der Sonne. Vom Mond zur Sonne muss im religiösen Leben der Übergang gefunden werden, wenn der Schritt von Jahve zu Christus hin eine Wahrheit sein soll. Wir haben in den letzten 2000 Jahren, obwohl der Christus-Name bereits in aller Munde war, dennoch immer noch eine Frömmigkeit im Jahve-Stil gehabt. Das religiöse Leben war noch nicht eigentlich von Christus, dem Sonnengeist, beherrscht; es stand noch im Zeichen des Mondes. Das Unterbewusste gab dem religiösen Leben all seine Farbe und Prägung. Weshalb sind denn im Grunde die Theologen aller Kirchen bisher immer in Aufregung geraten, wenn man von Christus als dem Sonnengeist sprach? Man wollte nicht heraus aus dem uneingestandenen Kirchenschlaf; man war nicht bereit zur Umgestaltung des religiösen Lebens, das noch durch und durch von den alten Gesetzen des Unbewussten beherrscht war.

Im Michael-Zeitalter muss eine ganz neue religiöse Stimmung gepflegt werden. Wir brauchen ein solches religiöses Leben, das erkenntnisfreudig bestrebt ist, zu erwachen; das mit dem wachen Denken Hand in Hand geht, aber auch das Fühlen langsam in den hellen Schein der Sonne hineinträgt. Das Erwachen des Gefühls durch die Pflege eines neuen religiösen Lebens wird dazu überleiten, dass der Mensch auch in der Willenssphäre zu erwachen lernt. Das wird dem Menschenwesen seinen harmonischen Zusammenklang wiedergeben. Die einzige Rettung des Menschen, der in ein mehr als stürmisches Zeitalter wie blindlings hineingeraten ist, ist der bewusste Aufbau eines neuen sonnenhaft-bewussten religiösen Lebens, zumal alle religiösen Erbschaften heute endgültig aufgebraucht sind.

Die Legende »Der Schlüssel« aus dem Buch »Die Geheimnisse« von Albrecht Schaeffer stellt in schöner prägnanter Bildhaftigkeit dar, wie der Mensch dazu kommt, durch ein neues religiöses Leben den richtigen Griff in die Nachtseite der menschlichen Erkenntniskräfte zu tun. Da wird von einem Wanderer erzählt, der auf der Wanderung seines Lebens nichts anderes sucht als die Gottesstadt auf Erden, von der er als Kind gehört hat. Nach langen mühsamen Wegen sieht er endlich eines Tages in den letzten Strahlen der untergehenden Sonne fern am Horizont die Kuppeln und Türme der Gottesstadt liegen, und nun weiß er die Richtung, in der er zu gehen hat. Rüstiger als je schreitet er vorwärts. Die Dunkelheit bricht herein, rings um ihn ist Nacht. Nur ganz ferne sieht er ein einziges Lichtlein schimmern. Er kommt heran, mitten in der Nacht, und steht vor einer großen, hohen Mauer. Gerade vor ihm ist ein Tor in der Mauer, durch dessen Schlüsselloch das Licht herausstrahlt. Der Wanderer klopft an das Tor, und nun tut sich in dem Tor ein kleines Fenster auf; helles Licht quillt hervor. Er erkennt im Innern der Gottesstadt in goldenem Dunst viele Tausende von hellen, lichten Gestalten. Ein Engel steht vor dem Fenster und hat ein Brot in der Hand und spricht zu ihm: Nimm und iss! Der Wanderer aber sagt: Speise begehre ich nicht, Einlass begehre ich. Da tut sich das Fenster wieder zu, und der Wanderer steht draußen im Dunkel. Er setzt seinen Weg fort, immer an der Mauer entlang, in der Hoffnung, an ein Tor zu kommen, durch das er Einlass findet. Er wandert und wandert. Die Mauer scheint einen unendlichen Kreis zu bilden. Er wird müde und matt; nach einer langen, langen Zeit kommt er wieder an das Tor, vor dem er zu Anfang gestanden hatte. Wieder klopft er, wieder reicht der Engel dem Erschöpften das Brot aus dem Fenster und spricht: Nimm und iss! Und er antwortet wieder: Speise begehre ich nicht, Einlass begehre ich. Und das Fenster schließt sich wie beim ersten Mal. Und noch einmal macht er sich auf die Wanderung, diesmal zu Tode ermattet und innerlich aufbegehrend. Bis er zum dritten Mal an die gleiche Stelle gelangt. Er klopft an, und der Engel reicht ihm das Brot aus dem Fenster und spricht: Nimm und iss! Jetzt ist er so ermüdet, dass er nun doch das Brot nimmt. Er sinkt nieder mit dem Brot in der Hand, und sein Bewusstsein ist schon ein wenig im Traum befangen. Er sagt: »Was will ein Mensch auch mehr? Ein Brot aus Gottes Stadt und schlafen am Fuße ihrer Mauer!« Bevor er einschläft, will er, weil er hungrig ist, von dem Brote essen. Er bricht das Brot und siehe, da fällt der Schlüssel heraus, mit dem er nun selber das Tor aufschließen kann.

An diesen Bildern können wir Wesentliches über die Art und den Sinn des neu zu erringenden religiösen Lebens ablesen. Der Mensch ist selbstbewusst und ichhaft geworden. Er glaubt, keiner anderen Macht mehr zu bedürfen und alles aus eigener Kraft vollbringen zu können. Lernt er dann aber, mit aller errungenen Freiheit dennoch wieder aufgeschlossen und empfänglich zu sein für die schenkende göttliche Gnade, so wird er erst inne, dass er das Wichtigste und Letzte doch noch von außen her erwartet hat. Und eben hier wird er zu einer inneren Selbstständigkeit und Aktivität geführt, die seinen ursprünglichen Freiheitsdrang und Stolz zugleich beschämt und auf höherer Stufe vollendet.

Der erste Schritt, den der heutige Gottsucher tun muss, ist, dass er wieder den Willen hat und lernt, sich aus der geistigen Welt heraus speisen zu lassen. Indem die Legende das Bild vom »Brot der Engel« gebraucht, deutet sie den sakramentalen Charakter an, den die wirklich zeitgemäße Frömmigkeit haben muss. Im pflegsam-strebenden Teilnehmen an einem heutigen sakramentalen Leben wacht das Fühlen des Menschen auf. Die Traumregion der Seele erhellt sich, ohne ihre Farbigkeit und Bilderfülle zu verlieren. Und die Kräfte, die so dem Menschen geschenkt werden, helfen ihm, sich nun auch in seinen Willenstiefen aufzuwecken. Der Schlüssel ist in seiner Hand, mit dem er selbst das Tor der Geisterwelt aufschließen kann. Durch die Organe des auferweckten Fühlens und Wollens steht der Mensch Angesicht in Angesicht den Wesenheiten der geistigen Welt gegenüber. Mit dieser Schlüsselgewalt, durch die der Wille schauend und erkennend wird, gewinnt der Mensch, nicht auf äußerlich-prometheische, sondern auf innerlich-michaelische Art, Anteil an der Sphäre des kosmisch-göttlichen Willens. Durch den ungestüm-prometheischen Griff des unverwandelten, nur auf irdische Ziele eingestellten Menschen in die Region der Willensgedanken entsteht die Technik. Durch das zugleich fromm-demütige und kraftvoll-mutige Streben nach Durchchristung der Seele und Erweckung des Willens entsteht ein apokalyptisches Denken, Erkennen und Handeln.

Die Technik glaubt mit ihren Entdeckungen und Erfindungen die Zukunft in die Gegenwart hereinzuholen. In Wirklichkeit stiftet sie nichts als eine potenzierte Vergänglichkeit. Das wird in dem Maße deutlich werden, als sich die modernste Technik in ihrer zerstörerischen Entwicklung überstürzt und ad absurdum führt. Erwacht dagegen das christlich-apokalyptische Denken und Schauen in der Seele, so tut sich die Zukunft in Wahrheit vor dem Menschen auf. Prophetische Fähigkeiten werden rege, die sich keimhaft schon darin ankündigen, dass der Mensch, im Gedanklichen bleibend, dennoch lernt, auf grundlegend neue Art in der Natur und in den Zeichen der Zeit zu lesen. Das Geistige, das in der Natur und im Schicksal waltet, ist vor ihm aufgetan.

Apokalypse ist das christliche Gegenbild des technischen Denkens. Ist sie aber einmal errungen, und sei es auch noch so anfänglich, so kann es sich der Mensch auch leisten, die Technik ganz und gar zu bejahen. Denn dann kann er sie in den Dienst der wahren, geistigen Menschheitsziele stellen. Dann wird ihm auch die apokalyptische Zeichensprache der von ihm selbst gestalteten Technik durchsichtig. Eigentlich stellen die Menschen ja lauter Symbole in die Welt. Sie erkennen nur nicht, dass sie in der Technik ahrimanische Zerr- und Gegenbilder dessen, was in der übersinnlichen Welt ist, schaffen. Wir können heute die Technik nicht mehr entbehren. Aber wir müssen die darin wirkenden Mächte in den Dienst der guten Weltenziele stellen, wenn wir uns nicht an sie verlieren wollen.

Es ist die Aufgabe der Christengemeinschaft, eine Frömmigkeit zu pflegen, die den Menschen fähig macht, auch mit der Technik und ihren Gespenstern fertig zu werden. Das Frömmigkeitsleben, das wir anstreben, muss unter der Devise stehen: »Wacht auf, es nahet gen den Tag!« Ein »Erweckungs«-Christentum im eigentlichsten spirituellen Sinn muss unter uns lebendig werden. Mit dem Aufwachen der tieferen, nächtlicheren Seelenkräfte wird Michael, der Erzengel der Sonne, in unserem Herzen wirksam. Es erfüllt sich der so oft laut gewordene, leider fast immer nur auf politisch-völkische Interessen bezogene Ruf nach dem Aufwachen des deutschen Michel auf eine wahrhaft menschliche und menschheitliche Art. Wird das ganze Menschsein vom Feuer des geistigen Erwachens durchglüht, so erstrahlt aus dem Menschenherzen eine Sonne: der Christus selbst, dessen Erzengel Michael ist. Dann erst erfüllt sich, dass das Christentum die eigentliche Sonnenreligion ist, im Sinne des geistmutig zu erobernden inneren Lichtes.

Wenden wir uns zum Schluss noch kurz den Fragen der *Lebensgestaltung* im michaelischen Zeitalter zu. Heute geht gefühlsmäßig das Ideal der selbstschöpferischen Aktivität durch den fortschreitenden Teil der Menschheit hindurch. Man möchte nicht mehr so passiv leben. Es gibt aber zwei Hindernisse, die diesem Ideal im Wege stehen. Das eine ist jener grundlegende Irrtum, der den Menschen als bloß vitales Vererbungsprodukt in die Nähe des Tieres rückt. Solange man das Bluthaft-Instinktive vergöttert, worin doch das Tier den Menschen so weit übertrifft, dass dieser ihm gegenüber als angekränkelt und dekadent erscheinen muss, so lange arbeitet man nur daran, die Quellen der wahren Aktivität im Menschen zu verschütten. Diese liegen in dem geistigen Ich-Wesen, das sich des Blutes nur als eines Werkzeuges bedient und eben dasjenige ist, wodurch sich der Mensch vom Tier unterscheidet.

Das zweite Hindernis ist das religiöse Leben alten Stiles, das von Grund auf passiver Natur war. Man wird vielleicht einwenden, die frommen Menschen hätten doch so viel getan und geleistet. Sie hätten Krankenhäuser gebaut und die großartigsten sozialen Hilfeleistungen vollbracht. Aber diese Tätigkeit der Kirchen lag doch immer am Rande; die Aktivität wurde nicht auf dem Felde der Religion selbst entfaltet. Im frommen Gefühl war man passiv. Und das hat man noch mit einem theologischen Mäntelchen umkleidet, indem man eine Theologie ausbildete, in der man von der Ausschließlichkeit der Gnade sprach. Man war darauf aus, eine religiöse Stimmung zu pflegen, zu der der Mensch selbst nichts hinzutat, sondern für die er alles von Gott erwartete und entgegennahm. Auch das müssen wir gerecht verstehen. Der Erzengel Gabriel war es, der ein Interesse hatte an der passiven Religiosität im Menschenwesen. Im Zeitalter Gabriels war es richtig, die religiöse Empfindung ausschließlich als eine Gabe Gottes zu erleben, die dem Menschen von Natur aus zuteilwurde. Damals sprach man mit Recht davon: dieser oder jener sei eine religiöse Natur. Derjenige, der keine religiöse Natur war, konnte nichts dazu. Das war im Gabriel-Zeitalter berechtigt, weil man eine aus der ererbten Natur stammende Frömmigkeit brauchte als Rückendeckung für die materialistische Erkenntnisarbeit, die die Naturwissenschaft tat. Kein Wunder, dass schließlich das hoffnungslose Auseinanderklaffen von Religion und Naturwissenschaft entstand.

Im michaelischen Zeitalter muss es schon deshalb anders sein, weil die Religion, in die man hineingeboren wird, verbraucht ist. Die religiösen Erbschaften der alten Zeit sind zu Ende. Gewiss verfügen manche Menschen immer noch über einen ererbten Schatz an religiöser Kraft. Selig sollen sie gepriesen sein. Man darf solche Erbschaften nicht mutwillig vergeuden. Der Mensch von heute ist aber im Allgemeinen darauf angewiesen, von Neuem zu beginnen, eine Frömmigkeitssphäre in sich überhaupt erst wieder zu erzeugen. Und im michaelischen Zeitalter wird die Frömmigkeit in ihrem innersten Wesen von Seelen-Aktivität getragen sein müssen. Nur dadurch wird sie eine aufwachende Frömmigkeit sein. Der Mensch muss einen bestimmten inneren Weg gehen, um wieder fromm zu werden. Er ist nicht einfach mehr fromm von Natur aus. Wenn er aber den Funken in seiner Seele zum Glimmen bringt und Feuer daraus entfacht, dann wird gerade aus dem neu gepflanzten und gepflegten religiösen Leben, das aber nicht der Gnade widerspricht, sondern überhaupt erst zeigt, wie tief die Geheimnisse der göttlichen Gnade sind, ein Licht den verhangenen Sinn unseres Daseins beleuchten. Der Mensch wird anfangen, die Augen der Seele aufzuschlagen und da, wo er vorher nur Pflanzen sah auf den Wiesen oder Blüten an den Bäumen, entdecken, dass Engel schaffend wirken und Geister ihre Taten tun.

Das ist eine wichtige Stufe des »Lebens mit dem Geist«, dass wir das Göttliche in der Natur wieder anfangen nicht nur zu lieben, sondern auch zu schauen. Wie anders muss doch alles Sprechen von Brot und Wein, die eine so zentrale Bedeutung im Christentum haben, klingen, je nachdem, ob der Sprechende als Orientierung für sein Christentum nur eine menschliche Jesus-Auffassung hat oder ob er etwas davon versteht, dass der Christus ein kosmisches Wesen ist. Ist es nur der Mensch Jesus, der mit seinen Jüngern das letzte Mahl feierte, so bleiben Brot und Wein außerhalb seiner, und das Geheimnis der Transsubstantiation kann nicht eigentlich verstanden werden. Fängt man aber an zu verstehen, dass Christus ein kosmisches Wesen ist, so findet man ihn *in* Brot und Wein; das Geistige und das Natürliche durchdringen einander und bleiben nicht voneinander getrennt. Wenn nicht das Licht eines neuen schauenden religiösen Lebens in die Schächte und Brunnen der Natur hineinleuchtet, so kann das Christentum nicht bestehen. Es muss ein kosmisches Christentum unter uns lebendig werden. Das naturfremde religiöse Leben der Vergangenheit kann dem Menschen heute nichts mehr geben. Auf dem Wege über das religiöse Leben findet der Mensch die Natur zurück, die er verloren hat, und alle Natur wird dann dem frommen Menschen Brot und Wein sein.

Auch für die Geheimnisse des Schicksals muss und wird uns das innere Auge aufgehen. Im Zeitalter Gabriels hat man im Schicksal immer nur Lohn oder Strafe Gottes gesehen. Das Glück war Lohn, das Unglück Strafe. Im michaelischen Zeitalter müssen wir lernen, von den Wahrnehmungsfähigkeiten unseres Herzens her, gerade auch im Unglück die Hand der Liebe Gottes zu erkennen. Dann werden wir lernen, die

Härte und Schonungslosigkeit Michaels zu begreifen, der uns gerade dann in Katastrophen und Leiden hineingeraten lässt, wenn wir innerlich an Gott herangeführt werden sollen. Von einem solchen Wahrnehmen und Erkennen der Schicksalsmächte und ihrer Absichten wird ein heroisches Christentum ausgehen. Und ein Christentum, das keinen Anschluss an die michaelische Macht findet, wird jede geistige Bedeutung verlieren oder sogar von der Bildfläche verschwinden.

Das Geistige im Schicksalsmäßigen zu berücksichtigen, führt dann aber zu dem, was in der Lebensgestaltung das Wichtigste ist: dass der Mensch wieder mit dem Geistigen des eigenen Menschenwesens zu leben lernt. Aller Kampf, der augenblicklich gekämpft wird, geht letzten Endes um den Menschen. Es wird um den Menschen gekämpft, und Michael ist der Schutzherr des Menschen. Michael ist diejenige Macht in der übersinnlichen Welt, die das Menschenideal bewahrt und fortwährend das Wort »Mensch« meditiert. Aber was wissen wir Menschen denn heute vom Menschen!

Auch uns selbst müssen wir so gegenüberstehen lernen, dass wir uns als ein übersinnliches und gottverwandtes Wesen fühlen. Natürlich ist auch der Drache im Menschen. Umso mehr aber müssen wir danach streben, indem wir uns als übersinnliche Wesen fühlen, Michael in unser Herz aufzunehmen. Wir müssen wieder ganz konkret mit dem Hereinragen des Göttlichen in die Menschensphäre rechnen. Der Glaube an den Menschen als einen Spross der Götter ist eine der Voraussetzungen für ein reales »Leben mit dem Geist«. Ganz neue Quellen der Menschenliebe werden aufspringen, wenn wir lernen, auch in jedem anderen Menschen, ob er uns sympathisch ist oder nicht, ein übersinnliches, gottverwandtes Wesen zu erkennen, und aufhören, ihn nur nach der Maske zu behandeln, die er mit sich herumträgt. Jeder Mensch, selbst wenn er eine noch so entstellende Maske trägt, ist in seinem wahren Wesen übersinnlicher Natur, ein verborgenes oder verschüttetes Gottesfeuer. Auch auf sozialem Gebiet reichen die alten Kräfte nicht mehr aus. Eine neue Sozialität und Liebekraft wird entstehen dadurch, dass man den Menschen wieder als ein übersinnliches, gottverwandtes Wesen erkennt. Der »Christus in uns«, wie

Michael ihn uns weist, wird das Verbindende von Mensch zu Mensch sein. Und der Erzengel Michael, der heute Zeitgeist und nicht mehr nur wie in den früheren Zeiten Volksgeist ist, interessiert sich für die ganze Menschheit. Immer vertritt Michael das Menschheitliche. Und so müssen wir heute – was dem Darinnenstehen im eigenen Volk gar nicht widerspricht – wieder für den Menschen im Ganzen, d.h. für die Menschheit, ein Interesse pflegen. Das ist ein wichtiges Ideal des michaelischen Zeitalters.

Das Schicksal nötigt uns und wird uns immer mehr dazu nötigen, mit der übersinnlichen Welt Umgang zu pflegen. Denn die uns nächsten »Götter« sind unsere Verstorbenen. Sie sind diejenigen Bewohner der übersinnlichen Welt, die vorher als Menschen mit uns verbunden waren. Ich habe gerade in der ersten Zeit des Krieges auffallend viele Briefe bekommen, worin in ziemlicher Übereinstimmung Erlebnisse geschildert wurden von Frauen, denen jemand, mit dem sie sich besonders innig verbunden gefühlt hatten, durch den Tod entrissen worden war. Immer wieder wurde von der Briefschreiberin ausgesprochen, dass ihr nach dem Tod des geliebten Menschen genauso zumute gewesen sei wie in der Zeit, da sie ein Kind erwartet hatte. Die Ähnlichkeit zwischen dem Zustand der Schwangerschaft und dem Zustand, in den man hineinkommt, wenn einem jemand Liebes gestorben ist, wurde in der verschiedensten Nuancierung zum Ausdruck gebracht. Damit ist ein tiefes Geheimnis berührt. Wenn uns ein Mensch gestorben ist, so sehen wir ihn nicht mehr. Wenn eine Mutter ein Kind unter dem Herzen trägt, so sieht sie es auch nicht. Es kann die Seele eines Verstorbenen genauso in uns sein, wie die Seele des ungeborenen Kindes in der Mutter ist. Der Mensch, der eben gestorben ist, möchte ein Same sein. Er möchte, dass aus seinem Tod etwas geboren werde. Es sollen Taten von uns getan werden, die wir allein nicht tun könnten, wenn wir nicht Helfer in der geistigen Welt hätten durch unsere Verstorbenen.

Das Leben mit den Verstorbenen schließt die Tore auf zu einem reichen Leben mit der übersinnlichen göttlichen Welt überhaupt, wie es im michaelischen Zeitalter errungen werden muss. So wie wir lernen, mit den Verstorbenen zu leben, indem wir sie in uns fühlen, so müssen wir auch lernen, die höheren Wesenheiten der geistigen Welt in uns zu fühlen: Michael und schließlich Christus selbst. Die Worte »Christus in euch« und »Christus in uns« im Kultus der Christengemeinschaft sind dann nicht mehr bloße Wünsche und Ziele, sondern lichtvolle Erfüllungen.

Wenn wir so lernen, »mit dem Geiste zu leben«: in der Natur, im Schicksal, im eigenen und fremden Menschenwesen und angesichts der Verstorbenen und der anderen geistigen Wesenheiten einer höheren Welt, kommt ein michaelischer Zug in unser Leben hinein. Wenn wir dann mit voller Berechtigung sprechen: »Christus in uns«, so können wir zugleich auch sagen: »Wir in Christus«. Wir fühlen den Christus in unserem eigenen Innern; wir spüren aber auch in dem, was uns seelisch umgibt, dass der Christus ganz nahe an die Menschheit herangekommen ist. Und so werden uns immer mehr Schleier fallen und Vorhänge zerreißen vor dem Reichtum der übersinnlichen Welt, die heute schon das ganze Menschenleben durchflutet. Schließlich wird sich der Wolkenschleier zerteilen, hinter welchem der Christus selbst unserer Zeit in seiner lichten Geistgestalt erscheinen will.
Im letzten vorchristlichen Michael-Zeitalter hat der Erzengel die messianischen Weissagungen und Ahnungen in die Seelen der prophetischen Menschengeister gelegt. Im heutigen Michael-Zeitalter führt er das zweite Christus-Ereignis, die Wiederkunft Christi, herbei. Indem wir Michael erkennen lernen im Sturm der Gegenwartsschicksale, wird er uns selber zum Riss im Vorhang. Wir erkennen: Er ist das Antlitz Christi. Wo er steht, braucht nur eine dünne Wolke durchsichtig zu werden, und Christus steht vor uns. Die Zeit ist nahe herbeigekommen, wo dies Erfahrung werden kann und muss. Der Mensch kann und muss wieder hellsichtig werden für die Sphäre des Geistes. Dann wird er als den sonnenhaften Mittelpunkt vor allem dasjenige Wesen schauen, das die tröstenden, heilenden und aufbauenden Kräfte spendet, die uns allein instand setzen, mit den schweren Aufgaben unserer sturmbewegten Zeit fertigzuwerden.

DAS ZEITALTER DES ERZENGELS
IM HERBST 1945

Es ist wohl niemals in der Weltgeschichte so schwer gewesen, den Sinn des gegenwärtigen Schicksals und Zeitalters zu verstehen, wie heute unmittelbar nach dem Zweiten Weltkrieg. Tausende, Abertausende von Fäden sind abgerissen. Nicht nur, dass ungezählte Menschenleben gewaltsam ihr Ende gefunden haben und weiterhin ihr Ende finden: Ganze Strömungen historischen Werdens, Entwicklungen, die man für Jahrtausende sichergestellt zu haben glaubte, sind abgebrochen, und eine Fortsetzung wird nicht möglich sein. Wenn wir den Blick nur auf die irdischen Gegebenheiten richten, so können wir in der Tat den Sinn unserer Zeit nicht verstehen. Wir sind vor lauter unlösbare Rätsel gestellt. Erst wenn wir den Blick zu einem höheren Plan erheben, sodass vielleicht ein Lichtschimmer in unser Auge fällt von jenen Wesenheiten, die aus dem Unsichtbaren heraus das Schicksal auf Erden lenken, können wir hoffen, etwas zu ahnen und zu begreifen von dem, was die Absicht Gottes an uns und an unserem Zeitalter ist. Im blitzedurchzuckten Geistgebiet über uns gibt es die große Weltenuhr. Der Zeiger rückt vorwärts von einer Erzengelgestalt zur anderen, und jedes Mal wenn er vorwärtsrückt, reicht ein Erzengel dem nächsten das Steuerrad der Zeit, und dieser muss nun im Bunde mit den höheren Mächten ein Zeitalter lang der Menschheit sein Gepräge geben. Können wir auf diesem Zifferblatt erkennen, wo der Zeiger heute steht? Gegen Ende des vorigen Jahrhunderts ist in der Menschheit ein Umschwung eingetreten, wie er krasser und radikaler kaum je eingetreten ist. Er rührt davon her, dass zwei Erzengel einander abgelöst haben, die zwar verwandt, dabei aber doch so verschieden sind wie Mond und Sonne, Nacht und Tag. Gabriel, der Erzengel des Mondes, hat ein Zeitalter hindurch die Menschheit geführt, etwa drei bis vier Jahrhunderte lang, bis im Jahre 1879 Michael, der Erzengel der Sonne, das Szepter in die Hand nahm, sodass wir jetzt in einem michaelischen Zeitalter leben. Was heißt das, dass wir aus einem Zeitalter Gabriels in ein Zeitalter Michaels eingetreten sind? Diese Namen besagen ja dem modernen Menschen nichts mehr, der jede Kunde von den Wesen, die man nicht mit Augen sehen und mit Händen greifen kann, vergessen und verloren hat. Wir müssen neu lernen, uns bei diesen Namen etwas zu denken und vorzustellen. Früher hat man gewusst: Gabriel ist der strenge Erzengel, der einst die Menschen aus dem Paradies vertreiben musste. Michael ist auch ein strenger Erzengel; aber seine Aufgabe ist es, die Menschen in das Paradies zurückzuführen, wie es auch in den Worten des Engels im alten Weihnachtsspiel anklingt: »Ich will euch langsam rufen wieder.« Aber, so fragen wir, wie kann es sein, dass in unseren Tagen diejenige geistige Macht am Ruder ist, die die Menschen ins Paradies zurückführt? Werden wir nicht von Tag zu Tag immer noch aus weiteren Paradiesen vertrieben? Aus dem Paradies der Natur, aus dem Paradies wahrer Kunst ist die Menschheit schon längst vertrieben worden, wenn sie es auch noch nicht voll bemerkt hat. Heute wird sie ganz schonungslos auch aus dem Paradies der bürgerlichen Wohnlichkeit und Behaglichkeit vertrieben. Immer unparadiesischer wird die Welt. Die Austreibung aus dem Paradies scheint sich überhaupt in unseren Tagen erst zu vollenden.

Und doch, richten wir den Blick auf das Geistige, so ist alles umgekehrt. Gabriel hat, wenn er regiert, die Aufgabe, die Menschen in das Irdische hineinzuführen. Ein Erzengelzeitalter lang hat sich die Menschheit in die irdische Welt hineingelebt, hat sich auf Erden Paradiese gebaut, so gut sie es vermochte, und hat sich schließlich darin so behaglich und sicher gefühlt, dass sie darob das wahre Paradies und damit die Sphäre vergessen hat, aus der das Menschenwesen eigentlich stammt. Denn wir Menschen sind ja nicht von dieser Welt. Wir sind *in* dieser Welt, aber unser eigentliches Wesen ist aus einer anderen Heimat in diese Welt als eine ihr fremde eingetreten. Und es wird noch eine lange mühselige Arbeit dazu gehören, in die fremde Welt, in der wir auf Erden leben, den Prägeglanz des Geistes hereinzutragen, sodass diese Welt uns auch im Sinne unseres wahren Wesens eine Heimat wird. Als die Menschen die allzu irdischen Paradiese dieser Welt um sich herum angepflanzt haben, in denen sie sich so sicher fühlten, da vollendete sich in Wirklichkeit die Austreibung aus dem Paradies. Der Mensch verlor den Zusammenhang mit der Ursprungssphäre. Er vergaß schließlich, wer er selber ist. Und wenn jetzt Michael die irdischen Paradiese für null und nichtig erklärt, sie zersplittert, zerreißt und zerstört, so ist das keine Austreibung aus einem wirklichen Paradies, sondern es geschieht zu dem Zweck, damit der Mensch sich an das verlorene Paradies der Geisteswelt erinnert oder doch wenigstens wieder Sehnsucht und Heimweh danach bekommt als nach der Welt, aus der er stammt. Nur so kann er sich selber wiederfinden, nachdem er sich an die irdischen Dinge verloren hatte. Die Zerstörungen um uns her – das ist die Absicht des michaelischen Zeitgeistes – sollen unserer Rückbürgerung dienen in die Welt des Geistes, der wir unserem wahren Wesen nach angehören und die dann allerdings auch auf die Erde gepflanzt werden muss.

Es war im Sinne des gabrielischen Zeitalters, das hinter uns liegt, dass die Naturwissenschaft und die Technik entwickelt wurden. Sie sind die eigentlichen Gaben des Erzengels Gabriel an die Menschheit. Er lehrte die Menschen, sich verstehend und gestaltend in die Welt der irdischen Dinge hineinzufinden. Die Zeit der Naturwissenschaft und Technik im bisherigen Sinn ist abgelaufen. Es ist ja noch nicht lange her, da hat die Kulturseligkeit der Menschen gesprochen: Wie haben wir es doch so herrlich weit gebracht! So konnte man nur sprechen bis zum Jahre 1910 oder 1914. Dann gab es immer mehr Menschen, die tiefer schauten und erkannten, auf welch schwankenden Füßen dieser Kulturstolz stand. Heute ist er ganz gründlich widerlegt. Er ist als eine grandiose Illusion, ja als eine Verführung durch den Herrscher dieser Welt entlarvt.

Ohne dass der Blick auf das Geistige gelenkt wird, werden die Menschen von jetzt ab nicht einmal mehr die Natur verstehen. Die grandios entwickelte Naturwissenschaft wird zittrig und unsicher werden.

Man wird an den Naturgesetzen zweifeln, weil man auf allerlei Phänomene im Weltall stößt, die durch die Naturwissenschaft nicht mehr erklärbar sind. Die Natur wird den Menschen ein immer größeres Rätsel werden, weil man auch sie nicht begreift, wenn man nicht das Walten der geistigen Kräfte darinnen berücksichtigt, geschweige denn, dass der Mensch in der Zukunft noch das Schicksal begreifen wird, wenn er weiterhin in die materialistische Denkungsweise gebannt bleibt. Wir haben heute bereits den Bankrott des Denkens auf der ganzen Front. Man ist des Denkens müde. Viele aus der jungen Generation gewöhnen sich überhaupt das Denken ab und überlassen sich leider jener Stumpfheit, in die sich allerdings die Soldaten im Felde wohl oder übel haben flüchten müssen. Und man hält das noch für »Haltung«. Aber der Mensch ist nichts anderes als ein langweiliges überflüssiges Stück Schöpfung, wenn er nicht denkt, wenn er nicht den Mut zum Denken aufs Neue in der Seele entzündet. So wie es die Aufgabe des Gabriel-Zeitalters war, *Naturwissenschaft* zu treiben, so wird es die Aufgabe des Michael-Zeitalters sein, *Geisteswissenschaft* zu entwickeln, zur *Naturerkenntnis* die *Geisterkenntnis* hinzuzufügen. Jeder muss mit heißem Herzen darum ringen, auch die geistigen Zusammenhänge der Welt zu verstehen. Er muss fühlen, dass die Welt überhaupt erst da im Innersten zusammengehalten wird, wohin die Sinne und die Experimente der Naturforscher nicht mehr dringen.

Erst recht gerät in unserem Zeitalter alles Bemühen um die Gestaltung des Lebens und der Welt in eine Sackgasse. Die Menschen haben eigentlich nur gelernt, das Leben im Sinne der Technik zu gestalten. Sie verstehen es großartig zu organisieren. Nur kommt man heute dahinter, dass man dadurch auch den letzten Rest von Seele und Leben aus den menschlichen Zusammenhängen austreibt. Was ist heute schließlich das Ergebnis der hochentwickelten Technik? Die Menschheit hat sich in den Besitz der Mittel gesetzt, die Welt auf grandiose Weise zu zerstören. Sie kann überhaupt nichts anderes mehr. Mittel, auch nur den geringsten wirklichen Aufbau zu bewirken, besitzt sie nicht, selbst wenn sie es glaubt. Man kann einige Nöte lindern, und man muss das tun. Man kann notdürftig einiges noch vor dem letzten Zusammensturz schützen, und man ist verpflichtet dazu. Aber wirklich *aufbauen,* sodass wieder etwas Lebendiges unter den Menschen entsteht, das kann man nicht, denn das ist unmöglich aus den Kräften der bloß-irdischen Welt heraus. Einer der scharfsinnigsten Denker vom Ende des vorigen Jahrhunderts, Eduard von Hartmann, hat gesagt, die Konsequenz der zeitgenössischen Weltanschauung sei einzig und allein, ein tiefes Loch in die Erde zu graben und mit den Sprengstoffen, die die Menschheit zu erfinden im Begriffe sei, zu füllen und auf diese Weise den ganzen Erdball in die Luft zu sprengen. Das klang damals fantastisch. Es war aber nichts anderes als eine Prophetie auf das, was heute die Menschheit wirklich gelernt hat. Denn heute ist die Fantastik in den Bereich der technischen Möglichkeit gerückt. Die Technik zu entwickeln, war zeitgemäß im Zeitalter Gabriels. Sie im michaelischen Zeitalter einfach weiter- und vorwärtszutreiben, als wäre nichts geschehen, muss zu einer verhängnisvollen Zweischneidigkeit führen.

Wenn die warmen Tage abnehmen, wenn Herbst und Winter herannahen, so merken das die Menschen. Sie begehen nicht die Torheit, ihre Sommerkleider weiter zu tragen, sondern ziehen sich wärmer an. Wenn aber ein solcher Umschwung der Erzengelherrschaften eintritt, wie er unserer Gegenwart das Gepräge gibt, so merken das die Menschen nicht und machen weiter, als wäre nichts geschehen. Man fühlt sich gedrungen, eine Legende zu erzählen, in der sich der gegenwärtige Mensch wiedererkennen könnte. Sie berichtet von einem Manne, einem großartig begabten Erfinder, der in seinem Hause ein Laboratorium hat. Er ist mit seinen Experimenten einem Präparat auf der Spur, mit welchem er künstliche Nahrungsmittel herstellen kann, so viel er will. Er kann damit auch Heilmittel erzeugen, die alle Krankheiten heilen. Dieses Wunderpräparat hat nur den einen Nachteil, dass es hoch feuergefährlich ist. Der Mann macht weiter und hat schon große Vorräte von seinem Zaubermittel hergestellt, als sich plötzlich zeigt, dass das Haus von außen in Brand gesetzt worden ist. Die Flamme frisst sich näher und näher. Es versteht sich von selbst, dass nun die Freude über die erstaunliche Erfindung zu Ende ist. Im nächsten Augenblick wird sie sich selbst ad absurdum geführt haben.

Das ist die Lage, in der sich die Menschheit heute befindet, insofern sie noch Hoffnungen auf die Technik setzt. Im michaelischen Zeitalter wird die Technik zweischneidig. Sie wird gefährlich, indem sie magisch wird. Die Atombombe – ihr Name ist eigentlich nur die Glorifizierung einer unbewiesenen Hypothese – ist die magische Nachfrucht Gabriels im Michael-Zeitalter. Durch die Maulwurfsarbeiten der modernen Naturwissenschaft und Technik ist eine unterirdische Schicht freigelegt worden. Man ist an Kräfte herangekommen, die man bis dahin nicht kannte und die daher unter kosmischem Verschluss geblieben sind. Es ist die dritte Kraft über Magnetismus und Elektrizität hinaus, die Kraft des Materie-Zerfalls, der Materie-Sprengung. Kräfte sind damit freigelegt worden, die nicht von dieser Welt, aber auch nicht von einer höheren Welt, sondern untersinnlicher Natur sind.
So wie der Mensch im michaelischen Zeitalter auf dem Erkenntnisfeld zur Naturerkenntnis die Geisterkenntnis hinzufügen muss, so muss er unter der Ägide Michaels auf dem Felde des Handelns zur Technik als der Errungenschaft des gabrielischen Zeitalters ein anderes hinzufügen, damit ein Ausgleich, ein Gleichgewicht entsteht. Wenn nämlich im Michael-Zeitalter die *Technik* magisch wird, weil sie in übersinnliche, das heißt eigentlich in untersinnliche Bereiche hineingreift, so heißt das, dass auch das *religiöse Leben* magisch werden muss. Der Schritt muss gefunden werden zu der neuen Reformation, durch die das christlich-religiöse Leben aus der Dürftigkeit des intellektuellen Zeitalters wieder emporgehoben wird auf die Ebene tragender Geist-Substanz. Der Sinn der Religion muss wieder darin bestehen, dass reale Geistgewalten, helfende Geistesmächte in das Erdendasein hereingerufen werden, dass ein unmittelbarer Anschluss an die Götterkräfte gefunden wird, insbesondere an diejenigen, auf die wir mit dem Christus-Namen deuten. Gelingt dies, so ist das Gleichgewicht hergestellt. Dann mag die Technik unentwegt weiterschreiten. Wir können sie ja doch nicht entbehren. Wir können das Rad nicht zurückdrehen, wir müssen vorwärts. Aber es darf nicht nur die Technik den Deckel abheben von dem unterweltlichen Inferno. Durch das reale religiöse Leben müssen zugleich die Tore der oberen Welt aufgetan werden.

Die helfenden höheren Mächte, durch die allein ein wirklicher Aufbau möglich ist, müssen hereingelassen werden. Das technische Zeitalter hat Maschinen gebaut – wir werden auch weiterhin Maschinen bauen –, aber das michaelische Zeitalter muss zu den *Maschinen* die *Altäre* hinzufügen. Es wird sich dann enthüllen, dass nicht nur die Macht des Abgrundes, sondern auch die Christuswesenheit dicht vor den Toren der irdischen Welt angelangt ist. Es bedarf nur der Menschen, die die dünne Wand zu durchstoßen den Mut haben. Im gabrielischen Zeitalter kam es auf die Klugheit der Menschen an. Klugheit und Intelligenz brachten Naturwissenschaft und Technik hervor. Aber es war eine solche Intelligenz, die doch mehr oder weniger von selber läuft, die der Mensch entwickeln kann, ohne dass er moralisch ein anderer wird und ohne dass seine inneren Herzenskräfte daran beteiligt sind. Was jetzt notwendig ist, muss aus dem allerinnersten Wesen des Menschen hervorgeholt werden. Im michaelischen Zeitalter kommt es nicht auf die Klugheit, sondern auf den Herzensmut der Menschen an. Denn was den Menschen veranlasst, an einer übersinnlichen Welt zu zweifeln, ist unbewusste Feigheit, ist innere Wasserscheu. Diese muss der Mensch abschütteln. Er muss einen Mut entwickeln, der anders und größer ist als der des Fallschirmspringers.

Gabriel war und ist auch heute diejenige Macht, die den Menschen in die Geburt hineinleitet, weil er immer aus dem Geistigen ins Irdische führt. Er wirkt mit, wenn im Mutterleib die Hülle bereitet wird, die einer Menschenseele zur Inkarnation dienen soll. Deshalb ist sein Wirkensfeld das der Vererbung. Es war 400 Jahre lang berechtigt, die Gesetze der Vererbung zu erforschen und mit ehrfurchtsvollen Blicken anzuschauen. Nach Ablauf des Gabriel-Zeitalters aber die Prinzipien der Vererbung immer noch in den Vordergrund zu stellen, ist ein Anachronismus. Das kann nur aus Fanatismus geschehen, denn es entspricht nicht mehr der Wahrheit. Im Zeitalter Michaels kommt es nicht auf die Hülle an, in der wir als Mensch leben, sondern auf den inneren Menschen, der unter Umständen auch gegen die Erbmasse, durch Sprengung der Vererbungsfesseln, zu sich selber kommen muss. Das ist der Mut, der im Michael-Zeitalter in der geistigen Haltung des Menschen zutage treten muss. *Vererbung* war die Losung Gabriels. *Freiheit,* wirkliche, innere, praktizierte seelische Initiative ist die Losung des Michael-Zeitalters. Nur was aus wahrer Freiheit geschaffen wird, aus dem Geiste heraus, das ist Aufbau. Gemeinschaften, die nur aus dem Blute stammen, zerfallen irgendwann doch. Gemeinschaften, die aus dem Geiste heraus neu geschaffen und gepflegt, mit Geduld gebildet und gebaut werden, können zu Keimzellen einer neuen Kultur werden. Nur muss die Menschheit erst wieder etwas vom Geiste wissen, um ihn ergreifen und aus seinem Auftrag und mit seiner Kraft aufbauen zu können.

Die herbstliche Jahreszeit, in deren Anfang das Michaelfest fällt, ist selbst ein grandioses Gleichnis für den Geist unseres Zeitalters. Da geht ein schonungsloser Geist um. Schon wenn an den Bäumen und Sträuchern die Früchte reifen, wenn die Ernte bevorsteht, dann dürfen wir das nicht nur von uns Menschen aus betrachten, die wir gegenüber den Gaben der Natur die Empfangenden sind; wir müssen es auch von der Natur aus betrachten. In der Natur wird alles, was im Laufe des Jahres gereift ist, fallen gelassen und abgeworfen. Was die Menschen damit machen, darum kümmert sich die Natur zunächst gar nicht. Es wird abgestoßen. Und wenn nachher die Blätter sich golden färben, dann geht der schonungslose Geist noch einmal um und ruht nicht, bis auch das letzte Blatt von den kahlen Bäumen heruntergerieselt ist. Was will der Geist des Herbstes? Er will, dass das Alte weicht, damit Platz wird für das Neue.
Was wir so Jahr für Jahr in der Natur erleben und ganz in Ordnung finden, das erleben wir heute in einmaliger Großartigkeit in der Kultur. Wir haben lange genug von den großartigen Denkmälern der Vergangenheit gelebt. Die Väter haben ihren Söhnen, die Lehrer ihren Schülern auf dem Römerplatz in Frankfurt am Main den Brunnen gezeigt, um den herum das große Krönungsfest gefeiert wurde, bei dem auch der Knabe Goethe dabei war, oder in den alten Nürnberger Gassen die Häuser von Hans Sachs und Albrecht Dürer. Viele haben sich gestärkt gefühlt im Anblick der romanischen Münster und gotischen

Dome. Aber wie leicht haben sich die Menschen durch dieses Sich-Stützen auf die schönen Inhalte der Vergangenheit davon dispensieren lassen, *heute* etwas hervorzubringen, was exakt dem gegenwärtigen Augenblick entspricht. Jetzt geht der schonungslose Geist um und zerschlägt die Denkmäler der Vergangenheit. Wie mancher fragt sich ratlos: Was soll ich nun an die junge Generation herantragen, um ihr einen Begriff von Kultur zu vermitteln? Wir werden unentrinnbar genötigt sein, rein aus dem Inneren heraus Kultur zu schaffen, ohne uns mehr auf die übriggebliebenen Werte früherer Zeiten stützen zu können. So spricht Michael zu uns, der die alten Stützen zerschlägt, damit Platz für das Neue entsteht. Aber das Neue entsteht nicht von allein. Gabriel war die *bewahrende* Macht. Im vergangenen Zeitalter entsprach es dem Zeitgeist, dass die Menschen die alten Dinge in den Museen und anderswo sammelten. Michael ist die *fördernde* Macht. Er will den Menschen fördern. Aber der Mensch wird nicht dadurch gefördert, dass er es sich im Irdischen wohl sein lässt. Es kann einer im bürgerlichen Sinne ein erfolgreicher Mensch sein, er kann alles haben, was auf Erden zu haben ist, was das Herz begehrt – und kann am Ende, wenn er durch die Pforte des Todes geht, dastehen als völlig unentwickelt gebliebene Seele. Das ist überhaupt die Gefahr für den Menschen, dass er nur allzu leicht mit 60 oder 70 Jahren noch auf demselben Fleck steht, auf dem er schon mit 21 Jahren gestanden hat. Durch sein ganzes Leben hindurch hat er nichts dazugelernt, sondern immer nur das Gleiche mit geringer Abwandlung wiederholt. Das Leben bleibt so ohne jeden Sinn. Und heute ist oft bereits mit aller Deutlichkeit zu erkennen, wie diejenigen Menschen, denen das Schicksal ihre Habe zerschlagen hat, bevorzugt sind gegenüber denen, die, sei es durch das Schicksal oder durch ihre Klugheit, alles noch besitzen und nicht einmal eins von ihren Lieben verloren haben. Die vom Schicksal Getroffenen sind innerlich gefördert worden. Es sind viele Menschen über die Schwelle gegangen, die durch das bittere grausame Leid unserer Zeit einen Ruck getan haben in ihrem ewigen Wesen. Früher konnte man denken: Unglück ist Strafe. Heute muss man lernen, dass, je mehr die Menschheitsgeschichte vorwärtsschreitet, Unglück auch Hilfe sein kann, um den ewigen Wesenskern des Menschen aus dem Rohmaterial des Erdendaseins herauszumeißeln. Das alte Sprichwort »Wen Gott liebt, den züchtigt er« braucht nur ein wenig abgewandelt zu werden: Wen Gott schlägt, den meint er auch, von dem will er etwas, an dem hat er Interesse. Da fällt der Lichtstrahl der Gottesliebe auf den Menschen, wenn es von außen her auch noch so anders aussieht. Wer vom Schicksal noch verschont worden ist, mag sich fragen, ob das vielleicht daher rührt, dass er für die höhere Welt ohne Interesse und Bedeutung ist oder ob er durch Verlust und Opfer noch in die Reihe der eigentlichen Schicksalsträger eintreten soll.

So muss man im michaelischen Zeitalter auch im Großen denken lernen. Wenn das deutsche Land und Volk jetzt am Boden liegt, so ist das vielleicht auch als ein Zeichen dafür zu verstehen, dass aus Mitteleuropa noch einmal etwas hervorgehen soll und hervorgehen kann. Wo sollen denn die Ideen herkommen, die heute die Welt braucht, um aus dem großen Dilemma herauszukommen, wenn nicht aus dem leidgepflügten Boden Mitteleuropas? Die Bibel sagt: Was hülfe es dem Menschen, wenn er die ganze Welt gewänne, aber an seiner Seele Schaden litte? Das kann man heute umkehren und sagen: Was kann es dem Menschen schaden, wenn er die ganze Welt verliert, wenn er nur dadurch sich selber findet! Der Erzengel Michael ist streng. Er bewirkt die Risse in den Mauern unserer Welt. Aber das heißt nichts anderes, als dass er den Vorhang zerreißen will, der uns von der Welt des Geistes und der Wahrheit trennt. Nun sollen wir aber auch hindurchschauen. Und wir sehen durch den dramatisch bewegten Vordergrund hindurch eine stille Sonne leuchten. Wir nehmen durch die äußere Wand hindurch das Licht der göttlichen Liebe wahr. Das ist gemeint, wenn zur Michaels-Zeit an den Altären der Christengemeinschaft davon gesprochen wird, dass der Ernst Michaels vor der Milde Christi steht. Durchzubrechen hinter die zerbröckelnde und zerberstende Wand des Sinnlichen, das führt in die Sphäre hinein, in der man ruhig und getrost wird, weil man wieder weiß, warum man lebt. Vor 2000 Jahren ertönte die gewaltige Stimme Johannes des Täufers, der das erste Kommen Christi vorzubereiten hatte. Er sprach die Worte: »Ändert euren Sinn!

Schon ist die Axt dem Baume an die Wurzel gelegt.« Heute wird auch so gesprochen, aber nicht mit Worten. Derjenige, der heute mit Taten dieses Gleiche ausspricht, ist der Erzengel Michael, der das zweite Kommen Christi vorbereitet. Nichts anderes ist der Sinn der Zusammenstürze und Katastrophen, als dass die Menschen durchdringen sollen durch die dünne Wand, die uns von der herankommenden Geisteswelt, von der herannahenden Sonne des Christuswesens noch trennt.

Lernen wir für das gegenwärtige Michael-Zeitalter von dem letztvergangenen. Die damalige Michael-Zeit war beherrscht von gewaltigen Kriegskatastrophen. Schnell entstanden große Weltreiche, und schnell stürzten sie wieder zusammen. Die Kriegsstürme wollten kein Ende nehmen. Wird unser Zeitalter auch einen solchen Verlauf nehmen, nachdem wir bereits zwei Kriege hinter uns haben? Wird es auch uns so gehen, dass wir noch viele Reiche entstehen und stürzen sehen?

Das damalige Michael-Zeitalter hat aber auch jenen anderen Inhalt gehabt: Geistesboten ohne Zahl waren ihm gegeben. In einem solchen Zeitalter lässt die Gottheit die Menschen nicht allein. Einzelne brechen durch und können von den Himmeln herunterholen, was in den Untergangsstürmen nötig ist, um Neues zu pflanzen. Auch in unserem Zeitalter werden wir nicht allein gelassen sein. Auch in unserem Zeitalter werden Menschen unter uns wirken, die mutig vom Himmel herunterholen, was wir für die Erde brauchen. Und wenn man es hören will: Einer hat schon unter uns gewirkt, Rudolf Steiner. Sein Wirken hat dafür gesorgt, dass nicht nur für Jahrzehnte, sondern für Jahrhunderte Ideen da sind, aus denen ein Aufbau vollzogen werden kann. Man wird erleben, dass alles, was man bisher noch für wertvoll hielt, nicht mehr trägt und weiter führt. Man wird darauf angewiesen sein, sich endlich das zunutze zu machen, was als Wegzehrung bereits vor dem Ausbruch der großen Kriegsstürme gegeben worden ist.

Das letzte Michael-Zeitalter führte dazu, dass die Menschen *zum Ich erwachten* und Persönlichkeiten wurden. Das heutige Michael-Zeitalter soll dazu führen, dass die Ich-Menschen *zum Geist erwachen* und den Geist zu ergreifen lernen. Wir sollen heute zu der Welt erwachen, in der der Christus ist. Und wenn es große Führergestalten in unserem

Zeitalter geben wird: an einem wird man sie untrüglich erkennen, nämlich daran, ob sie für sich selber wirken oder ob sie Wegbereiter des Christus sind. Rudolf Steiner war ein großer Christus-Verkünder, denn seine weltanschauliche Leistung hat vor allen Dingen dieses bewirkt, dass wir das Christentum wieder verstehen können und durch die Christus-Erkenntnis den Schlüssel haben für die ganze Welt.

Auf dem an Schicksalen und Kämpfen reichen Wege durch das gegenwärtige Michael-Zeitalter wird derjenige, der weiß, wo heute der Zeiger an der Weltenuhr steht, immer wieder in seiner Arbeit einhalten und, statt an der Welt zu meißeln – was er ja tun muss, so gut er kann –, wird er fühlen, dass er selber das Rohmaterial ist, an welchem ein unsichtbarer Bildhauer den Meißel ansetzt. So tat es Michelangelo in der Sixtinischen Kapelle, wie es uns Conrad Ferdinand Meyer beschreibt. Da sehen wir den titanisch Schaffenden, wie er seinen Meißel ruhen lässt und sich zur Gottheit wendet. Und er spricht:

»Den ersten Menschen formtest du aus Ton.
Ich werde schon von härterm Stoffe sein,
Da, Meister, brauchst du deinen Hammer schon.
Bildhauer Gott, schlag zu! Ich bin der Stein.«

DIE AUSEINANDERSETZUNG MIT DEM BÖSEN

Wer sich an das Wort von Schiller hält: »Die Weltgeschichte ist das Weltgericht«, der kann sich zur Freiheit, zu freier kämpferischer Mitwirkung im Dienste des Guten, berufen fühlen. Demgegenüber spricht die aus alttestamentlichen Wurzeln stammende Vorstellung vom »Jüngsten Gericht«, die den Menschen unter eine unentrinnbare, aus dem Jenseits verhängte Entscheidung stellt, unsere Furcht und nicht unsere Freiheit an; sie hat mehr, als man sich in den Kreisen traditioneller Frömmigkeit eingesteht, zur Unmündig-Erhaltung und innersten Entwicklungsverhinderung des Menschen beigetragen.

Man missversteht die Schriften des Neuen Testamentes, wenn man glaubt, die üblichen Zukunftsbilder vom »Jüngsten Gericht« daraus belegen zu können. Wenn es z.B. in dem großen Auferstehungs-Kapitel des ersten Korinther-Briefes heißt: »Wir werden alle verwandelt werden, plötzlich, in einem Augenblick, beim Erschallen der letzten Posaune« (1. Kor. 15, 51–52), so ist das apokalyptisch zu lesen. Es bedeutet nicht, dass sich dann wie durch ein ungeheuerliches Mirakel die Gräber auftun und für die daraus Emporsteigenden die große Abrechnung erfolgt sowie die Scheidung derer, die in den Himmel und die in die Hölle kommen. Man bleibt in einer alttestamentlichen, im Grunde kleinlich-moralisierenden Anschauung stecken, indem man so denkt. Wenn Paulus von der »letzten Posaune« spricht, so liegt es ihm ferne, aus pastoralen Gründen, um in den Seelen die Furcht vor der richtenden Gottheit zu erwecken, ein Schreckensmotiv zu verwenden. Er bedient sich einer klaren Bildvokabel aus der gleichen apokalyptischen Schau, aus der auch die Offenbarung Johannis geschöpft ist. Die Johannes-Apokalypse lässt uns erkennen, dass auch die »letzte Posaune« nur eine der großen äonischen Runden beschließt, die das Schicksal unserer

Welt zu durchlaufen hat. Nachdem die sieben Posaunen erklungen sind, geht die Weltgeschichte, die das Weltgericht ist, dennoch weiter: Der Tempel im Himmel tut sich auf, aus dem die sieben goldenen Schalen hervorgetragen werden. Allerdings: Indem sie ausgegossen werden, ergeben sich auf der Erde in gesteigertem Ausmaß die Prüfungen, die in der Runde der Posaunen bereits über die Menschheit gekommen sind. Lernen wir die apokalyptische Sprache wieder lesen, befreit aus den Engigkeiten des Dogmas und der eingefrorenen egoistisch-religiösen Begriffe, so eröffnen sich uns grandiose Ausblicke im Aufsuchen der johanneischen Parallele zu dem, was Paulus als den Inhalt der siebenten Posaune erkennen lässt. Die paulinische Botschaft spricht von dem großen Sturm der Verwandlung, der einmal durch die Menschheit hindurchfahren wird: Mitten im Leben wird gestorben und auferstanden, wenn sich die Welt der leuchtenden Geistgestalten dem Untergang des verweslichen Wesens entreißt. Die Offenbarung des Johannes zeigt uns als Inhalt der siebenten Posaune die Auseinandersetzung mit den Mächten des Bösen: Der Kampf Michaels mit dem Drachen findet statt, und die Menschheit hat die Prüfungen zu bestehen, die ihr das Getier aus dem Abgrund bereitet. Heute stehen wir mitten darin in einer Weltgeschichte, die in besonderem Maße zugleich ein Weltgericht ist. Wir können im Geiste die siebente Posaune erschallen hören. Die Auseinandersetzung mit dem Bösen ist vielleicht die alleraktuellste Aufgabe, die es gibt.

Der Kampf Michaels mit dem Drachen vollzieht sich im Himmel. Und das Ergebnis ist, dass der überwundene Drache durch den siegenden Erzengel aus dem Himmel auf die Erde gestürzt wird. Was soll das eigentlich heißen? Sollen wir uns vorstellen, dass die dämonischen Gewalten ursprünglich Mitbewohner des Himmels sind? Wieder stehen die gewohnheitsmäßigen, klein gedachten Vorstellungen vom Weltganzen im Wege: Himmel und Hölle, im Himmel Gott, in der Hölle die Mächte des Bösen. So denkt die Bibel nicht. Wir haben eine übersinnliche Welt nicht irgendwo hoch über uns und tief unter uns, sondern wir stehen mitten darin. Unsere Welt ist selber voll von den Spannungen zwischen den guten vorwärtsführenden Mächten und denen des Widerstandes und des Bösen. Himmel und Hölle gehen mitten durch unsere Herzen hindurch. Die Welt des Übersinnlichen ist nicht irgendwo in einem Jenseits, weder in einem oberen noch in einem unteren. Das Jenseits ist auch im Diesseits. Wir sind auf Schritt und Tritt Nachbarn übersinnlicher Mächte, sowohl der guten Genien, die uns schützen und fördern, als auch derer, die uns verderben wollen. Heute verfügen wir bereits über ausreichende Erfahrung, dass wir näher daran sind, vor allem an der Hölle. Vom Himmel können wir vielleicht noch nicht so sprechen, obwohl wir ihm genauso nahe sind.

Bleiben wir vorerst bei dem Motiv, dass auch die dämonischen Gewalten Mitbewohner des Himmels sind. Am Anfang des Hiob-Buches, das wir als die biblische Faust-Dichtung ansprechen können, werden wir Zeugen des Gespräches zwischen Gott dem Herrn und Satan, das sich auf Hiob bezieht. »Es begab sich an einem Tage, da kamen die Göttersöhne und traten vor den Herrn. Und mit ihnen trat auch Satan vor ihn hin.« Da fragt der Herr den Satan: Woher kommst du? Und der Widersacher antwortet: Ich habe alle Lande durchstreift. – Ist dir nicht auch mein Knecht Hiob begegnet? – Natürlich kennt der Widersacher Hiob und schwärzt ihn an. Schließlich erbittet und erhält er die Erlaubnis, Hiob bis zum Äußersten zu plagen, zu schlagen und zu verführen. Zu unserem höchsten Erstaunen erkennen wir, dass Gott an den Menschen glaubt und deshalb dem Teufel freie Bahn lässt: Versuche es nur, es wird dir nicht gelingen! Das hat Goethe aufgegriffen in der Einleitung zu seiner Faust-Tragödie, dem Prolog im Himmel. Da treten die Göttersöhne herbei, die Erzengel Raphael, Gabriel und Michael. Mitten unter ihnen ist auch Mephistopheles. Der Widersacher ist da, wo die Erzengel sind. Und es entspinnt sich ein ähnliches Gespräch. Der Herr gibt Mephisto die Erlaubnis, Faust nach Kräften zu verführen. Gott glaubt an den Menschen:

> »Nun gut, es sei dir überlassen!
> Zieh diesen Geist von seinem Urquell ab …
> Und steh beschämt, wenn du bekennen musst:
> Ein guter Mensch in seinem dunklen Drange
> Ist sich des rechten Weges wohl bewusst.«

Gott der Herr sagt es dem Teufel voraus, dass er einen Misserfolg haben wird. Hier ist Goethes Faust biblischer und auch christlicher als das, was man auf vielen Kanzeln hört. Die Faust-Dichtung ist ja an diesem Punkt auch eine unmittelbare dichterische Umsetzung der Bibel selbst, des Hiob-Buches. Und das Buch Hiob gehört zu den apokalyptischen Schriften. Es ist eine Schwesterschrift der Offenbarung des Johannes.

Sowohl im Hiob-Buch als in Goethes Faust ist die versucherische Macht zunächst im Himmel. Dort erhält sie die Erlaubnis, auf der Erde dem Menschen alle Schwierigkeiten zu bereiten, ihn in jeden Abgrund zu locken. Mit Zustimmung und Willen der Gottheit hat der Mensch die Auseinandersetzung mit dem Bösen zu vollziehen. Das ist die Gesinnung, die ein gegenwartsgemäßes Christentum unter die Menschen tragen sollte.

Das ist es, was im 12. Kapitel der Apokalypse geschildert wird, wenn beim Ertönen der siebenten Posaune der Sieg Michaels über den Drachen zur Folge hat, dass der Widersacher auf die Erde gestürzt wird. Jetzt ist für die Menschen die Zeit der Ruhe vorbei. Das ist die Folge der Taten der guten Götter. Ihr Wille ist, dass die Menschen mit den dämonischen Gewalten kämpfen. Die Widersacher treten mit göttlicher Erlaubnis vor den Menschen hin. Warum? Weil die guten Götter an den Menschen glauben. Nicht als ob der Mensch in den Auseinandersetzungen mit den Mächten des Abgrunds unbefleckt bleiben könnte. Er muss durch viele Abgründe hindurch. Er kann dennoch obsiegen. So ist die Auseinandersetzung mit dem Bösen, die auch durch unser Zeitalter geht, die unmittelbare Fortsetzung eines Kampfes, der im Himmel bereits stattgefunden hat. Michaels Kampf mit dem Drachen geht über in den Kampf, den nunmehr der Mensch mit dem Drachen auszufechten hat.

Es ist vielen Menschen seit Langem eine große innere Hilfe, zu wissen, dass wir in der Gegenwart in einem michaelischen Zeitalter leben. Durch diese Erkenntnis waren und sind sie davor geschützt, allen möglichen Illusionen zu verfallen. Sie verstehen und durchschauen, was um sie herum vor sich geht. Wenn in der zyklischen Folge der

Erzengel, die von der Aufgabe eines Volksgeistes zu der eines Zeitgeistes aufsteigen, der Sonnen-Erzengel Michael heute wieder an der Reihe ist, der Erzengel des Christus selber, welchen Charakter muss dann die irdische Geschichte annehmen? Immer wird ein Michael-Zeitalter eingeleitet durch einen Kampf Michaels gegen die Drachenmächte in den übersinnlichen Welten. So hat auch am Beginn des Erzengel-Zeitalters, in welchem wir seit dem letzten Viertel des vorigen Jahrhunderts leben, ein solcher Sieg im Himmel stattgefunden. Das Ergebnis davon ist, dass seitdem auf Erden die Dämonen entfesselt sind und die Menschheit sich in steigendem Maße mit den Mächten des Bösen auseinanderzusetzen hat. Wenn es auf der Erde Kriege und Kriegsgeschrei, Chaos, Katastrophen, Zusammenbrüche gibt, so nicht zuletzt deswegen, weil die Menschen nicht durchschauen, dass sie unsichtbare Gegner haben, mit denen es zu kämpfen und die es zu überwinden gilt. Wer sich bewusst als Sohn des michaelischen Zeitalters fühlt, wem das Bild des die Gegenwarts-Schicksale leitenden Erzengels etwas sagt, kann zugleich die trostvolle Gewissheit haben: Die dämonischen Gewalten, die unser Zeitalter durcheinanderwirbeln und seine Ordnungen zusammenstürzen lassen, sind eigentlich besiegt. Mögen sie auch noch so unüberwindlich scheinen, sie wären gar nicht da, um uns zu bedrängen, wenn sie nicht zuvor aus dem Himmel auf die Erde gestürzt worden wären. Sie sind Feinde mit gebrochenem Genick. Nicht vermessen ist es, wenn der Mensch den Mut aufbringt – mag er sich oft auch noch so klein und unbedeutend vorkommen –, mit seinen inneren Kräften den Kampf aufzunehmen.

Je apokalyptischer die Zeit wird und je mehr die Offenbarung des Johannes als Aufriss und Geist-Spiegel des Gegenwarts-Schicksals erkannt wird, umso deutlicher wird das Christentum einen michaelischen Charakter annehmen. Das ist die Signatur unserer Zeit: Das Böse tritt offen hervor. Man darf dann nur keine mittelalterlich-abergläubischen Vorstellungen vom Teufel haben. An den rechten Begriffen und Erkenntnismitteln fehlt es heute. Man lebt mitten in der Arena der Auseinandersetzung mit den dämonischen Mächten und ist doch völlig ohne die geistige Ausrüstung, die für diesen Kampf nötig ist. Wir stehen in einer ungeheuren Tragödie des guten Willens. Mit dem guten Willen allein kommt man nicht einen einzigen Schritt mehr vorwärts. Das hat Gründe, die es ganz genau ins Auge zu fassen gilt. Dass die dämonischen Gewalten entfesselt und in die menschlichen Verhältnisse eingebrochen sind, wird gefühlt. Als 1945 die Waffen ruhten, war es geradezu Mode, von den Dämonen zu reden. Es gab kaum noch eine Zeitschrift, in der nicht von den Dämonen die Rede war. Die Pastoren predigten es von der Kanzel, die Professoren dozierten es auf ihren Kathedern: »Wir haben den Dämonen ins Auge gesehen.« Aber muss nicht ein solches Reden von den Dämonen eine pure Phrase bleiben, wenn man sich dadurch nicht verpflichtet fühlt, die übliche Weltanschauung von Grund auf einer Revision zu unterziehen? Man begibt sich doch in eine klägliche Inkonsequenz, wenn man plötzlich wieder von Teufeln und Dämonen redet und daneben doch behauptet, ein moderner Mensch zu sein, d.h. in einer Denkungsweise zu leben, die die Existenz einer übersinnlichen Welt grundsätzlich bestreitet. Wo ist innerhalb des landläufigen naturwissenschaftlichen Weltbildes Platz für die Dämonen, an die man plötzlich wieder zu glauben scheint? Das Gerede von den Dämonen kann man gar nicht ernst nehmen, weil es nicht aus einer klaren, in sich konsequenten Denkungsweise hervorgeht. Es stimmt zwar, dass wir den Dämonen ins Auge gesehen haben, aber es geht nicht an, dass man glaubt, von den Dämonen reden und trotzdem noch so weiterdenken zu können wie bisher: als ob es keine übersinnliche Welt gäbe. Es muss eingesehen werden, dass die Weltanschauung der materialistisch-naturwissenschaftlichen Ära längst bankrott gemacht hat. Sie ist, wenn schon nicht durch gute Genien, so doch mindestens durch die Dämonen widerlegt.

Was am allermeisten im Wege steht, die Mächte des Bösen wenigstens erkenntnismäßig zu durchdringen, ist wiederum das dualistische Denken, die Anschauung vom Jüngsten Gericht, von Himmel und Hölle, von Gut und Böse als von zwei Faktoren, die sich in einfacher Gegensätzlichkeit gegenüberstehen. Man denkt: Wenn ich mich durch gute

Werke auf die Seite des Guten stelle, so werde ich mit dem Bösen fertig. – So ist es nicht.

Wir haben genügend Offenbarungen des Dämonischen erlebt, angesichts derer man sagen kann: Menschen sind zu Bestien geworden, das Tier hat sich durch Menschen geoffenbart. Die Dämonien der tierischen Gesinnung und der Vertierung sind auf den Plan getreten. Man ist bemüht, die Menschen, die in diese Verführung geraten sind, zur Rechenschaft zu ziehen. Das muss natürlich geschehen. Aber man sollte doch noch etwas anderes dazu erkennen: Es gibt nicht nur die *Tier-Dämonie,* die sich zu so unverkennbaren Steigerungen aufgeschwungen hat, sondern daneben auch, weniger leicht zu durchschauen, die *Tier-Theorie.* Und eigentlich beherrscht die Tier-Theorie das ganze Erkenntnisleben der Menschen. Man hat eine naturwissenschaftliche Anschauung vom Menschen, die nicht über das Tierreich hinausführt, die den Menschen nur so weit versteht, als er zu den Tieren gehört. Man hat keine wahre Menschenkunde. Wenn man z.B. – und das geschieht heute genauso gut wie zur Zeit des Nationalsozialismus – eine Vererbungslehre verkündet, nach welcher der Mensch wie das Tier ein Produkt der Vererbung und der Umwelteinflüsse ist, dann hat man das Tier im Denken. Man kann ein ganz anständiger Mensch sein, der sich keiner Brutalität schuldig macht, und doch insgeheim eine Herrschaft des Tieres aufrichten. Welche Folgen muss eine Denkungsweise haben, die den Menschen wissenschaftlich in die Tierreihe einordnet? Muss sie nicht schließlich dazu führen, dass sie stimmt? Müssen die Gedanken, die man über den Menschen denkt, nicht schließlich den Menschen beeinflussen und formen? Hat man eine Zeit lang vom Menschen materialistische Begriffe gebildet, sodass man ihn nach Vererbungsexperimenten begreift, die man an Kaninchen oder an Mäusen oder an anderen Tieren macht, so muss man sich nicht wundern, wenn schließlich wirklich die Tiergesinnung im Menschen durchbricht.

Das Böse tritt nicht nur auf dem Felde der Gesinnung und der Moral auf, sondern auch auf dem Felde des Denkens, des Erkennens. Hier macht es sich nicht sogleich als solches bemerkbar, es bleibt sozusagen salonfähig. Wenn einer seinen Nebenmenschen bestialisch quält oder tötet, so ist das nicht schwer zu diagnostizieren. Wenn aber ein Gelehrter ein Buch schreibt, das höchste Wissenschaftlichkeit beansprucht, so kommt man nicht so leicht darauf, dass es sich hier auch um eine Dämonie handeln kann. Hier kann sogar eine noch viel dämonischere Gefahr drohen als da, wo in direkter Art Unmenschlichkeiten begangen werden. Welcher Mittel bedient sich in Goethes Faust der Widersacher, nachdem er von Gott dem Herrn die Erlaubnis bekommen hat, Faust zu Fall zu bringen? Auf der einen Seite ist er der Verführer, der es zustande bringt, dass z.B. Faust Gretchen gegenüber schuldig wird. Das ist aber nicht das Einzige. Wir sehen ihn nachher am Anfang des zweiten Teils kavaliermäßig-geistreich am Kaiserhof auftreten. Jetzt ist er nicht auf Unmoralisches bedacht. Vielmehr rät er in der Not, in die das Reich gekommen ist, eine Abhilfe. Er tritt auf als der geniale Erfinder des Papiergeldes, und schon ist alles Elend behoben. Hier stehen wir vor einer der bedeutendsten Kulturprophetien Goethes. Damals gab es kaum die allerersten Vorläufer und Anfänge des modernen Papiergeldes, dessen Problematik und Herrschaft wir unterdessen so gründlich kennengelernt haben. Sind nun aber die Menschen von heute auch der Meinung Goethes, dass die Erfindung des Papiergeldes von Mephistopheles stammt? So weit hat man die Mächte des Bösen doch noch nicht durchschaut. Im Laufe des 19. Jahrhunderts sind viele Genialitäten des Mephistopheles unter den Menschen wirksam geworden; nur so konnten die modernsten Errungenschaften der Technik auf den Plan treten. Auch da ist eine Verführung im Spiel. Rudolf Steiner hat darauf hingewiesen, wie Goethe die Mächte des Bösen zwar in der Gestalt des Mephistopheles personifiziert auftreten lassen konnte; wie er aber nicht imstande war, die zwei Seiten des Dämonischen richtig auseinanderzuhalten. Und so ist Mephisto zugleich Teufel und Satanas, wie die Bibel, oder Luzifer und Ahriman, wie die Anthroposophie im Anschluss an die alte mythische Anschauung sagt. Einmal wirkt er als eine auf Rausch, Verführung, Unmoralität bedachte Macht, und dann wieder nach der Art des gleißnerischen, klugen, seelenlosen Geistes. Den heißen und den kalten Widersacher hat

Goethe ineinandergeflochten; eine deutliche Unterscheidung konnte ihm noch nicht gelingen.

In der Offenbarung des Johannes tritt zunächst das Böse noch kompakt zusammengegriffen in der Gestalt des Drachens auf. Dann aber spaltet sich der Drache in das Zweigetier auf (Kapitel 13). Der von Michael gestürzte Drache steigt aus der Tiefe wieder empor: Dem Abgrund entsteigt der Widersacher in zweifacher Gestalt. Der Apokalyptiker steht an der Grenze zweier Welten, am Ufer von Land und Meer. Da sieht er aus dem Meer ein Ungetüm aufsteigen, ein Tier mit sieben Köpfen und zehn Hörnern. Aus dem festen harten Land sieht er ein anderes Tier sich erheben. Es ist unscheinbar und könnte mit einem Lamm verwechselt werden. Es ist das zweigehörnte Tier, hart wie Stahl: die kalte Macht.

Die Kenntnis der Doppelgestalt des Bösen ist ein ganz wesentlicher apokalyptischer Schlüssel. Das Bild des Zweigetiers war der alten Welt noch überall wohlbekannt. So schildern die apokryphen alttestamentlichen Henoch-Bücher ausführlich die beiden Tiere aus dem Abgrund und nennen ihre Namen. Das aus dem Meer aufsteigende Ungetüm wird Leviathan, das harte zweigehörnte Tier, das dem Erdboden entsteigt, wird Behemoth genannt. Und das Hiob-Buch lässt den Weg der Prüfungen, die der Widersacher dem Gottesmann auferlegt, in eine wirkliche Begegnung mit dem Doppelantlitz des Bösen einmünden. Hiob kommt schließlich an die Schwelle eines Tores. Auf jeder Seite steht eine dämonische Gewalt. »Kennst du den Leviathan? Aus seinem Munde flammen Fackeln, feurige Funken schießen daraus hervor. Aus seinen Nüstern quillt Rauch wie von heißen Töpfen und Kesseln. Sein Odem ist wie lichte Lohe.« Die luziferische Macht kocht die Leidenschaften in der Menschenseele, sie bringt den Ehrgeiz und alle von der Erde wegstrebenden Illusionen hervor. Aber sie verbraucht die Seele und macht sie schwach. Von dem, der sich dieser Macht der Überheblichkeit und des Egoismus überlässt, wird es wie vom Leviathan heißen: »Sein Herz ist so hart wie ein Mühlstein. Vor ihm her hüpft die Angst.« Der Mensch ist immer nur aus Schwäche und versteckter Angst eitel oder machtgierig oder cäsarisch. Weil das Herz nicht stark ist, tut man

sich groß. Wer innerliche Kraft besitzt, kann auch still und bescheiden sein. Hiob begegnet aber auch dem anderen, dem zweigehörnten Tier: »Siehe da ist Behemoth. Seine Knochen sind wie eiserne Röhren, seine Gebeine wie eiserne Stäbe.« Der kalte Widersacher wird wie eine zermalmende Maschine beschrieben. Hiob, der alttestamentliche Faust, rechtfertigt das Vertrauen der Gottheit, die der bösen Macht erlaubte, ihn zu verführen. Durch die siegreiche Kraft seines Herzens wird dem Bösen der Stachel genommen. Von Satan-Behemoth kann es nun heißen: »Er ist der Anfang der Wege Gottes.« Die Begegnung mit ihm bedeutet zugleich das Hingelangen an die Schwelle der geistigen Welt und der Gottesnähe. Hiob kann zur Gottheit sprechen: »Ich habe bisher nur mit Ohren von dir gehört, jetzt aber habe ich dich mit meinen Augen geschaut.«
Diese Schwellenszenerie durchzieht alle alten Mythologien. So sehen wir Odysseus auf seinen Irrfahrten dahin gelangen, wo er zwischen Skylla und Charybdis hindurchmuss. Hier handelt es sich um mehr als bloß eine von Felsen und Strudeln gefährdete Meerenge. Skylla und Charybdis sind zugleich die beiden Tiere, die aus den Abgründen emporsteigen, das eine aus dem Meer, das andere aus dem festen Land. Die Edda, die Apokalypse des europäischen Nordens, malt uns die beiden Ausgeburten der Unterwelt als die Midgardschlange, die mit ihrem feurigen Atem alles in Brand setzt, sodass Muspilli, der große Weltbrand, entsteht, und als den Fenriswolf, die kalte reißende Bestie, die schließlich sogar den Göttervater Wotan tötet.

Der Blick in das Doppelantlitz des Bösen lässt uns einen Schlüssel gewinnen für die Probleme unserer unmittelbaren Gegenwart. Das Tier mit den sieben Köpfen und zehn Hörnern, das aus dem Meer aufsteigt, ist eine Widersachermacht, mit der der Mensch in seinem Inneren, d.h. aus den Fluten der Seele heraus, zu kämpfen hat. Da gerät er in Gefahr, *geistlose Seele* zu sein, d.h. bloß-seelisch, ohne dass sein Seelisches vom Geiste her geleitet würde. Alle moralischen Verirrungen, in die der Mensch kommen kann, haben zur Ursache, dass seine Seele nicht unter der Regie seines wahren geistigen Ich-Wesens steht.

Hier waltet die luziferische, diabolische Versuchung, der der Mensch als persönliches Wesen ausgesetzt ist. Sie droht ihm von Leviathan, der aus den Fluten des Unbewussten aufsteigt. Diese Gegenmacht, das Moralisch-Böse, hat man gewöhnlich im Auge gehabt, wenn man das Wesen des Bösen zu erfassen versuchte. Viel zu wenig aber hat man das andere, das zweigehörnte Tier durchschaut. Es steigt aus dem festen Land auf. Das heißt, es kommt uns aus den irdischen Dingen entgegen. Es mischt sich hinein in Naturwissenschaft und Technik, in die Bemühungen der Menschheit, die irdische Sinneswelt zu verstehen und zu meistern. Mitten aus den irdischen Gegebenheiten steigt Ahriman, Behemoth, empor. Er ist die Macht, die den Menschen zu einer *seelenlosen Geistigkeit* verführen will. Ihre Auswirkungen haben wir heute in unerhörtem Ausmaß kennengelernt. Alle bloße Kopfmäßigkeit, die das Papiergeld erfindet und Maschinen baut, bringt diese Gefahr mit sich. Gewiss, wir brauchen die Technik, wir können ihrer nicht entraten. Aber man ließ die ahrimanische Macht über den Menschen triumphieren, indem man die Technik in hemmungsloser Unersättlichkeit entwickelte, ohne dass sich der Mensch mitentwickelte. Der Mensch steht schließlich ratlos und versklavt da, von seinen eigenen Schöpfungen, dem Maschinentum, dem Organisationswesen, dem Bürokratismus, tyrannisiert. Erst durch bitterste Erfahrungen muss er erkennen, wie er nur im Gleichgewicht und in freier Entfaltung seines Wesens leben kann, wenn er ebenso viel Innerlichkeit aufbringt, wie er Äußerlichkeit hervorgebracht hat. Dass um uns her alles zusammenstürzt, ist eine Folge davon, dass die sich überstürzende Zivilisationsentwicklung auf die Bahn der seelenlosen Geistigkeit, der bloßen Klugheit geraten ist: auf den Gebieten der Organisation, des Geldes, der Maschine bis hin zur modernen Atomphysik und ihrer praktischen Anwendung; ohne dass bemerkt wurde, wie dies ebenso gut ein dämonischer Irrweg ist wie der der Unmoralität. Außer dem Moralisch-Bösen gibt es das Sachlich-Böse, neben dem Persönlich-Bösen das soziale Böse.

Wann wird man anfangen, dafür Rechenschaft zu fordern und Ausgleich und Heilung zu suchen? Man ist darauf bedacht, die moralischen Untaten zu sühnen, die in der Richtung der Vertierung, der

Bestialität liegen. Und mit Recht. Wie aber wird die Macht gebannt, welche die Seelen ausgehöhlt hat, nämlich die Denkungsweise der materialistischen Ära? In der materialistischen Weltanschauung, die als wissenschaftlich gesichert gilt und die bis in die Kirchen hinein zur selbstverständlichen Lebensgrundlage gemacht wurde, ist die für unsere Zeit entscheidende Macht des Bösen wirksam. In früheren Zeiten hatten die Menschen mehr mit Luzifer zu kämpfen. Wir sind in eine Zeit eingetreten, in welcher insbesondere die Auseinandersetzung mit der ahrimanischen Macht zu geschehen hat. Wodurch wird sie vollzogen? Durch die Befreiung des Denkens aus der Seelenlosigkeit und bloßen Kopfmäßigkeit, durch das Ringen um ein vollmenschliches, geistig richtiggestelltes Denken und Erkennen. Immer mehr wird eingesehen werden, dass in dieser Hinsicht das Lebenswerk Rudolf Steiners eine michaelische Leistung ersten Ranges darstellt, eine kämpferische Errungenschaft, durch welche die Irrtümer der materialistischen Weltanschauung an der Wurzel gefasst und überwunden sind. Ein Weltbild, welches die übersinnliche Welt nicht mitumfasst, welches nicht berücksichtigt, dass vor allem der Mensch selbst ein übersinnliches Wesen ist, ist eine Lüge. Die Wissenschaft mag im Einzelnen stimmen und großartigste Ergebnisse zeitigen. So wäre es selbstverständlich töricht, zu leugnen, dass die Vererbungsforschung oder die moderne Atomphysik im Einzelnen die phänomenalsten Entdeckungen gemacht hat. Falsch und zur Lüge wird das alles aber, wenn gemeint wird, das sei nun schon die Welt, und wenn nicht eingesehen wird, dass man so nur an der Außenseite des Seins herumbuchstabiert. Wir alle tragen viel Erbmasse an uns, aber wenn wir denken, wir seien nichts anderes als unsere eigene Erbmasse, wenn wir nicht erkennen, dass in der vererbungsbelasteten leiblich-seelischen Hülle erst das wahre Wesen des Menschen drinnensteckt, der geistige Mensch, der ein Sieger und Meister über die Vererbung sein kann, d.h. wenn man zu der sinnlichen Weltbetrachtung nicht die Erkenntnis des Übersinnlichen hinzufügt, dann wird auch die geistvollste Wissenschaft zur Lüge und Lebensverfälschung. Die ahrimanische Macht hat es im größten Stile fertiggebracht, dass die Menschen die Außenseite der

Welt schon für die ganze Welt halten. Das ist die heutige Lage. Durch diese unbemerkten, kalten Dämonien, die sich in die Menschheitsverhältnisse hineingeschlichen haben, sind die Seelen empfindungsleer und moralisch schwach gemacht worden. Es ist kein Wunder, dass auf den Spuren Ahrimans auch Luzifer eine reiche Beute und Ernte findet. Das bloß äußere Wissen ließ das Gewissen absterben. Innerhalb der großen maschinenartigen »Systeme«, in die man nach den Prinzipien der Technik das soziale Dasein hineinzwang: »der totale Staat«, »der totale Krieg« usw., verlor das Menschenleben seinen Wert, und man bemerkte nicht einmal, wie man es bestialisch vernichtete.

Nimmt man die Erkenntnis vom Doppelantlitz des Bösen ernst, wie es uns die Apokalypse im 13. Kapitel in Fortführung des Bildes vom michaelischen Kampf zeigt, so erkennt man, wie irreführend die traditionelle dualistische Denkungsweise ist, die einfach Gut und Böse einander gegenüberstellt. Dem Bösen steht nicht das Gute, sondern ein anderes Böses gegenüber. Und wo finden wir das Gute? Wir finden es als die goldene Mitte, als das Gleichgewicht zwischen den Extremen der beiden Gegenmächte. Deswegen hat der Erzengel Michael die Waage in der Hand. Die Formel von der goldenen Mitte, wie sie die griechische Ethik geprägt hat, ist mehr als eine billige Lebensweisheit. Sie ist der Schlüssel zu den Mysterien des Moralischen. Man muss sich von Luzifer dienen lassen – wir hätten ohne das Luziferische keine künstlerischen Begabungen und keine Kunst –, und man muss sich auch durch Ahriman dienen lassen, denn wir brauchen Wissenschaft und Technik. Aber der Mensch muss in der Mitte stehen und sozusagen nach beiden Seiten hin die Tiere aus dem Abgrund am Zügel halten. Auch dem Rätsel des Bösen kommen wir nur durch eine trinitarische Denkungsweise und Weltauffassung bei. Das allerdings noch ganz unentzifferte Geheimnis der göttlichen Dreieinigkeit schließt uns alle Daseinsrätsel auf, auch das des Bösen. Welche Macht steht in der Mitte und lässt uns den Weg zwischen Teufel und Satan, zwischen Luzifer und Ahriman finden? Das Wort von der »goldenen Mitte« ist selber Gold wert: In der Mitte ist die Sonne des Geistes, das goldene Herz der Welt, der Christus selbst. Und Michael ist der Erzengel der Sonne

und des Christus, weil er als der Diener des goldenen Gleichgewichtes die Dämonien überwinden hilft.
Was ist mit den zehn Hörnern des siebenköpfigen Leviathan, der aus dem Meere aufsteigt, gemeint? Warum hat dieses Tier mehr Hörner als Köpfe? Seine Tendenz zu Verhärtungen zeigt an, dass die luziferische Gefahr es nahelegt, an Vergangenheitsinhalten und -kräften festzuhalten. Der Mensch muss fortschrittlich sein und mit der Zeit gehen. Aber er darf dann auch wieder nicht in das andere Extrem verfallen und auf eine solche Weise fortschrittlich sein, dass seine Seele nicht mitkommt. Das zweigehörnte Tier wird so geschildert, dass es Wunder tut. Es lässt z.B. Feuer vom Himmel fallen. Die ganze moderne Technik, insofern sie mit Elektrizität und nun auch mit Atomenergie arbeitet, besteht aus Wundern. Man bedient sich solcher Kräfte, die nicht »von dieser Welt« sind. Allerdings ist nicht die übersinnliche, sondern die untersinnliche Welt, der Abgrund, der Quellort dieser Kräfte. Aber man bemerkt nicht, dass man sie in Wirklichkeit nicht durchschaut.
Am Schluss des 13. Kapitels heißt es, die Zahl des zweigehörnten Tieres sei 666. Die primitiven Auslegungen, die diese Zahl z.B. auf den Cäsar Nero deuten, bleiben weit zurück. In dem großen Atem und Schauens-Schwung der Apokalypse bezeichnet die Zahl 666 einen spannungsvollen Augenblick in allen Werdeprozessen. Wir müssen sie in den Rhythmen verstehen, die nach der Siebenzahl verlaufen. Die Sechs ist immer die Zahl des Endes vor dem Beginn einer neuen größeren Einheit, d.h. vor dem Beginn einer neuen Runde. So ist 666 die Zahl vor 1000; sie hält den Augenblick fest, bevor das Werden in die Vollendung hinüberspringt. Warum ist nun 666 die Zahl Ahrimans, des zweigehörnten Tieres? Weil eben gerade die ahrimanische Macht den Fortschritt übertreibt. D. h. da wird immer Tempo! Tempo! geschrien und gesagt, es sei eine Minute vor zwölf Uhr. Den Menschen wird Angst gemacht, und dadurch kommt die ganze Hetzjagd des modernen Lebens zustande. Man glaubt, alles Mögliche zu tun, und versäumt das Naheliegende, nämlich Mensch zu sein. Das aber ist unmöglich, wenn man immerfort in Betrieb ist. Dass die Zahl 666 die Zahl des kalten Tieres ist, bedeutet nichts anderes, als dass, wo es wirkt,

immer mit der Tempopeitsche geknallt wird. Aber die Menschen sind heute oftmals auch Gschaftlhuber, ohne dass mit der Peitsche geknallt wird, weil sie nicht mehr über die Kraft der inneren Ruhe verfügen. So schwach sind die Seelen bereits geworden. Die Welt der ahrimanischen Zivilisation, die alles übereilt, überstürzt, die den Glauben an die Vielgeschäftigkeit erfunden hat, höhlt die Seelen aus und macht sie innerlich haltlos. Und gegen diese Gefahr wehrt man sich nur durch planmäßig gepflegte Innerlichkeit, durch Andacht, durch Sammlung. Das ist die Mission des erneuerten sakramentalen Lebens, wie es in der Christengemeinschaft gepflegt wird, dass der Mensch vor dem Altare lernt, Zeit zu haben und sich der Suggestion der Zahl 666 zu entreißen. Dann ist das tausendjährige Reich nicht eine Angelegenheit der äußeren Welt, sondern der inneren Fähigkeit, die Kunst des Ruhens im Augenblick zu üben. Es kann einer in moralischer Hinsicht ein untadeliger Mensch, ein hervorragendes Glied der menschlichen Gesellschaft sein; und doch ist er vielleicht unfähig zum Alleinsein und zum Stillesein. Trotz seiner imponierenden Geschäftigkeit ist er bemitleidenswert schwach und in Gefahr, sein Menschtum preiszugeben.
Die goldene Mitte zwischen dem Hörnerprinzip: an der Vergangenheit zu kleben und sich nicht trennen zu können von dem Bloß-Mitgebrachten, und zwischen der Zahl 666, die uns umtreiben will, das ist die Sphäre der wirklichen Frömmigkeit. Insbesondere diejenigen, die mit Maschinen oder mit Elektrizität zu arbeiten haben, müssen wissen, dass sie des inneren Ausgleichs bedürfen gegenüber dem Abbauenden, dem sie ausgesetzt sind. Wie will man aber den Ausgleich finden, wenn man als moderner Mensch meint, man komme ohne Frömmigkeit aus? Man muss heute den Weg zu einer solchen Frömmigkeit finden, die dem modernen Menschen wieder in ehrlicher Weise zu pflegen möglich ist. Das ist die Frömmigkeit des Ruhens in der goldenen Mitte, in der Christus-Sphäre. Das ist zugleich die Sphäre des Michael. Obwohl es paradox erscheint: Ruhe zu pflegen, ist zugleich die wirksamste Art, das Böse zu bekämpfen. Man muss nicht immer so kämpferisch tun, wenn man den Geisterkampf bestehen will. Aus dem Mutterschoß einer friedeerfüllten Seele, die wir uns durch Andacht und

Frömmigkeit im sakramentalen Sinn erringen, geht auch eine neue Moral hervor. Man kann wieder erfüllen, wozu man den Willen hat, und bleibt nicht hinter seinen Vorsätzen zurück. Die Seelen sind durch Ahriman schwach geworden; durch Frömmigkeit, durch ruhevolles Atmen in der »goldenen Mitte« werden sie wieder stark. Das ist der Kampf, der heute zu vollführen ist. Bevor die Offenbarung Johannis den Kampf Michaels mit dem Drachen beschreibt, heißt es im letzten Vers des 11. Kapitels: »Der Tempel Gottes im Himmel tat sich auf, und es wurde sichtbar die Arche des Bundes.« Vor dem Altar des offenen Tempels spielen sich die Kämpfe ab, durch die der Sieg über die Mächte des Bösen errungen wird. Die Welt des Altares im Hintergrund, werden auch wir imstande sein, die Auseinandersetzung mit den Widersachermächten im christlichen Sinne zu vollbringen.

DER GENIUS EUROPAS

Europa ist in eine schwerste Lebenskrise geraten. Ist es eine zu bestehende Prüfung oder eine Agonie, eine Todeszuckung?
Als Europa als junge schöne Tochter der Alten Welt geboren wurde, hatte der gleiche Zeitalter-Genius die Führung der vorwärtsschreitenden Menschheit inne wie heute. In dem Reigen der Erzengel, die sich in zyklischer Folge zur Zeitgeist-Stufe emporschwingen, um die geistige Regentschaft der Zeitalter auszuüben, hatte damals wie heute Michael das Ruder des Werdens ergriffen. Ein Michael-Zeitalter ist auch heute, da bei Feuersbrunst-gerötetem Himmel unter Donner und Erdbeben über Europa die Götterdämmerung hereingebrochen ist.

Europa wurde geboren, als auf den Stirnen der griechischen Denker das Licht des menschlichen Gedankens erglänzte. Dadurch, dass die alte schauende Götterweisheit, die Geistigkeit des großen asiatischen Mutterkontinentes, in Menschendenken umgesetzt wurde, entwickelte der kleinere Tochterkontinent die Anfänge seines Eigenlebens. Nun erst und hier setzte sich das rasch rollende Rad des Zeitenganges in Bewegung, während Asien noch von den Urweltruhegesetzen der Dauer überschattet blieb. Unter der Geistpatenschaft des vorwärtsdrängenden kämpferischen Erzengels vollzogen die Philosophen der griechischen Frühzeit als erste Söhne des michaelischen Zeitalters die Umwandlung der zeitlos großen Göttergedanken alter Weisheit in das enthusiastisch beschwingte, tatengebärende, menschliche Denken und Erkennen. Zwar tauchte ein Pythagoras, wie schließlich auch noch ein Plato, in die Mysteriendämmerung Asiens und Ägyptens zurück, um dort als Genosse anderer Söhne der Michael-Zeit, z.B. der israelitischen Propheten, zu Füßen weiser Lehrer zu sitzen. Aber was sie lernend empfingen, gaben sie in menschliche Gedanken umgeschmolzen lehrend weiter. Schließlich fühlte sich Alexander der Große, der junge Mazedonierkönig, als Schüler des Aristoteles mit dem Ergebnis der griechischen Gedankenarbeit vertraut, aufgerufen, weit nach Osten hin der Mutter Asien zurückzubringen, was die Tochter Europa aus dem einstmals Empfangenen gemacht hatte. Alles bisherige Geistesleben hatte unter dem Satz gestanden »ex oriente lux«. Nur an dem Lichte der im Osten aufgegangenen Urweisheit hatte sich die Fackel des Menschendenkens entzünden können. In den Alexanderzügen regt sich zum ersten Mal der andere, antwortende Satz »ex occidente lux«. Das Licht des Menschendenkens antwortet vom Westen her den Götterquellen, denen es sein Leben verdankt.

So wie das junge Europa in Griechenland das morgenrötehafte Licht des Gedankens entwickelt, so pflegt es in Rom das vestalische Feuer des die Erde gestaltenden Menschenwillens. Und als, von den stillen palästinensischen Vorgängen ausgehend, die christliche Strömung in die Welt eintritt, folgt auch sie zunächst dem alten Gesetz »ex oriente lux«. Von dem nach Europa hinüberschauenden asiatischen Küstenstreifen her breitet sich das Christentum vor allem westwärts aus und ergießt sich in die noch junge europäische Welt. Das am Rande noch zu Asien gehörige Volk des Alten Testamentes hatte dem hohen Gotteswesen den Erdenleib bereiten können. Die Griechen konnten mit ihrer noch weisheitdurchglänzten Gedankenkraft den Christus verstehen. Die Römer konnten, indem sie ihr willensdurchpulstes Menschentum zur Verfügung stellten, Christen werden. In dieser Weise hat Rudolf Steiner einmal die Mission von Judentum, Griechentum und Römerturn charakterisiert. Das Wunder der urchristlichen Theologie, die sich wie die Evangelien noch durchaus der aurorisch-leichten, lichten griechischen Sprache und Gedankenform bediente, zeigte, welchen Sinn und welche Bestimmung die gedankenfrohe europäische Frühzeit eigentlich gehabt hatte. Der sonnenhafte Erzengel hatte die griechischen Denker und Dichter inspiriert, damit Europa an der Krippe des jungen Christentums das Gold eines zwar bereits menschlichen, aber doch noch ganz vom Geiste her durchleuchteten Denkens als Opfergabe darbringen konnte.

Als die drei Jahrhunderte des urchristlichen Lebens vorüber waren, ging auch derjenige Abschnitt der europäischen Entwicklung zu Ende, der von den Griechen und Römern getragen worden war. Nun führen die Stürme der Völkerwanderungszeit große, in ferner Verborgenheit jung gebliebene Völker vom Norden und Nordosten her in die Gegenden der bereits alternden griechisch-römischen Welt. In seelenkräftiger Art bringen die südwärts wandernden Scharen die Erbschaft ureuropäischer germanisch-keltischer Weisheit mit, die sich mit dem mischt, was im römischen Weltreich aus dem einst michaelisch inspirierten griechischen Gedankengut geworden ist. In dem sich so auffrischenden Europa erfährt auch die christliche Strömung eine Bereicherung und Verjüngung. Das erste im Süden beheimatete Urchristentum ging durch Übernahme der alt werdenden römischen Formenwelt in kirchliche Erstarrung über. Jetzt fluten die Wogen eines neuen nordischen Urchristentums durch die Lande. Ehe auch sie von dem Erstarrungsbereich aufgesogen werden, bringen sie im westlichen Europa die stillen Pflanzstätten des Grals-Christentums hervor, von denen kosmisch-christliche Weisheit ausstrahlt. Ein zweites Mal erfüllt sich, stiller als zur Alexanderzeit, der europäische Satz »ex occidente lux«. Ein Licht strahlt vom Westen nach Osten. Es ist eine weitere junge Antwort auf die alten Weisheitsgaben, die einst die Mutter vom Osten nach dem Westen hin gespendet hatte. Die zweite urchristliche Welle kann sich aber nur kämpfend am Leben erhalten. Würde sie bei der Pflege ihres sanften stillen Glanzes bleiben, so käme sie nicht gegen die immer machtvoller und irdischer werdende Kirchenströmung auf. Schließlich sind die vom europäischen Westen nach Osten ziehenden Kreuzfahrerheere eine letzte kräftige Sichtbarwerdung des von jugendfrischer Freiheitsliebe getragenen europäisch-christlichen Geistes, durch den die Tochter Europa der Mutter Asien zu antworten versucht.

In und nach den Zeiten der Völkerwanderung, als sich auf griechischem und römischem Boden die neuen Reiche, z.B. der Goten und der Langobarden, bildeten, bis hinein in die Zeit der Kreuzzüge, spielt unter den sich mit dem Christentum durchdringenden jüngeren Völkern das Bild des Erzengels Michael eine große Rolle. Überall entzünden sich im Gedanken an den kämpferisch voranschreitenden Erzengel Enthusiasmus, Mut und Heldentum. Im Zeichen Michaels wird auch um ein Christentum gerungen, das sich von kirchlicher Erstarrung und päpstlicher Bevormundung freihält. Längst, seit den Tagen Alexanders des Großen, ist das Zeitalter vergangen, dessen führender Genius der Erzengel Michael war. In seinem Bilde erblicken die Stämme und Völker, die Träger des noch einmal verjüngten Europas sind, ein sie aus der Zukunft anrufendes Geistideal. Soweit sie sich überhaupt Europas bewusst sind, ist ihnen Michael der Genius ihres Kontinentes. Er hat bei der Geburt Europas Pate gestanden. In seinem Zeichen muss sich Europas Mission, nachdem es zu dem christlichen Kontinent geworden ist, erfüllen.

Durch ein großes Aufwachen für die irdische Welt wird Europa mündig und tritt in sein Mannesalter ein. Bis dahin haben die Gedanken, die auf seinem Boden gedacht worden sind, mehr der Welt der Götter als der irdischen Sinneswelt gegolten; sei es, dass noch etwas von den Bildern des einst lebendig erschauten Mythos in sie hineinflutete, sei es, dass sie sich die Mysterien des Christentums zum Gegenstande wählten. Entdeckerfreudig bemächtigt sich nun der Menschengeist aller Provinzen der Sinneswelt. Eine weltliche Kultur wird geboren, als die bisher noch traumhaft erlebte Welt des Übersinnlichen erlischt und das jetzt als eigene Seelenaktivität empfundene Denken sich auf breiter Front daranmacht, die äußere Welt zu verstehen und zu meistern. Das Zeitalter der Entdeckungen und Erfindungen ist angebrochen; die Anfänge der modernen Naturwissenschaft und Technik treten schnell auf den Plan. Der Menschengeist stürmt in das Neue, ohne dessen zu achten, was er dafür zum Preise gibt. Der Reichtum der äußeren Welt schlägt ihn so sehr in Bann, dass er die Geistessphären vergisst. Das mit dem kopfmäßig-wachen Denken verbundene Freiheitserlebnis bringt ihn so in Bewegung, dass er die frühere Götterführung nicht mehr zu schätzen weiß.

Menschheitsschicksal im größten Stile ist es, dass zu den Eroberungen und Besitzergreifungen, die den Menschen zum Herrn der Erde machen, auch die Entdeckung Amerikas gehört. Mit einem Mal ist das Verhältnis Europas zum Weltganzen von Grund auf verändert. Die Zweiheit zwischen der Urmutter Asien und der Tochter ist plötzlich auf rätselhafte Weise in eine Dreiheit verwandelt. Im Osten fühlt Europa noch immer den großen Mutterschoß seines Lebens, aber in steigendem Maße wird ihm das gigantische Rätselgebilde im Westen wichtiger. Amerika fasziniert Europa so, dass dadurch eine ungeheure Anfeuerung und Beschleunigung der verweltlichten Zivilisationsentwicklung stattfindet. Es ist, als sei im Westen ein magischer Spiegel aufgetaucht, in welchem sich alle Anfänglichkeiten auf den Gebieten der Naturwissenschaft und der Technik sogleich ins Riesenhafte vergrößern. Fluteten vom mütterlichen Osten her immer wieder rückwärtsgewandte Anwandlungen des Heimwehs nach dem verlorenen Paradies über Europa hin, so bedeutete Amerika in steigendem Maße die Gefahr einer Überstürzung und Verfrühung dessen, was in der Zukunft erst zu entwickeln ist. Nicht zuletzt die von dem amerikanischen Kontinent ausgehende Suggestion war es, die zu einer solchen hemmungslosen Entwicklung der Technik führte, mit der der Mensch in der Entwicklung seiner Seelenkräfte nicht Schritt halten konnte. Das Pendel der Menschheit, das sich vom Osten zur Mitte hin bewegt hatte, schlug schnell und extrem nach Westen aus, als eben die Mitte erst voll zu sich selbst erwachen wollte. Damit geriet die Eigenaufgabe Europas, das nunmehr zur Mitte der Welt geworden war, in eine große Gefahr. Noch strömte neben der extrem in die Seelenlosigkeit des materialistisch-technischen Weltbildes gehenden Entwicklung das echte Leben der europäischen Seele weiter. Im Geistesleben aller seiner Völker brachte es Blüten und Früchte hervor. Immer war es, wie in dem Deutschland der Goethe-Zeit, die Rückerinnerung an die europäische Frühzeit in Griechenland, also an die Inspirationen des letzten Michael-Zeitalters, wodurch sich die wahrhaft europäischen Genien zu ihren Schöpfungen ermutigt fühlten. Nach Goethes Tod brach schnell die volle Dämmerung über Europa herein, die schließlich zu den großen Katastrophen und Zusammenbrüchen unserer Tage führte. Was aber heute zerschlagen am Boden liegt und mühsam um seine Existenz ringt, ist nicht eigentlich das wahre, sondern ein verfälschtes Europa. Indem es sich in das westliche Extrem hat treiben lassen, ist es sich selbst und der Aufgabe, die es als die Mitte der Welt hat, untreu geworden. Man kann schließlich sogar fragen, ob es nicht zugunsten der ureigensten europäischen Sendung ist, wenn sich die überstürzte Entwicklung einer nur äußeren Zivilisation heute ad absurdum führt. Ja man kann sogar fragen, ob nicht die europäische Krisis unserer Tage im Sinne des michaelischen Zeitgeistes selber ist, der das einst von ihm ins Leben Gerufene aus seiner Verfälschung befreien und zu seiner geistigen Bestimmung zurückführen möchte.

Gleichzeitig mit dem intellektualistisch-naturwissenschaftlichen Weltbild und der durch die Technik und das moderne Geldwesen charakterisierten Zivilisation entwickelte sich im Zusammenleben der Menschen eine wichtige neue Tendenz. Parallel mit dem Ich-Impuls im einzelnen Menschen entsteht das nationale Element: Ich-Gebilde höherer Ordnung formen sich. Bis dahin gab es ein im Großen und Ganzen gleichartiges allgemein-europäisches Leben. Jetzt kristallisieren sich einzelne Völker mit Nationalcharakter heraus. Große Werte der Eigenprägung und des berechtigten Stolzes sind damit verbunden. Dadurch aber, dass die Menschheit in überstürztem Tempo den realen Geist aus dem Auge verliert, treten zugleich heftige Schatten und Gefahren auf. Dem persönlichen Egoismus, dem der einzelne Mensch verfällt, wenn er, statt sich seines übersinnlich-geistigen Wesens bewusst zu bleiben, nur immer irdischer wird, entspricht bald ein Völkeregoismus, der die entstehenden Nationalstaaten gegeneinander in Neid, Streit und Krieg entbrennen lässt. Der »Nationalismus« ist ein Bruder der Technik. Und die Technik gibt schließlich die immer vollkommeneren Mittel eines Kampfes aller gegen alle her.
In den Katastrophen unserer Zeit führt sich nun aber, wie die sich überstürzende Technik, so auch der Nationalismus ad absurdum. Es geht, und zwar zum Teil eben durch die Technisierung aller Weltverhältnisse, ein kosmopolitischer Zug durch die Menschheit. Allerdings darf man sich darüber nicht täuschen, dass dieser zunächst im

Negativen bleibt. Eine Nivellierung und ein gegenseitiges Sich-Abschleifen der nationalen Besonderheiten kommen zustande, nicht zuletzt durch eine nicht bewusst geplante, aber doch überall vollzogene chaotische Durcheinandermischung der Menschen. Es droht der positive Ertrag der Zeiten, in denen sich die europäische Menschheit zu eigengeprägten Nationen individualisierte, verloren zu gehen. Anstelle des seelischen Farbenreichtums im Zusammenspiel der Völker bleiben nur lauter trennende Grenzen wie Löcher und Gletscherspalten im Boden der Menschheit übrig.

Auch diese Entwicklung ist eine Folge davon, dass Europa Gefahr läuft, sich selber untreu zu werden. Die Eigenaufgabe unseres Kontinentes ist, auf Menschenwegen, selbst wenn diese durch noch so viele Wirrnisse und Finsternisse hindurchführen, und mit der Gedankenkraft des freien Menschen-Ich wieder zu der Weisheit und dem Geistbewusstsein emporzudringen, die einst die Götter in den östlichen Muttergebieten der noch unerwachten, unmündigen Menschheit gaben. Diesem Ziel sollen und können auch die michaelisch-dramatischen Schicksale des gegenwärtigen Zeitalters dienen. In dem Lebenswerk Rudolf Steiners hat die neue michaelische Inspiration kräftig eingesetzt, die Europa trotz aller äußeren Untergänge wieder zu sich selbst und auf dem Wege seiner inneren Bestimmung vorwärtsführt. Das verlorene Gleichgewicht zwischen außen und innen kann wiederhergestellt werden. Nicht mehr wird nur die Waagschale der auf die Außenseite der Welt bezüglichen Erkenntnisse und Errungenschaften beschwert. Reale Geisterkenntnis fängt an, der bloßen Naturwissenschaft die Waage zu halten. Geistdurchdringung aller Lebensverhältnisse gleicht die Einseitigkeit der Technik aus. Indem der Blick auf die Welt des Übersinnlichen frei wird, beginnen nunmehr Entdeckungsfahrten und Horizonterweiterungen des Menschengeistes, die den Erfindungen und Entdeckungen am Beginn der Neuzeit bald nicht mehr nachstehen werden.

Staunend gewinnen wir damit auch den Ausblick auf ein wirkliches geistiges Europa. Mögen manche Völker des Kontinentes äußerlich entmachtet sein und schwer zu ringen haben, im Geiste leben sie deswegen nicht weniger, sondern vielleicht sogar nur umso mehr. Wie der einzelne Mensch ein übersinnliches Wesen ist, von seinem engelhaften Genius überschwebt, so sind auch die Völker, die sich in Europa mit nationalem Eigencharakter herausgebildet haben, in ihrem wahren Wesen Glieder der Geistwelt. Ein jedes wird von einem realen Wesen aus der Hierarchie der Erzengel in seinem Schicksal geführt. Über den erschütterten und zum Teil mit Trümmern bedeckten Feldern unseres Kontinentes gibt es den Reigen und den in wunderbaren Figuren geordneten Zusammenklang der Völkergenien. Wenn von irgendwoher in das sich chaotisierende äußere Leben noch einmal Ordnung hineinstrahlen soll, so muss sie von dieser Ebene her kommen und mit den Klangfiguren, die es auf dieser Ebene tatsächlich gibt, übereinstimmen.

Das Erste, das sich dem empfindenden Spürsinn und dann dem immer klareren schauenden Erkennen einer größeren Zahl von Menschen zeigen wird, mag allerdings nicht die Ebene der Völkerengel, sondern diejenige des michaelischen Zeitgeistes sein, der wie die Spitze einer Pyramide über den Gebieten waltet, wo die apokalyptischen Schicksale unserer Tage zugegriffen haben, gleichviel, ob dort äußere Zerstörungen die Risse im Vorhang der Sinneswelt andeuten oder nicht. Deutlicher und deutlicher ist der strenge, unerbittliche Geistwille Michaels wie das Rauschen von Adlerflügeln zu vernehmen. Von ihm aus dringt Licht nach unten und nach oben. Nach *unten* wird über der äußerlich chaotisierten Landkarte Europas der heilig geordnete Reigen der Völkerseelen erkennbar. Das ist dann der positive Inhalt des kosmopolitischen Zuges, der durch unsere Zeit geht. Europa wird so auch im Lichte des Erzengels, der die Waage in der Hand hält, als wahre, Gleichgewicht begründende Mitte zwischen Ost und West stehen. Nach *oben* werden die Wolken vor dem hohen Sonnengeist zerreißen, dessen Antlitz der Erzengel ist; und aus der Christus-Sphäre selbst wird der ideen- und kraftlosen Menschheit Licht und Stärke zuströmen.
Das letzte Michael-Zeitalter brachte die *Geburt Europas* mit sich. Das gegenwärtige Wirken Michaels zielt auf eine *Wiedergeburt Europas,* d.h. auf die Auferstehung eines geistigen Europa aus dem Niedergang seiner äußeren Machtverhältnisse. Damals gebar sich in den Seelen der

Menschen unter dem Walten Michaels die Kraft des *Gedankens,* der das unwache traumhafte Schauen der Alten Welt ablöste. Heute soll sich in den Seelen, die durch das Denken wach und durch das schwere Schicksal reif geworden sind, ein *schauendes Erkennen* gebären, das aus der Befreiung und Steigerung des sonst nur kopfgebundenen Denkens hervorgeht. Nach den Vorbereitungen, die die Menschheit durch das letzte Michael-Zeitalter erfahren hatte, durchdrang nach der Zeitenwende die Christus-Strömung den europäischen Kontinent von einem irdisch greifbaren »Heiligen Lande« aus. Heute soll nach der geistigen Wegbahnung durch den Schicksalsengel des Zeitalters Christus aus dem »Heiligen Lande« der ätherischen Welt in Europa und von da aus in die ganze Menschheit Einzug halten.

DIE WELTLAGE UND DER WAHRE GEIST DER ZEIT

Die Weltlage wird nicht nur täglich spannender: Es wird immer unverkennbarer, dass sie uns vor ein *religiöses* Problem stellt. Es ist ein verhängnisvoller Irrtum zu meinen, es handele sich heute in erster Linie um Notstände und Katastrophen auf wirtschaftlichem oder politischem Felde. Alle Schwierigkeiten auf den äußeren Lebensgebieten sind nichts als Begleit- und Folgeerscheinungen einer grundsätzlichen geistigen Krisis. Das endgültige Zu-Ende-Gehen der geistigen Kräfte, aus denen die Menschheit bisher gelebt hat, wirkt sich aus. Fehlen nicht überall die Ideen, aus denen neue Ordnungen und produktive Kulturverhältnisse geschaffen werden könnten? Es wird im Grunde nur herumprobiert; und wo Ideen geltend gemacht werden, geschieht das in so fanatisch-einseitiger Weise, dass dadurch die Verwirrung und der Zusammenbruch nur noch vollständiger werden.

Aber die Menschheit ist heute nicht nur von allen guten Ideen, sie ist darüber hinaus von allen guten Geistern verlassen. Und sie weiß nicht einmal, was das ist. Sie kennt die Sphäre nicht, aus der ihr helfende Ideen und Kräfte in unerhörtem Maße zufließen könnten. – Versuchen wir, uns über die Froschperspektive des Blickes, der nur an der Lebens-Außenseite entlanggeht, hinauszuschwingen. Wie sieht, was heute auf unserem Planeten vor sich geht, von einer höheren Warte her aus? Die Katastrophen, die aufeinander gefolgt sind, seit mit dem Ausbruch des Ersten Weltkrieges die alten Weltverhältnisse ins Wanken gerieten, waren nicht etwa isolierte Unglücksfälle größeren Stiles. Es waltete darin eine grandiose Folgerichtigkeit. Eins ging als Folge und Steigerung aus dem anderen hervor. Es war die gleiche Lawine, die, nachdem sie ins Rollen gekommen war, noch ein paar Mal stockte und sich staute, bis sie mit gigantischer Zerstörungswucht weiter zu Tale ging. Was die äußeren Ordnungen und Tatbestände anlangt, stehen wir in einer konsequenten Abwärtsbewegung, in einem realen Weltuntergang darin. Und keineswegs ist der Tiefpunkt bereits erreicht.

Zum Verständnis des gegenwärtigen Augenblickes ist es vor allem wichtig, die letzten drei Stadien des großen Erdrutsches klar ins Auge zu fassen.

Was in den Dreißigerjahren geschehen ist, könnte man als einen ungeheuren *Wirbel* in der Seelen-Atmosphäre Mitteleuropas bezeichnen. Ein seelischer Tornado allergrößten Ausmaßes ergriff eine nur noch scheinbar stabil in sich gegründete, in Wirklichkeit durch die Erdbebenstöße der vorangegangenen Schicksale bereits durch und durch erschütterte Welt. Gewogen und zu leicht befunden, wurde schlechthin alles wie Papierfetzen hoch aufgewirbelt. In den Rausch- und Furcht-Zuständen der Menschen und in den Ausgeburten eines dämonisierten Größenwahns traten nur Schatten und Spiegelungen dessen hervor, was im Seelen-Bereiche vor sich ging.

Folgerichtig ging daraus ein *Chaos* hervor, das sich schnell wie in konzentrischen Wellenkreisen ausbreitete. Zuerst wurde der europäische Umkreis betroffen. Die Fackel des Krieges beleuchtete schaurig das Durcheinanderstürzen der bisherigen Weltordnung. Dann aber umkreisten die Chaoswellen den ganzen Erdball bis in die fernsten Kontinente hinein, bis schließlich keine Gegend unseres Planeten mehr verschont war. Überall mögen die Menschen geneigt sein, vor allem die Nöte und Schwierigkeiten ins Auge zu fassen, von denen sie da, wo sie leben, bedrängt sind. Eine wirkliche Orientierung jedoch, die den Keim des Verstehens und Meisterns in sich schließt, ist nur durch den Blick auf das Ganze, auf die Totalität des Chaos, möglich.

Das dritte Stadium, das auf Wirbel und Chaos folgte, lässt sich als *Sog des Vakuums* bezeichnen. In Mitteleuropa, wo durch den seelischen Wirbelorkan die Entwicklung ausgelöst worden war, trat ein innerer Leerlauf zutage, der lange im Verborgenen schon bestand und sich schließlich dramatisch in den Trümmerhalden der deutschen Städte symbolisierte. In das Vakuum stürzten durch den Sog die Extreme des Ostens und des Westens herein und prallen, ohne dass eine reale

Mitte den Prellbock bildete, in ihrer krassen Weltgegensätzlichkeit aufeinander.

Was ist es, was vom Osten und vom Westen her in der Mitte zusammenstößt? Vom Osten her ist zu allen Zeiten Geistiges nach Westen geströmt. Das alte Wort »ex oriente lux«, vom Osten das Licht, kennzeichnet das. Aus dem Schoß des asiatischen Mutterkontinentes strahlten immer neue Metamorphosen der Urweisheit, der menschlichen Anfangsoffenbarungen, nach dem Westen hin aus. Auch heute kommt, so paradox das immerhin erscheint, Geistiges vom Osten her. Es kommt in der letzten intellektuellen Messerschärfe, sodass man es geradezu ein Geistiges in der Gestalt des Ungeistes und der Feindschaft gegen den Geist nennen könnte. Eine Idee wird mit fanatischer Stoßkraft vom Osten her nach Westen in Bewegung versetzt. Sie hat inhaltlich nichts mit Religion zu tun, aber wie schon zur Zarenzeit alle revolutionären Strömungen in Russland von eschatologisch-religiösen, messianistischen Vorstellungen begleitet waren, so ist erst recht die Idee des Kommunismus, wie sie heute vom Osten propagiert wird, religiös unterfeuert, wenn sie auch in der Gestalt der Antireligion auftritt. Sie ist eine extreme Verkehrung des Gedankens vom Reiche Gottes und hat dadurch die Heftigkeit einer religiösen Überzeugung. Es entsteht eine grandiose Einseitigkeit. Zum Inhalt der Idee gehört der Wohlstand aller, insbesondere der arbeitenden Klassen. Wenn stattdessen zunächst das Gegenteil, nämlich eine unabsehbare Verelendung des Volkes, eintritt, was tut es? Die Idee ist wichtiger als die Wirklichkeit. Die östliche Einseitigkeit besteht in der *Vergewaltigung der Wirklichkeit durch die Idee,* und die vergewaltigte Wirklichkeit ist letzten Endes der *Mensch.*

Vom Westen her kommt eine realistische Strömung herein. Ein Zweig der Menschheit tritt auf den Plan, der für die Gestaltung der äußeren Weltangelegenheiten begabt ist. Aber es ist ein ideenfremder Realismus, der das westliche Extrem darstellt. Es ist eine Strömung, die nur die sinnlich wahrnehmbare Welt für real hält und weit davon entfernt ist, das Geistige, die Welt der Ideen, als die zweite Hälfte der Wirklichkeit anzuerkennen. Nur wird die Schärfe des Materialismus, der dadurch entsteht, durch eine gewisse noch unverbrauchte Menschlichkeit und

Humanität gemildert. Es entsteht die entgegengesetzte Einseitigkeit: *Vergewaltigung der Idee durch die Wirklichkeit.* Was ist denn die Quintessenz der Wirklichkeit, wenn man alles Ideelle außer Betracht lässt? Das ist letzten Endes das Geld. Und so bedroht die Gesinnung, die aus der Hochschätzung des Geldes und aus dem Geschäftemachen entsteht, vom Westen her den Menschen. Denn welche Idee ist es, die hier vergewaltigt wird? Das ist der *Mensch,* den man in seinem Wesen nicht versteht, wenn man ihn nicht als den Denkenden, den Ideenträger erkennt.

Bolschewismus und Kapitalismus sind die Schlagworte, mit denen sich der Osten und der Westen gegenseitig charakterisieren und die Unvereinbarkeit ihrer Gegensätzlichkeit auf eine Formel bringen. An und für sich könnten solche Polaritäten höchst fruchtbar sein und den Nuancenreichtum der Menschheit ausmachen. So wie unser Erdball geographisch einen Nordpol und einen Südpol hat, so könnte die Menschheit seelisch einen Ostpol und einen Westpol haben: Menschheitszweige, die mehr vom Geistigen her, und solche, die mehr vom Diesseitigen her das Leben gestalten. Dass heute die Polaritäten zu gefährlichen Einseitigkeiten werden und in ihrem unvermittelten Zusammenprall neue Weltbrände zu entzünden drohen, ist nicht eigentlich die Schuld des Ostens oder des Westens. Hier haben wir es im tiefsten Grunde mit der tragischen Schuld der Mitte zu tun. Weil keine seelisch und geistig reale Mitte vorhanden war, welche die Gegensätze hätte in sich vereinigen und ins Gleichgewicht bringen können, kam es zu dem schier unlösbaren Menschheitskonflikt, in dem wir mitten darinnenstehen und vor dessen Entladung sich alle Welt ängstigt. Die Extreme stießen in der Mitte nicht auf reale geistige Faktoren, sondern wurden durch die Saugkraft des leeren Raumes überhaupt erst katastrophal herangezogen. Es wird in Zukunft nicht mehr berechtigt sein, die Deutschen das Volk der Denker und Dichter zu nennen. Wie lässt sich das geistige Versagen der Menschheitsmitte überwinden? Wie kann es geschehen, dass gleichgewichtsstiftende geistige Realitäten da auftreten, wo die Menschheit durch ihre Gegensätzlichkeiten sich selbst zu vernichten in Gefahr ist?

Je deutlicher sich uns diagnostische Bilder von dem großen Gang und Zusammenhang des Gegenwartsschicksals ergeben, umso mehr müssen wir uns zu der Frage gedrängt fühlen, welche geistigen Mächte die Regisseure des ungeheuerlichen Dramas sind. Welcher reale Geist der Zeit tut hier seinen Willen kund? Wie schwer es ist, sich von der menschlichen Ebene zu der des wahren Zeitgeistes, d.h. der bewegenden schicksalsgestaltenden Mächte des Zeitalters, zu erheben, hat Goethe seinen Faust aussprechen lassen, der dem geistreich über den Zeitgeist sprechenden Famulus Wagner entgegenhält: »Was man den Geist der Zeiten heißt, das ist im Grund der Herren eigner Geist.« Bleibt man im Ausschauhalten nach dem heutigen Zeitgeist bei den geistigen Kräften und Möglichkeiten stehen, die die Menschheit aus sich hervorbringt, so kann man eigentlich nur von einem »Ungeist der Zeit« sprechen. Alle turbulenten und notvollen Zustände, die über die Erdenmenschheit gekommen sind, sind die Folge irgendeines Ungeistes. Ungeist, der unter Umständen als geniale Klugheit in Erscheinung tritt, waltet auf allen Lebensgebieten, nicht nur in Technik und Wirtschaft, sondern bis in die Kunst und die Religion hinein. Aber es muss ja doch über dem menschlichen Niveau auf höheren Daseinsebenen Mächte geben, deren Absichten direkt oder indirekt in dem heutigen Zeitschicksal mitwirken.

Die Frage, vor der wir stehen, können wir auch einmal im Sinne des traditionellen religiösen Lebens in die Worte fassen: Wie steht Gott zu dem, was sich heute auf der Erde abspielt? Es ist allzu schnell vergessen worden, dass sich diese Frage in jeder möglichen Variation in den Stunden der unmittelbaren Daseinsgefahr, z.B. in den Bombenkellern während der Fliegerangriffe, tausend gequälten Herzen entrungen hat. Auf verschiedenste Weise haben sich die Menschen an eine Antwort auf diese Frage herangetastet. Die einen sprechen von dem Strafgericht, das der zürnende Gott über eine gottlose Menschheit hereinbrechen lässt. So kann aber eigentlich nur derjenige sprechen, der sich noch nicht aus dem Bann des Alten Testamentes gelöst hat. Je mehr das Christentum zu sich selber und zu einem Verständnis seiner Mysterien kommt, umso deutlicher wird es sein, dass die Vorstellung eines zürnenden Gottes nicht in das Neue Testament gehört und dass das Wort der Johannes-Briefe, dass Gott die Liebe ist, zu den christlichen Grundwahrheiten gehört.

Ohne sich dessen klar bewusst zu sein, rühren diejenigen bereits um einen Grad realer an das Geheimnis des Gegenwartsschicksals, die ihr Erkenntnisringen in die Frage kleiden: Wie kann Gott das zulassen? Diese Frage hat ja eigentlich einen Sinn nur durch die Voraussetzung der Existenz gottfeindlicher Mächte, denen Gott sozusagen eine Zeit lang Raum lässt, so wie er im Hiob-Buch dem Teufel erlaubt, Hiob zu plagen und zu verführen. Tatsächlich geht in allen möglichen Formen, obwohl die herrschende Weltanschauung dafür keinen Raum hat, die tastende oder ahnende Erkenntnis dämonischer Wesenheiten und Gewalten durch das Geistesleben unserer Zeit hindurch.

Damit sind wir aber an dem Punkt angelangt, wo unser Gedankengang nicht mehr bloß gedanklich, sondern nur in apokalyptischer Anschaulichkeit weitergeführt werden kann. Ein apokalyptisches Motiv hat in unserer Zeit immer wieder eine Rolle gespielt, sei es, dass größenwahnsinnige oder illusionistische Kulturoptimisten oder der religiöse Materialismus gewisser amerikanischer Sekten die schon erreichte oder doch unmittelbar bevorstehende Verwandlung der Erde in ein Paradies mit diesem Motiv haben aussprechen wollen: die Bildvorstellung vom *tausendjährigen Reich.* Wie stellt die Bibel selbst diese Imagination vor uns hin? Im 20. Kapitel der Offenbarung des Johannes wird geschildert – und gemeint ist, dass sich dies im großen Rhythmus der Weltgeschichte in bestimmten Phasen immer wieder einmal so abspielt –, wie ein gewaltiger Engel vom Himmel herniedersteigt, die dämonischen Mächte in den Abgrund stürzt und den Abgrund über ihnen verschließt und versiegelt. Tausend Jahre lang hat dann die Menschheit Ruhe vor den Mächten der Finsternis und kann unbehelligt der Erfüllung ihrer irdischen Aufgaben nachgehen. Nach Ablauf der tausend Jahre steigt der Engel aufs Neue hernieder und schließt den Abgrund wieder auf. Im Sinne der Apokalypse muss ergänzend hinzugefügt werden: Wenn die Pforten der Hölle verschlossen werden, so schließen sich gleichzeitig auch die Tore des Himmels, und der

Himmel öffnet sich nicht, ohne dass auch der Abgrund entsiegelt wird. Die Menschheit kann nicht gleichzeitig auf die volle Hilfe der guten Geister rechnen und zugleich von den Anfechtungen der Tiefe verschont sein. Entweder herrscht Ruhe von den Tiefen des Abgrundes her, dann aber müssen die Menschen auch weitgehend ohne die Hilfe der Höhen ihren Weg finden. Oder aber die Tore der übersinnlichen Welt sind nach unten und nach oben hin geöffnet, dann müssen die Menschen mitten im Dämonenkampf um die Götterhilfe ringen. Die Versiegelung und Verschließung des Abgrundes durch den Engel Gottes, wodurch der Anbruch eines tausendjährigen Reiches gestiftet wird, kann nur den Sinn haben, dass die Menschheit eine Zeit lang – mit den tausend Jahren ist eine volle Runde der Geschichtsentwicklung gemeint – die Kraft sammeln und entfalten soll, die sie aus sich selber finden kann. Das tausendjährige Reich ist, wenn es im Rhythmus der Entwicklung auftritt, ein Bekenntnis Gottes zu der Freiheit des Menschenwesens. Und wenn am Ende einer solchen Tausend-Jahr-Epoche nicht nur unter der Zulassung, sondern aus dem Willen der Gottheit heraus das Reich der Dämonen entfesselt wird, so kann dies nur den Sinn haben, dass jetzt die Menschheit die in der großen gottgeschenkten Pause gesammelten und geschulten Kräfte der Seele bewähren soll. Eigentlich sollte es nicht schwer sein zu erkennen, an welchem Punkt dieses apokalyptischen Dramas wir heute stehen. Das tausendjährige Reich liegt nicht vor, sondern hinter uns. Die Menschheit hat eine Entwicklungsrunde durchgemacht, in welcher sie von unten und von oben her auf sich selbst gestellt war. Das ging so weit, dass die Menschen schließlich die Existenz einer übersinnlichen Welt überhaupt aus den Augen verloren und dass die Gelehrten des Zeitalters das ganze Rüstzeug der Wissenschaft aufboten, um alles Übersinnliche »wegzubeweisen«. Nun aber stehen wir in den ersten Anfängen solcher Weltverhältnisse, die dann eintreten, wenn nach Ablauf der tausend Jahre der Engel den Abgrund entsiegelt hat. Die Mächte des Abgrundes haben sich bereits spürbar gemacht, und es wird in steigendem Maße deutlich werden, dass sie aus ihren Fesseln gelöst sind. So groß aber auch die Prüfungen der Gegenwart und der nächsten Zukunft sein werden:

Nach Ablauf der großen Gottespause offenbart sich der Glaube Gottes an den Menschen nur umso mächtiger. Gott, der die Liebe ist, mutet und traut dem Menschen zu, inmitten der entfesselten Gewalten des Abgrundes seinen Weg zu finden und sein Erdenwerk zu tun.

Im genauen Einklang mit dem apokalyptischen Bildmotiv des tausendjährigen Reiches steht das andere, das im 12. Kapitel der Offenbarung enthalten ist: der Kampf Michaels mit dem Drachen. Der Sieg der sonnenhaften Geistesmächte, die unter der Führung des Erzengels Michael stehen, vollendet sich in dem Sturz der Geister der Finsternis. Wohin wird der Drache gestürzt? Indem die Apokalypse in den Weheruf ausbricht: »Wehe dann den Menschen, die auf Erden leben«, lässt sie erkennen, dass infolge des im Himmel errungenen Sieges Michaels nunmehr die Gegenmächte in voller Entfesselung auf Erden toben. Sind also auf Erden die Dämonen los, so sollen dadurch nicht die Menschen gequält oder gestraft werden; es ist vielmehr die kosmische Folge eines triumphalen Ereignisses, das in den höheren Welten stattgefunden hat. Der Erdenmenschheit wird eine Art Adelsbrief zuteil, indem ihr zugetraut wird, auf Erden den Kampf siegreich zu Ende zu führen, den göttliche Mächte in höheren Welten bereits bis zu einem ersten Sieg ausgefochten haben. Als ein michaelisches Zeitalter können wir demnach die Zeit erkennen, die auf ein abgelaufenes tausendjähriges Reich folgt. Es ist von den Stürmen mächtiger Geisterkämpfe durchtobt. Zum wahren Sinn ihrer Gegenwart dringen nur diejenigen Menschen durch, die erkennen, dass sie zu Mitkämpfern in einem michaelischen Kampf aufgerufen und erwürdigt sind.

Apokalyptische Bildmotive, die ein Licht auf die Rätsel unserer Zeit werfen, finden sich nicht nur in den biblischen Büchern. Dann und wann ist ein Denker oder Dichter imstande, selbst durch ein solches die Zeichen der Zeit zu deuten. Hierher gehört die Szene in Strindbergs »Traumspiel«, das kurz nach 1900 gedichtet worden ist, in welcher wir ein Schiff in höchster Gefahr auf dem sturmbewegten Meer erblicken, von Blitz und Donner umtost. Die Besatzung klammert sich am Takelwerk fest und ruft in ihrer Angst die Hilfe Christi an, indem sie das Seemannslied anstimmt: »Christ. Kyrie, komm zu uns über die See.« Da bricht ein Lichtschein durch die dunklen Wolken, und eine leuchtende Gestalt wandelt über das Meer. Die Leute auf dem Schiff sehen das Licht, aber sie erschrecken darüber nur und sind nicht imstande, den zu erkennen, der sich ihnen zeigt. Der Schrecken macht ihre Verwirrung vollständig, sie stürzen sich ins Meer und ertrinken, weil sie nicht erkennen, dass ihr eigenes Gebet in Erfüllung gegangen war.

Noch ehe der Sturm des Zeitalters voll ausgebrochen war, hat der Dichter damit ein Bild gemalt für das, was heute in der Menschheit vor sich geht. Untergänge werden geradezu durch das Herannahen derjenigen Mächte ausgelöst, die Hilfe und Heil bringen könnten, weil die Menschen erblindet sind für die Welt, aus der die Hilfe kommt. Als z.B. in den Dreißigerjahren der große seelische Wirbel ausbrach, gab es viele Menschen, die fühlten, dass etwas unerhört Neues in der Luft lag und herannahte. Zu erkennen, dass die Tore einer höheren Welt sich wieder geöffnet hatten und dass eine neue Nähe und Offenbarung des Christus bevorstand, dazu waren in der Zeit des Materialismus und Intellektualismus die Organe der Seele zu sehr abgestorben. Man verkannte, was sich nahte, im plumpen, materialistisch-politischen Sinne und stürzte sich in die Wogen des Wirbels, ohne zu ahnen, dass man sich dem Untergang verschrieb.

Die übersinnliche Welt bricht herein, sowohl von der Seite des Lichtes wie von der Seite der Finsternis her, und zwar in einer solchen Wucht und Fülle wie nie zuvor. Und paradoxerweise geschieht das zu einer Zeit, da in der Menschheit der letzte Rest von Spürsinn für das Übersinnliche erloschen ist. Eine mächtige Änderung des Sinnes muss durch die Menschheit gehen, wenn sie zu einer Erkenntnis und Meisterung des Gegenwartsschicksals kommen soll.

Wo bleibt in diesem ungeheuren Kräftespiel das Christentum? Warum greift es nicht ein? Warum ist es nicht der geistige Fels, an dem sich die Wogen der Zerstörung und des Untergangs brechen?

Der Grund für das Danebenstehen des konfessionell-kirchlichen Christentums neben den eigentlichen Schicksalen des Zeitalters ist der, dass seine bisherigen historischen Ausprägungen aus Zeiten stammen, in denen es die gesamte moderne Problematik bei Weitem noch nicht gab. Sowohl die katholische wie die protestantische Kirche sind entstanden, als es noch keine Großstädte, keine Fabriken, keine soziale Frage, keine Zeitungen, Eisenbahnen und Flugzeuge, keine Elektrizität und keine Atombomben gab. Das Christentum hat die Gestalt, die es gegenüber den Schicksalen des heutigen Zeitalters haben müsste, noch nicht gefunden. Es wird sich aber immer mehr zeigen, dass heute nur noch eine solche christliche Strömung kulturell fruchtbar sein kann, die in ihrer äußeren und inneren Formgebung auf dem Laufenden ist und mit den Entwicklungen der Zeit Schritt hält.

Es sind insbesondere drei Hemmschuhe, die das Christentum, wie es durch die Tradition geworden ist, daran hindern, in die Gegenwartsschicksale wirksam einzugreifen. Der erste dieser Hemmschuhe ist der *Traditionalismus,* der das Christentum nur als eine Summe von altehrwürdigen Überlieferungen auffasst. Gewiss, was wären wir als Christen ohne den ehrfurchtsvollen Rückblick auf das, was vor 2000 Jahren unter Pilatus geschehen ist? Menschwerdung, Tod und Auferstehung Christi, mögen sie damals noch so still und unbeachtet vorübergegangen sein, bilden das historische Fundament, auf dem alles christliche Leben beruht. Aber heute genügt es weniger denn je, in eine heilige Vergangenheit zurückzuschauen. Durch die historische Gestalt Jesu von Nazareth werden wir, wenn wir sie richtig verstehen, mit innerer Notwendigkeit dazu geführt, nach dem gegenwärtigen Christus Ausschau zu halten. Wir müssen ihm da zu begegnen streben, wo er heute ist und vielleicht bereits viel gewaltiger, als es mit den heutigen Denkgewohnheiten erkannt werden kann, in die Schicksale der Menschheit hereinwirkt.

Sich heute aus dem Bann der Tradition loszureißen und sich unmittelbar frei und mündig den gegenwärtig wirkenden Geistesmächten gegenüberzustellen, ist deshalb nicht allzu schwierig, weil die Tradition dem modernen Menschen nicht mehr entspricht und dadurch weithin ihrer Substanz entleert worden ist. Man entschließt sich nicht zu Verlusten, wenn man sich einem Neuen, Gegenwärtigen zuwendet. Zur Zeit Luthers war das noch anders. Die damalige Reformation bedeutete den Entschluss zu Preisgebungen und Verarmungen. Man ließ eine reiche Welt hinter sich in dem Kultus der mittelalterlichen Kirche und trat, wie Luther es selbst bezeichnete, einen Auszug aus Ägypten, eine Wüstenwanderung, an. Heute ist der umgekehrte Schritt zu finden. In religiöser Hinsicht muss der Entschluss aufgebracht werden, die Wüstenwanderung, insofern die Ära des Protestantismus bewusste Verzichtleistungen in sich schloss, zu beenden und mutig den Boden einer neuen Ära zu betreten. Das dritte Stadium des Christentums über Katholizismus und Protestantismus hinaus wird als ein Christentum vor dem offenen Vorhang und als ein solches der Unmittelbarkeit zu charakterisieren sein. Die Menschheit steht heute nicht nur vor nie dagewesenen neuen Problemen, sondern auch vor nie dagewesenen neuen Erfahrungen. Nur werden diese, weil man für sie die Begriffe noch nicht hat, unbeachtet gelassen und deshalb bald wieder vergessen. Der zweite Hemmschuh ist der *Dogmatismus.* Er ist entstanden durch die Trennung von Glauben und Wissen, zu welcher die führenden kirchlichen Denker auf der Höhe des Mittelalters ihre Zuflucht nahmen, als die Menschheit plötzlich in so erstaunlichem Maße anfing, die kopfmäßigen Gedankenkräfte zu entwickeln, die sich auf die Erforschung der sinnlich-sichtbaren Natur und auf die Meisterung der äußeren Weltverhältnisse bezogen. Die religiöse Wahrheit blieb im Bereich des Glaubens unter dem Schutz des Christentums. Die weltliche Wahrheit dagegen entzog sich diesem Schutzbereich und geriet schnell und schneller vom Göttlichen fort in ein prinzipiell atheistisches Element hinein. Die gefährliche Zweischneidigkeit des Dogmatismus liegt nun eigentlich nicht nur auf der Seite der unentwickelt gebliebenen religiösen Wahrheit, also des kirchlichen Dogmas selbst, sondern vor allem auf der Seite des durch die Trennung von Glauben und Wissen emanzipierten menschlichen Intellekts. Dieser ist auf der einen Seite in eine Naturwissenschaft und Technik eingemündet, die schließlich mit unheimlicher Genialität erkennend und handelnd in den Bereich der kosmischen Zerfalls- und Todeskräfte eindrangen. Auf der anderen Seite hat er im Zusammenleben der Menschen und Völker eine nur schlecht verschleierte Weltherrschaft der Lüge aufgerichtet, indem er die Menschheit mit einer Gescheitheit ausrüstete, die alles je nach Bedarf beweisen oder widerlegen kann und die sich z.B. in dem modernen Propagandawesen, das an und für sich schon eine Kränkung des freien Menschendenkens und der Menschenwürde ist, austobt. Man verschließt sich heute noch weithin gegen die Erkenntnis, dass der emanzipierte Intellektualismus zu aufbauenden und heilenden Ideen unfähig ist und sich im Grunde nur zur Analyse, zur Negation, und damit zur Freilegung jeglicher Abbau- und Zerstörungskräfte eignet. Auch will man noch nicht einsehen, dass er unvermeidlicherweise immer mehr von der Wahrheit zur Lüge hinführt, ist doch das ganze materialistische Weltbild eine objektive Unwahrheit, weil es einen Teilaspekt des Daseins bereits für das Ganze erklärt.

Nicht nur die Rückständigkeit des kirchlichen Dogmas, sondern auch die gefährliche Einseitigkeit des modernen Intellektualismus kommt auf das Konto des traditionellen Christentums, das sich durch den Rückzug auf die Insel des Dogmas der Verantwortung für die Weiterentwicklung des menschlichen Denkens in Wissenschaft und Technik entzog. Die ganze geistige Zukunft der Menschheit hängt davon ab, dass die Trennung von Glauben und Wissen überwunden wird. Das Denken ist gottlos geworden, weil es menschlos wurde. Je klüger die Menschheit wurde, umso mehr kam das Ideal einer Intelligenz auf, an der der Mensch mit seinem vollen Seelentum nicht mehr beteiligt ist, sodass das Denken gewissermaßen automatisch nach den Gesetzen der Mathematik und der Mechanik abläuft. Soll das Denken christlich und damit aufbauend und heilend werden, so muss der Mensch mit seinem innersten Wesen wieder in den Denkakt eintreten. Der Mensch muss seinen Gedanken die Blutwärme mit auf den Weg geben. Nur dadurch kommt wieder wirklicher Geist in die Gedanken hinein, und die Gedanken werden fähig, außer der materiellen Außenseite auch den realen Geistgehalt der Welt zu erfassen. Das im Denken auferweckte Geistwesen des Menschen wird zum Organ für das in Vergessenheit geratene Geistwesen der Welt. Die weltgeschichtliche Bedeutung Rudolf Steiners liegt darin, dass er von seinen erkenntnistheoretischen Schriften der Achtzigerjahre an, dann aber in der ganzen breiten Entfaltung eines neuen spirituellen Weltbildes, den Anfang gemacht und den Weg bereitet hat für die Rettung und Wiederherstellung und auch für die Durchchristung des menschlichen Denkens. Die Trennung von Glauben und Wissen kann fortschreitend überwunden werden. Der Weg ist offen für ein Erkenntnis-Christentum, das den Hemmschuh des Dogmatismus abstreift.

Der dritte Hemmschuh ist der *seelische Egoismus,* der sich des traditionellen christlichen Lebens bemächtigt hat. Es war eine welthistorische Notwendigkeit, dass mit den Tagen eines Bernhard von Clairvaux und erst recht mit denen eines Martin Luther das Zeitalter des persönlichen Christentums begann. Schließlich aber ist dadurch eine extreme Einengung der christlichen Empfindung entstanden. In weiten Kreisen bildete sich die Stimmung, als handle es sich im Christentum in erster Linie darum, dass die einzelne Seele Sündenvergebung und Erlösung findet. Die überpersönliche, ja die kosmische Bedeutung des Golgatha-Ereignisses rückte aus dem Blickfeld der Menschen heraus. Seit sich die gegenwärtige Zeitenwende ankündigte, die mit dramatischer Wucht von der Ebene des bloß Persönlichen wieder auf die des Überpersönlichen verweist, haben manche, die um den wahren Sinn des Christentums rangen, den in das Christentum eingedrungenen Seligkeitsegoismus zu kennzeichnen versucht. So hat z.B. Heinrich Lhotzky gesagt: »Solange ich denken muss, dass auch nur eine einzige Menschenseele in der Hölle schmachtet, möchte ich nicht in den Himmel kommen.« In der Theologie selbst wurde auf die Schwierigkeit hingewiesen, vom Glauben den Weg zur Liebe zu finden. Heute aber muss in der Rückschau auf das seit 1848 verflossene sogenannte Jahrhundert des Sozialismus einmal grundsätzlich darauf hingewiesen werden, dass das Christentum seinen spezifischen Beitrag zur Lösung der sozialen Frage und zu wahrer kulturfähiger Gemeinschaftsbildung inmitten des fortschreitenden Chaos noch nicht geleistet hat. Dieser Beitrag wird auch so lange noch ausstehen, als im Kern des Christentums das seelenegoistische Prinzip nicht überwunden ist.

Das Christentum wird von dem religiösen Egoismus, der es an seinem spezifischen Beitrag zur Lösung der sozialen Frage verhindert, nur in dem Maße loskommen, als es einen sakramentalen Charakter annimmt. Der Sakramentalismus hat seinen Sinn in der Heiligung des Lebensganzen in allen seinen Provinzen. Hier bahnt sich ein Ergreifen der überpersönlichen Sphäre an, die dem Christentum in Wahrheit eigen ist. Man ist nicht bloß Christ für sich, sondern für die Welt. Im Sakramentalismus verwirklicht sich das Ideal des allgemeinen Priestertums aller Gläubigen. Dieses war schon zur Reformationszeit ein Tasten nach der Sphäre, in welcher der Seligkeitsegoismus überwunden wird und wo sich die Möglichkeit einer Durchchristung alles Erdendaseins durch das gnadenvolle Hereinwirken einer höheren Welt erschließt.

Der wahre Geist der Zeit ist im tiefsten Grunde Christus selbst, der in eine neue Nähe zur Ebene des Menschenlebens eingetreten ist und die ganze Welt des Übersinnlichen an die Ufer des Irdischen heranbranden lässt. Als Wegbereiter und Herold geht ihm Michael, der Erzengel des Zeitalters, voran. Er will dem christlichen Leben, weil es den entfesselten Dämonien der Zeit abgerungen werden muss, den kämpferischen Charakter geben und nicht mehr zur Schwachheit und zur Furcht, sondern zum Mut der Seele sprechen. Wo der Traditionalismus überwunden wird, reißt Michael den Himmel auf, und der Auferstandene und seine Welt werden in neuer Gegenwart erlebt. Eine apokalyptische Ära beginnt. Wird der Dogmatismus durch ein lebendiges Erkenntnis-Christentum überwunden, so zeigt sich Michael als der Fürst des freien Menschengedankens und bricht demjenigen die Bahn, der dann wie vor 2000 Jahren in Menschengestalt, so heute auf geistige Art lehrend und gedankenspendend durch die Reihen der Menschen geht. Wird der Seelenegoismus in einem sakramentalen Christentum überwunden, so wird es möglich, die Menschheitszukunft den Gegenmächten zu entreißen. Statt Bolschewismus und Kapitalismus muss das Christentum die Menschheitszukunft prägen. Wo das beginnt, schreitet Christus wie vor 2000 Jahren in menschlicher, so heute in geistiger Gestalt heilend durch die Welt und legt seine Hände auf die Wunden, aus denen die Menschheit blutet.

JAHRTAUSENDWENDE

Als das 20. Jahrhundert herannahte, gingen große, wenn auch vielfach unbestimmte Erwartungen und Vorgefühle durch die Seelen. Durch die sich überstürzenden, überraschend weittragenden Fortschritte, die es in Industrie und Technik, Wirtschaft, Verkehr und Handel gab, fühlte man sich fast mehr von überpersönlichen Wogen mit fortgerissen, als dass man glauben konnte, sich durch eigene Erfindungskraft und Leistung vorwärtszubewegen. Und es war ohnedies weit mehr in dem Jahrhundertwende-Gefühl enthalten als bloß die Hoffnungen, die der Fortschritts-Optimismus auslöste. Man erwartete etwas Umfassend-Übergreifendes. Hätte nicht ein naiv-satter Materialismus die Sinne und Gedanken erdschwer gemacht, so wäre es wohl nicht nur so vereinzelt vorgekommen, dass man sich vor einer Enthüllung, einer Apokalypse, fühlte und sich oftmals wie Kinder vorkam, die vor einer Bühne sitzen und dem Aufgehen des Vorhangs entgegenbeben. In das spannungsvolle Vorgefühl für das Kommende mischte sich, wenn auch weniger elementar, ein Antrieb, die Bilanz des zu Ende gehenden Jahrhunderts zu ziehen. Es gab 1900 viele Bücher und Werke der Rückschau. War es nicht ein seltsamer Weg, den das Jahrhundert zurückgelegt hatte: aus der olympisch-poetischen Helle der Zeit Goethes und des deutschen Idealismus zu der prosaischeren Tat-Nüchternheit der stürmisch fortschreitenden naturwissenschaftlich-technischen Betriebsamkeit? Hatte man ein Paradies oder nur eine weltfremde Traum-Täuschung hinter sich gelassen? Mit dem gegenwärtigen Erleben war eine so unausweichliche neue Wachheit und Freiheit des Einzelnen verbunden, dass unter denen, die bewusst über die Schwelle der Jahrhundertwende gingen, kaum jemand die Abschiede spürte und dem Früheren nachtrauerte.

Es ist schwer zu sagen, ob sich damals viele die vorausgefühlte Größe des neuen Säkulums dahin ausgelegt haben, dass es das letzte Jahrhundert vor einer Jahrtausendwende sein würde. Vielleicht liegt uns dieser Gedanke erst heute wirklich nahe, da wir bereits den neuen größeren Schwellenübergang im Kalender des Zeitalters herannahen fühlen. Von daher verstehen wir um einen Grad besser, dass man damals in unbestimmter Art die großen Entscheidungen vorausahnte, die das neue Jahrhundert mit sich bringen würde.

Das Denken in den Zahlen des Dezimal-Systems ist nicht eigentlich alt in der Menschheit, und so könnte man meinen, die Einteilung des Geschichtsverlaufes in Jahrhunderte und Jahrtausende sei mehr eine modern-abstrakte Konstruktion, die weniger den tatsächlichen Rhythmen des Werdens entspricht als die Vorstellungen älterer Zeiten, die nach anderen Einteilungsprinzipien, vor allem nach Zahlen des Siebener-Systems, die Jahr-Gruppen zusammenfassten. Tatsächlich aber muss auch dem Rhythmus von je 100 und vor allem dem von je 1000 Jahren, obwohl er erst dem neueren abstrakteren Denken deutlich erkennbar ist, eine objektive Gesetzmäßigkeit, d.h. eine geistige Urbildlichkeit, die sich im äußeren irdischen Geschehen abspiegelt, zugrunde liegen. Es kann ja nicht ohne Belang sein, dass in der Offenbarung des Johannes der Bildbegriff des Millenniums, des tausendjährigen Zeitraums, vorkommt. Und wenn wir den großen Gang der Menschheitsgeschichte überschauen, so heben sich uns sogleich die Zeitpunkte, in denen sich die Jahrtausende erfüllen, als deutliche Wendezeiten und Schwellenübergänge heraus.
Allerdings bemerken wir auch, wie an diesen Knotenpunkten immer gigantische Wellen von Furcht und Angst durch die Seelen gehen: Weltuntergangsstimmungen wetterleuchten durch den seelischen Umkreis der Menschen und veranlassen sie zu besonderen Auftürmungen irdischer Leistungen, als wollten sie damit einen Damm aufrichten gegen die vernichtende Sintflut, die sie heranbrausen fühlen. Es haben ja immer wieder Weltuntergänge stattgefunden, indem im Menschen alte, noch aus dem Übermenschlich-Kosmischen hereinragende

Seelenkräfte verebbten und Bewusstseinszustände verdämmerten. Von den alten Kräften trennen sich die Seelen schwer, denn sie empfinden sie als groß; und doch kann nur durch ihre Preisgabe ein weiterer Schritt in der Persönlichkeit- und Ich-Werdung getan werden. Das gewaltsame Festhalten am Alten gibt sich nach außen als Größentrieb in der Entfaltung irdischer Macht und Pracht.

Als das 3. vorchristliche Jahrtausend heraufzog, rang sich aus den Seelen der kulturell führenden Völker jener unbändige Bau-Impuls heraus, der uns aus dem biblischen Mythos vom babylonischen Turmbau bekannt ist und in den babylonischen Zikkurat- und den ägyptischen Pyramiden-Bauten einen so monumentalen historischen Ausdruck gefunden hat. Die Bücher des Alten Testamentes lassen in ihrer halb mythischen Schilderung die seelischen Hintergründe und Antriebe miterkennen, die zu diesen Auftürmungen führten: ein Sich-Anstemmen gegen den göttlichen Willen, das krampfhafte Festhalten-Wollen an einem Weltzustand, der dem Untergang geweiht war, spielt mit. Angst offenbart sich hinter der irdischen Größe: Größe entlarvt sich als Größenwahn.

An jener Jahrtausendwende hat sich die Weltuntergangsstimmung auch als solche, d.h. ohne Verkleidung in ihr Gegenteil, geltend gemacht. Auf diesen Zeitpunkt beziehen sich in gleicher Weise wie der Turmbau-Mythos die zahlreichen Sagen und Überlieferungen des Altertums von der großen Flut, die alles überschwemmt und ein unermessliches Sterben hervorruft. Es hat damals, wie die amerikanischen und deutschen Ausgrabungen in Ur und Uruk durch Freilegung einer versteinerten Schlammschicht festgestellt haben, im Euphrat-Tigris-Gebiet auch physische Überschwemmungen von riesenhaftem Ausmaß gegeben. Aber nach den überaus einleuchtenden Darstellungen Rudolf Steiners war historisch wesentlich wirksamer und allgemein gültiger ein seelisches Erleben des Überflutet-Werdens und Ertrinkens. Ruckartig erlosch das bis dahin die Menschheit tragende alte Hellsehen. Nach den Urüberlieferungen und Prophetien des alten Orients begann damals (genau 3101 v. Chr.) das Kali Yuga, das »Dunkle Zeitalter«. Das neue Sinnes- und Verstandesbewusstsein konnte sein Licht nicht so schnell entfalten, wie das Licht des alten traumverwandten

Schauens erlosch. Und so überkam die Menschen, verstärkt durch große äußere Naturkatastrophen, eine Finsternis und Ohnmacht des Bewusstseins, in der sie zu ertrinken meinten.
Die nächste Jahrtausendwende hebt sich nicht mit so elementarer Wucht und Gewalt aus dem Geschichtsgang heraus. Es ist die Zeit Abrahams. In der Gestalt des biblischen Urvaters löst sich ein wichtiger, seiner Zukunftsaufgabe bewusster Völkerzweig aus der magischen Welt der großen alten Kulturen im Zweistromland und am Nil heraus, weil diese nun endgültig dem Untergang geweiht sind. In der Stille des unscheinbaren Jordanlandes wird der Grund einer zukünftigen, mit dem Kopfverstand des Menschen rechnenden Kultur gelegt. Von den titanischen Bau-Impulsen des vergangenen Jahrtausends wird bewusst Abstand genommen. Eine architekturlose Hütten-Kultur entsteht in der Patriarchenzeit als Grundlage einer wichtigen Verinnerlichung des Menschenwesens. Die Feuerbrände des Weltunterganges lodern jedoch hart an den Abraham-Bereich heran, als die Schwefelflammen in Sodom und Gomorrha eine in alter Üppigkeit schwelgende Welt vernichten.
Am Beginn des letzten vorchristlichen Jahrtausends stehen Homer und David. Jeder von ihnen ist Repräsentant einer Strömung, die zum Untergang der damals alt und überfällig gewordenen Welt beizutragen hat. Der Jahrtausendwende sind im östlichen Mittelmeergebiet die Unruhen gewaltiger Völkerwanderungen vorangegangen, die uns wie die Wehen anmuten, von denen die Geburt Europas aus dem Schoße der Mutter Asien begleitet ist. Homer schildert im Brand von Troja den Untergang einer ganzen alten Menschheitsstufe, die jetzt von dem gedanken- und schönheitsfrohen Griechentum abgelöst werden soll. David ersetzt die atavistische Ekstatik der Philister und der Kanaaniter durch das intellektuell-moralische Element der israelitisch-jüdischen Strömung. Der salomonische Tempel schließt sich zwar an eine Welle phönizischer Bau-Impulse an, durch die sich die Menschheit Vorderasiens gegen ihren Untergang wehren und verschanzen will: Zugleich ist er aber ein prophetisches Architektur-Symbol für das aufsteigende Neue, das Zukünftige, indem er als Behausung der Gottheit auf den

irdisch-menschlichen Leib deutet, in welchem der sehnlich erwartete Messias unter die Menschen treten wird.

Tausend Jahre später: die Mitte der Welt, die große Zeitenwende. Als sie herankommt, tritt das Weltuntergangsgefühl als riesige religiöse Atembeklemmung und Erlösungssehnsucht auf. Diese ist der dunkle Untergrund der Messias-Erwartung, die in verschiedenster Gestalt durch die Völker geht, teils in stiller Frömmigkeit, zumeist aber in angstgepeitschter Ungeduld. Die diadochischen Tyrannen in Syrien, gegen die sich die Freiheitskämpfe der Makkabäerzeit wehren, die römischen Cäsaren, die das Märtyrerblut der ersten Christen vergießen, sind Ausgeburten des durch Ungedulds-Fieber auf das politische Gebiet abgeglittenen Messias-Glaubens und dadurch diabolische Gegenbilder des wahren Messias. Wieder lässt eine unersättliche Bau-Wut als Äußerung des Cäsaren-Wahns die Todeszuckungen einer alten Welt erkennen, die sich gegen den eigenen Untergang und den Aufgang einer neuen Menschheit anstemmt.

Als das Christentum ein Jahrtausend lang gewirkt hat, bleibt dennoch die Unruhe einer großen Weltuntergangsfurcht nicht aus. Auch innerhalb einer von der Christus-Kraft ergriffenen Menschheit muss sich eine neue Stufe des menschlichen Seins und Bewusstseins an den Tag ringen. Diesmal braucht der aufsteigende Feuerstrom lange, bis er die im Beharrungsdrang verhärtete Erdkruste voll durchstoßen kann. Die wie Gespensterheere nach Europa hereinbrechenden Hunnen, Araber und Mongolen sind wie Wetterzeichen vor und nach dem eigentlichen Neugeburts-Gewitter in den Seelen. In den Kreuzzügen, in der Begründung der neuen Mönchsströmungen, der Reform- und Bettel-Orden regt sich dumpf das Neue, auf flammende Geistigkeit Zielende. Die großen dämmrigen Wälder weichen den weiten, hellen Flächen der Wiesen und Felder um die plötzlich überall entstehenden Städte herum. Die Gotik ist die reife Frucht des Erwachens, das die Seelen ergreift. Aber auch ganz unmittelbare Manifestationen gibt sich die durch Pest-Epidemien aufgepeitschte Zeit-Angst: Wilde Züge von Flagellanten, die sich blutig geißeln, heulen durch die Straßen der Städte.

Mit dem Zeitenübergang, in welchem wir gegenwärtig, im letzten Jahrhundert des 2. christlichen Jahrtausends, stehen, hat es seine eigene Bewandtnis. Um auf eine Umwälzung von entsprechender Heftigkeit und Bedeutung zu kommen, müssen wir fünf Jahrtausende in der Geschichte zurückgehen. (Von der großen Zeitenwende zu Beginn der christlichen Zeitrechnung sehen wir ab, weil sie zu einer anderen Größenordnung gehört.) Dieselben orientalischen Urüberlieferungen und Weissagungen, die den Anbruch des »Dunklen Zeitalters« für den Beginn des 3. vorchristlichen Jahrtausends voraussagten, deuten zugleich auf unsere heutige Zeit, indem sie den großen Rhythmus der sogenannten »Äonen« beschreiben, nach welchem zu Beginn unseres 20. Jahrhunderts das Kali Yuga wieder durch ein »Lichtes Zeitalter« abgelöst wird. Das Jahr vor der letzten Jahrhundertwende war nach diesem großen Urkalender, den die heutige Geistesforschung als zutreffend bestätigt, ein viel bedeutungsvollerer Einschnitt im Werden der Menschheit, als das Bewusstsein der Zeitgenossen es im tatsächlichen Überschreiten der Schwelle erfassen konnte: Im Jahre 1899 waren die 5000 Jahre des Kali Yuga, das 3101 v. Chr. begann, abgelaufen. Nur in unbestimmten Ahnungen wetterleuchtete etwas von dem Aufgang eines völlig neuen Zeitalters durch die Seelen. Es ist im Sinne des uralten Wissens von der Bedeutung des letzten Jahrhundertübergangs, wenn man sagt: Ein Jahrhundert lang sollte die Menschheit Zeit haben, sich mit den ersten Durchbrüchen und Errungenschaften des neuen, lichteren Zeitalters auf die Entscheidungen vorzubereiten, die die nächste Jahrtausendwende mit sich bringen würde.

Wer nur den äußeren Verlauf der Völkerschicksale ins Auge fasst, wird es als eine paradoxe, ja unsinnige Behauptung empfinden, dass wir bereits in ein lichteres Zeitalter eingetreten seien. Erst wenn wir dazu vordringen, hinter den Kulissen des äußeren Geschehens die durch große Metamorphosen gehende *Bewusstseinsentwicklung* der Menschheit ins Auge zu fassen, finden wir einen Schlüssel zu den Geheimnissen der Gegenwart im Sinne jener alten Weisheit. Vor 5000 Jahren, zur Zeit des ägyptisch-babylonischen »Turmbaus« und der »großen Flut«, erlosch das alte Hellsehen. Mit dem nun zu entwickelnden Sinnes- und

Verstandesbewusstsein wuchs die Menschheit auf der einen Seite in eine große »Sprachenverwirrung« hinein, wie es der alttestamentliche Mythos beschreibt. Zugleich aber konnte nur so der Weg zur individuellen Freiheit gefunden und beschritten werden. Immer vollständiger ist in der Zwischenzeit die Götterdämmerung hereingesunken, weil sich die Welt des Übersinnlichen immer restloser dem menschlichen Bewusstsein entzog. Der Siegeszug der neueren Naturwissenschaft und Technik bedeutete schließlich eine letzte Steigerung im Irdisch-Werden des menschlichen Bewusstseins. Die konsequent materialistische Weltanschauung mit all ihren tausendfältigen praktischen Errungenschaften war die letzte reife Frucht des Kali Yuga. Nur kurze Zeit blieb im angebrochenen 20. Jahrhundert das Gebäude einer zivilisationsstolzen, nur nach außen gewandten Kultur ohne Erschütterung bestehen. Dann setzten die Erdbebenstöße und Stürme des Schicksals ein, die von dem burgartig-fest erscheinenden Bauwerk nur ein ödes Trümmerfeld übrigließen. Alle Leiden und Untergänge unserer Zeit können nur dann ihren Sinn und die zugrunde liegende Gottesabsicht offenbaren, wenn sie als Geburtswehen eines neuen Bewusstseins erkannt werden. Mit der in den Jahrtausenden des Dunklen Zeitalters errungenen Freiheit und Wachheit der Persönlichkeit soll nunmehr die Menschheit wieder ein erkennendes Bewusstsein von der Welt des Übersinnlichen erringen. Die materialistische Weltanschauung muss von einer solchen abgelöst werden, die zugleich die sinnliche und die übersinnliche Welt umspannt und die durch eine Kenntnis und Berücksichtigung der geistigen Weltzusammenhänge auch die stoffliche Außenseite der Schöpfung tiefer versteht. Das in den Seelen aufsteigende Vermögen, auf die Welt des Übersinnlichen die Gedanken und schließlich auch den wahrnehmenden Blick zu richten, wird die Lichtquelle sein, die mitten im Donner und Blitz der Zeitengewitter das von Urzeiten her geweissagte neue »Lichte Zeitalter« aufgehen lässt.

Wenn der Kalender von den großen Geist-Rhythmen recht hat, nach welchem die hinter uns liegende Jahrhundertwende mit dem Anbruch einer »Lichteren Zeit« zusammenfällt, so sind in der Tat heute die Spannung und der Kontrast zwischen dem äußeren Verlauf und dem inneren Sinn des Zeitalters so groß wie kaum je in der Weltgeschichte. Die fünf hinter uns liegenden Jahrtausendwenden, die das »Dunkle Zeitalter« einleiteten und begleiteten, bedeuteten jedes Mal einen Ruck im Abstieg des Menschheitsbewusstseins und damit wirkliche innere Weltuntergänge. Die vor uns liegende Jahrtausendwende wird die erste sein, die einen Schritt im Wiederaufstieg des Menschenbewusstseins mit sich bringen soll. Wie sollen wir einen solchen Hoffnungsausblick mit den Schicksalsgegebenheiten, vor die uns die Gegenwart stellt, in Einklang bringen?

Die Zwischenbilanz des 20. Jahrhunderts ist allerdings eine erschreckende und könnte Furcht erregen, ähnlich wie eine solche Furcht mit den Weltuntergangs-Stimmungen früherer Jahrtausende verbunden war. Allein schon auf der Ebene des Völkerlebens sind seit 1900 Veränderungen und Umwälzungen vor sich gegangen von einer solchen Radikalität, dass alle Ausdrücke, die sich dafür prägen lassen, völlig unzureichend bleiben. Noch etwa bis zum Ausbruch des Ersten Weltkriegs hin hielten sich die alten Ordnungen und Grenzen. Die politischen und sozialen Lebensverhältnisse verharrten trotz des gigantischen Auftauchens der sozialen Frage im Großen und Ganzen in dem Gleichgewicht, in das sie während der letzten Jahrhunderte eingemündet waren. Als dann aber die ersten Erdstöße des großen Völkerbebens einsetzten, zeigte sich, dass alle Ordnungen nur noch scheinbar waren. Der Bau der modernen Zivilisation war unterminiert. Die überdimensionale Folgerichtigkeit, die immer eine größere Katastrophe aus den vorangehenden Zusammenstößen hervorgehen ließ, führte in kürzester Zeit zu einer Chaotisierung, die nicht nur die Gegenden ergriff, die unmittelbar in die kriegerischen Verwicklungen mithineingezogen waren. Heute hat das Chaos lückenlos rund um unseren Erdball herum die Ebene des Völkerlebens ergriffen und durcheinandergewirbelt. Nicht nur dass in Europa und in den Kolonialreichen, die von europäischen Ländern aus verwaltet wurden, alle bisherigen staatlichen Ordnungen und wirtschaftlichen Besitz- und Herrschaftsverhältnisse ins Wanken geraten und zusammengebrochen sind – das Ende des englischen Wehrreiches und seiner

Reichtumsverhältnisse ist nur das hervorstechendste Beispiel –, sogar die auf uralten sakralen Traditionen ruhenden Reiche des asiatischen Kontinentes, wie z.B. China und Indien, gleichen Äckern, durch die erbarmungslos der Pflug des Schicksals hindurchgegangen ist, und zwar ohne überschaubare Furchen für die Aussaat des Zukünftigen zu ziehen. Es ist klar, dass das chaotisierte Feld des Völkerlebens nicht eine Ebene der Ursachen, sondern der Folgen ist. Betrachtet man nur irgendwelche Teilerscheinungen, so kann man noch denken, dass diese die Folgen von politischen Eigenmächtigkeiten oder Unterlassungen seien. Blickt man auf das Chaos in seiner ganzen umfassenden Größe, so muss man die Ursachen auf einem höheren Plan suchen. Man fängt zu ahnen an, dass der Ideenvorrat alter Zeiten, aus denen instinktiv oder bewusst die bisherigen Ordnungen entstanden sind, aufgezehrt ist. Die alten Ideen greifen nicht mehr ordnend ein. Ein Ideen-Vakuum ist eingetreten, und so mussten alle alten Ordnungen eine Beute des Chaos werden. Die Mindest-Schlussfolgerung, zu der sich derjenige genötigt sieht, der die Kraft hat, das Gesamt-Chaos zu überschauen, ist, nach derjenigen geistigen Sphäre Ausschau zu halten, aus welcher die Ideen geschöpft werden können, die imstande sind, neue Ordnungen zu stiften. Die damit berührte Notwendigkeit kann uns vor allem dann auf der Seele brennen, wenn wir innerhalb der stürmenden Wogen des Gesamt-Chaos die gefahrdrohende Polarität und Spannung sich abzeichnen sehen, mit der heute Ost und West einander gegenüberstehen und in Europa, wo diese Polarität eine Mitte und ein Gleichgewicht finden sollte, aufeinanderprallen. Zu meinen, dass die Ost-West-Problematik auf den äußeren Lebensfeldern des Politischen und Wirtschaftlichen gelöst werden könnte, wäre eine der verhängnisvollsten Oberflächlichkeiten und Gedankenlosigkeiten. Hier ist noch unentrinnbarer als an den anderen Problemen, die das Gegenwarts-Chaos aufgibt, zu erkennen, dass nur eine geistige Lösung vorwärtshelfen kann, weil es ja der Kampf zwischen zweierlei Geistigkeiten oder Ungeistigkeiten ist, der sich in latenten oder offenen Spannungen äußert.

Die Totalveränderung der Weltverhältnisse, die das 20. Jahrhundert bisher schon gezeitigt hat, greift aber weit über die Ebene des

Völkerlebens hinaus. Es klingt heute nicht mehr fantastisch, wenn darauf hingewiesen wird, dass sogar das Klima und die regelmäßige rhythmische Folge der Jahreszeiten in den großen Umschwung mithereingezogen worden sind. Kosmische Störungen scheinen am Werke zu sein. Die Erde ist nicht mehr die alles verzeihende und immer nur liebende und spendende Mutter. Ist es der Zusammensturz der menschlichen Ordnungen, der sich nun auch schon auf die Ordnungen der Natur auswirkt, oder sind es die kosmischen Störungen, die sich in den meteorologischen Umschwüngen bemerkbar machen, die das Chaos unter den Menschen hervorrufen? Auch das Kraftfeld des rhythmischen Erdlebens ist heute nicht als eigentliche Ebene der Ursachen anzusehen. Wie das chaotisierte Leben der Völker ist es nur eine Ebene der Folgen. Zu der Ebene der Ursachen schwingen wir uns erst auf, wenn wir den Blick auf die Veränderungen richten, die seit Beginn des Jahrhunderts im übersinnlichen Umkreis des menschlichen und natürlichen Lebens eingetreten sind. Noch immer hält die materialistische Denkungsart die Bewusstseine gefangen, sodass die Menschen überhaupt nicht ohne einen heftigen Ruck des Aufwachens geneigt sind, mit der Tatsächlichkeit eines übersinnlichen Umkreises zu rechnen. Höchstens wenn in sensationeller Art Übernatürliches hereinschlägt, sei es, dass irgendwo ein Mensch rätselhafte Heilungen bewirkt, sei es, dass irgendwo in Kinderseelen übersinnliche Wahrnehmungen aufblitzen, die sich auf Gestalten der religiösen Überlieferung deuten lassen: dann wallfahrten die Menschen zu Zehntausenden dorthin. Man gibt sich nicht Rechenschaft darüber, dass die Mirakel, von denen man sich magnetisch angezogen fühlt, völlig undurchschaut bleiben. Man ist gerne wundergläubig, und man wird ja auch von den Autoritäten des geistigen Lebens weder in der Wissenschaft noch in der Kirche zu einem konsequenten weltanschaulichen Umdenken angeleitet, sodass man wenigstens erste Schritte tun könnte, um das, was im übersinnlichen Umkreis des heutigen Lebens vor sich geht, erkennend in das Weltbild aufzunehmen. Allein die Tatsache, dass zu unserer Zeit Millionen von Seelen schlagartig die irdische Welt haben verlassen müssen und in der Welt der Verstorbenen eine so unermesslich dichte Wolke von

Schicksal über unseren Häuptern bilden, musste gegenüber der ruhigen Zeit vor der Jahrhundertwende den übersinnlichen Umkreis von Grund auf verändern und mit Spannung und Dramatik erfüllen. Dass die Menschheit auf der Erde heute an einem Nullpunkt des Gefühls und Wissens gegenüber der Welt der Verstorbenen angelangt ist, gerade zu einer Zeit, da die Welt drüben eine Verstärkung und Verdichtung erfahren hat wie seit vielen Jahrtausenden nicht mehr, bedeutet ja nicht, dass keine Wirkungen von jener unermesslichen Wolke auf uns ausgehen.

Zu den gigantischen Wirbeln, die den übersinnlichen Umkreis der Menschheit bewegen, gehören nicht zuletzt die Gewalten, die durch den triumphalen Vormarsch der Technik im Laufe unseres Jahrhunderts entfesselt worden sind. Die Menschheit hat auf bewunderungswürdige Weise gelernt, mit der Elektrizität zu arbeiten, von der man vor der Jahrhundertwende im Vergleich zu heute so gut wie nichts wusste. Was Elektrizität in Wirklichkeit ist, kann man aus dem Begriffsschatz der bisherigen Naturwissenschaft nicht wissen. Man kann höchstens mit hypothetischen Konstruktionen nach dem Wesen dieser Kraft tasten. In Wirklichkeit gehört bereits die Elektrizität mit ihrem Wesen nicht mehr dem Bereich der Sinneswelt an. Sie ist nichtsinnlicher, genauer gesagt untersinnlicher Natur und kann erst durch eine Weltanschauung wahrhaft erfasst werden, die sich dem Bann der bloßen Sinneswahrnehmung entrungen hat und die Welt des Über- und Untersinnlichen mit umspannt. Erst recht ist die sogenannte Atomenergie, die weittragendste Entdeckung unseres Jahrhunderts, nicht ihrem Wesen nach zu verstehen und deshalb auch nicht wirklich zu meistern ohne eine Erkenntnis dessen, was über den Sinnesbereich hinausliegt. Ohne es voll zu durchschauen, hat die moderne Physik und Technik kosmische Gewalten, die bisher unter Verschluss und latent geblieben waren, entfesselt und in die übersinnliche Atmosphäre, in der wir leben, ausgegossen. Es gehört nicht viel Vorstellungsgabe dazu, um zu erkennen, dass bei der Gewinnung der Atomenergie bereits Prozesse in Gang gebracht werden, die auch dann schon auf die Menschen und die Erde wirken, wenn sie nicht in Form von Atombomben auftreten.

Wir Kinder des 20. Jahrhunderts leben in einer durch und durch veränderten übersinnlichen Atmosphäre. Der Ozean des Übersinnlichen, der uns umspült und durchdringt, ist in eine allergewaltigste, sturzflutartige Bewegung geraten. Kein Wunder, dass auch heute wie an den früheren Jahrtausendwenden hier und da cäsarischer Größenwahnsinn, mit Bauwut verbunden, aufflammt, weil sich die Dämonen untergehender Weltverhältnisse gegen das stürmisch fortschreitende Schicksal aufbäumen.
Bleibt man von einzelnen Schicksalsschlägen und Zeitkatastrophen, unter denen man vielleicht auch persönlich zu leiden hat, gebannt, so wird man nicht imstande sein, einen Sinn damit zu verbinden, wenn von dem Anbruch eines »Lichten Zeitalters« in unseren Tagen gesprochen wird. Man wird meinen, dass die Welt nie so finster und notvoll gewesen sei wie eben jetzt. Vielleicht aber kann es zur Ahnung des Sonnenaufgangs, der sich hinter stürmischem Gewitterhimmel verbirgt, führen, wenn man sich der umfassenden Größe und Totalität der heutigen Weltumwälzung gegenüberstellt. Tut man das, so kann man sich einer ahnenden Berührung mit der übersinnlichen Ursachenschicht, von der alle Bewegungen und Wirbel ausgehen, nicht mehr verschließen. Diese ahnende Berührung ist der erste Anteil, den man an dem neuen Licht gewinnt, das in die Welt scheint.

Der noch so tragisch verhüllte Sonnenaufgang, der das neue »Lichte Zeitalter« heraufführt, wird nicht durch irgendeine unpersönliche kosmische Potenz bewirkt. Die persönlichste Gottheit, die Personwerdung der göttlichen Liebe selbst, ist dieser Sonnenaufgang. Dass die Sphären des Übersinnlichen in eine so brausende Bewegung versetzt sind und wie eine stürmische Meeresbrandung an das Gestade der physischen Welt herandrängen, ist im tiefsten Grunde die Folge davon, dass ein mächtiges göttliches Wesen in eine neue Nähe zur Menschenwelt eintritt. Im Übersinnlichen soll sich in unserer Zeit erfüllen, was von den Evangelien und der Offenbarung des Johannes als das zweite Kommen Christi beschrieben und erwartet worden ist. Wenn uns heute von der heranflutenden Welt des Übersinnlichen zunächst nur die dunkleren und unheimlichen Schichten erreichen und prüfen, sodass die lichteren Mächte und Wesen der übersinnlichen Welt, insbesondere die sonnenhafte Christuswesenheit selbst, sich dahinter verbergen, so ist das nichts anderes als was die alten Traditionen ausdrückten, wenn sie sagten, dass der Wiederkunft Christi die Offenbarung des Antichrist vorangehen müsse. Christus will von unserer Zeit an die große Aufwärtswendung für das zur Erde herabgestiegene menschliche *Bewusstsein* bewirken, so wie er durch seine physische Menschwerdung vor 2000 Jahren die Wendung für die Seinsentwicklung der Menschheit bewirkt hat. Die ersten 2000 Jahre der christlichen Entwicklung gehörten noch dem Kali Yuga, dem »Dunklen Zeitalter«, an. Der Sinn des 20. Jahrhunderts ist, dass in ihm die herannahende Sonne einer neuen Christus-Offenbarung, wenn auch unter Stürmen und Untergängen, den Aufgang eines Lichten Zeitalters bewirkt.

Alle katastrophalen Chaotisierungen und Zusammenbrüche der Gegenwart sind Folgen des Bewusstseinsabstiegs im Dunklen Zeitalter, den man vor lauter äußerem Fortschrittsglauben und Zivilisationsstolz nicht als solchen erkannt hat. Die traditionellen christlichen Strömungen haben sich an dem Weltuntergang, in dem wir mitten darinstehen, mitschuldig gemacht, indem sie Glauben und Wissen trennten, d.h. für den Christus-Glauben nur das *Sein* des Menschen, nicht aber sein *Bewusstsein* in Anspruch nahmen. So wurde der letzten materialistischen Verflachung des Bewusstseins auch vonseiten des Christentums kein Riegel vorgeschoben. Die neue Christus-Offenbarung, die der eigentliche Sinn unseres Zeitalters ist, soll nun aber außer dem Sein des Menschen in erster Linie sein Bewusstsein erlösen. Den Blick zur Welt des Übersinnlichen emporzurichten, weil dort nicht nur die Ebene der Ursachen für das Chaos, sondern auch der Schauplatz der neuen Christus-Offenbarung ist, wird der erste Schritt in der Erlösung und Durchchristung des menschlichen Bewusstseins sein. Die Sphäre des sich neu offenbarenden Christus wird für den Rest des Jahrhunderts und die große Jahrtausendwende, die bevorsteht, auch zur Quelle der schöpferischen Ideen werden, aus denen langsam neue Ordnungen in die chaotischen Trümmerfelder des irdischen Lebens gepflanzt werden können.

DAS LICHTE ZEITALTER

Wo stehen wir heute in dem ernsten Schicksalsdrama unserer Zeit? Ein erhabenes Vorspiel hob an, als im Jahre 1879 das Zeitalter des Erzengels Gabriel, das dem Mond zugehört, durch ein Zeitalter Michaels abgelöst wurde, der der Erzengel der Sonne ist. Das michaelische Zeitalter kam zum Durchbruch durch einen Sieg des Erzengels in derjenigen Geistessphäre, die unserem Erdendasein am nächsten benachbart ist. Die ahrimanischen Drachengewalten wurden besiegt und in die Tiefe gestürzt. Dadurch wurde für den Erzengel der Weg frei, auf dem er in die Erdenmenschheit einziehen konnte. Michael wartete bereits lange auf diesen Augenblick, der nur durch Kampf und Sieg herbeizuführen war. Er wollte dem Christus nachfolgen, der sich durch Auferstehung und Himmelfahrt mit der Erde verbunden hatte. Er wollte *auf der Erde* der Herold sein, der Ihm den Weg bereitete. Durch diesen Heroldsdienst sollten die Christus-Wirkungen, die bisher nur dem Sein der Menschen zugutekamen, auf ihr Bewusstsein ausgedehnt werden. Mit dem Michael-Zeitalter begann die Zeit eines Christentums im Bewusstsein und im Denken des Menschen. Aber die ahrimanischen Gewalten waren dadurch, dass sie der siegende Erzengel gestürzt hatte, ja nun auch auf der Erde. Im Menschenreich entfalteten und steigerten sie ihre Wirksamkeit. Und so begann auf Erden der Kampf, der unser Zeitalter vom Geiste her gesehen charakterisiert: der Krieg zwischen den Söhnen des Lichtes und den Söhnen der Finsternis.

Zunächst war über die Erde noch eine Dunkelheit ausgebreitet von Urzeiten der Götterdämmerung her, nach dem uralten Kalender das »Dunkle Zeitalter«, das Kali Yuga, genannt. Dieser Dunkelheitsschleier löste sich, als das neue Jahrhundert vor der Türe stand; 1899 wurde auf der Geist-Bühne unseres Zeitalters ein Vorhang aufgezogen. Licht flutete herein, das den Söhnen des Lichtes, die um Michael geschart sind, zugutekam. So brachte die letzte Jahrhundertwende ein volles Zusammenwirken von Christus und Michael auf der Erde. Wie einst Johannes der Täufer vor dem Christus einherging, um ihm den Weg zu bereiten, so tut das heute Michael. Dadurch ist es im Fortschreiten des neuen Zeitalters möglich geworden, dass der Christus im ätherischen Gebiet ganz nahe an die Menschheit herangekommen ist. Zahlreiche Menschen, darunter auch diejenigen, die die Christengemeinschaft begründet haben, wussten durch einen Hinweis Rudolf Steiners, dass ein wichtiger Knotenpunkt im Herankommen Christi an die Menschheit in das Jahr 1933 fallen würde. Die Schatten davon, die dramatischen Verzerrungen und Karikaturen, sind von den Menschen erlebt worden. Das Licht, das den Schatten warf, konnten sie vorerst nicht sehen. Die Finsternisse, die Michael im vorigen Jahrhundert *über* der Erde durchstoßen hat, müssen zuvor *auf* der Erde, und zwar jetzt von den Menschen selbst, durchdrungen werden. Der Kampf tobt zwischen den ahrimanischen Erfindungen der modernen Zivilisation und den michaelischen Intuitionen, den neuen Geist-Gedanken, die sich aber zunächst nur keimhaft zeigen können.

Vom Beginn unseres Jahrhunderts an kamen die jungen Menschen an die Front der christlichen Geschichte. Sie waren im vorgeburtlichen Dasein bereits Zeugen davon gewesen, wie die ätherische Sphäre heller wurde, weil die geistige Sonne darin aufging. Vollgesogen mit diesem Sonnenlicht traten sie, schließlich auf der Erde geboren, in eine Kultur ein, die aus Dunkelheit gewoben war. Daraus haben sich die verschiedenen Stadien der Jugendbewegung ergeben. Die jungen Menschen mussten in Opposition kommen, aber es war zunächst nur ein dumpfer Wille, der sie opponieren ließ; es fehlte noch das Licht eines gedanklich-klaren und aussprechbaren Bewusstseins. Das Gedankenleben der Menschen war es ja insbesondere, dessen sich die Finsternisgewalten bemächtigt hatten. Ausschließlich die auf das Irdisch-Wahrnehmbare gerichteten, nur vom menschlichen Kopf gedachten Gedanken standen zur Verfügung. In der Jugendbewegung lebte daher guter Wille ohne Begriffe.

Aber dann bahnte sich etwas Neues an. Schon gab es die erste große Zeitalter-Gabe Michaels an die Menschheit, die Weltanschauungs-Inspiration, aus der sich die Anthroposophie ergab. Sie war imstande, den jungen Menschen die Begriffe zu geben für das, was sie wollten. Eine Vermählung des guten Willens in jungen Menschen mit den neuen michaelischen Gedanken kam in ersten Anfängen zustande. Wir stehen in einem lebendigen Fortschreiten dieses Zusammenflusses. Bis zum Ende unseres Jahrhunderts wird auf der einen Seite kulminieren die Flut der aus kalter Klugheit stammenden ahrimanischen Blendgedanken, samt ihren enormen Auswirkungen auf den Feldern der modernen Technik, aber auch auf den Feldern der Zerstörung. Auf der anderen Seite muss kulminieren, wenn auch vielleicht in zahlenmäßig kleinen Kreisen, die Kraft der neuen Gedanken, die dem Hellwerden des Geistgebietes entstammen, deshalb auch dem, was geistig geschieht, gerecht werden können. Wenn nach dem Beginn des Christentums dreimal 666 Jahre vorüber sind, muss sich das Schicksal der Menschheit für die Zukunft entscheiden.
Jetzt, nach der Jahrhundertmitte, was kommt uns da doch alles gnadevoll entgegen! Michael ist da! Christus ist da! Michael will in unseren Seelen das Gedankenlicht entzünden, durch das die Seelen sehend werden nicht nur für das Geistige in allem irdischen Dasein, sondern für den Christus selbst. Dass im Menschen das Denken aufhört bloß kopfmäßig zu sein, dass es sich begegnet mit dem Willen, dass es vom *ganzen* Menschen gedacht werde, das ist das Anliegen Michaels. Rudolf Steiner spricht das so aus: »Michael befreit die Gedanken aus dem Bereiche des Kopfes; er macht ihnen den Weg zum Herzen frei … Das Michaelzeitalter ist angebrochen. Die Herzen beginnen Gedanken zu haben; die Begeisterung entströmt nicht mehr bloß mystischem Dunkel, sondern gedankengetragener Seelenklarheit. Dies verstehen, heißt Michael in sein Gemüt aufnehmen. Gedanken, die heute nach dem Erfassen des Geistigen trachten, müssen Herzen entstammen, die für Michael als den feurigen Gedankenfürsten des Weltalls schlagen.« Ein anderes Denken wird geboren. Dieses gibt nicht immer gleich Antworten, es kann im Fragen verharren, sodass die Antwort sich eigentlich

mit der recht gestellten Frage selber ergibt. Die Menschen bringen heute den Keim michaelischer Gedanken mit herein in das Erdendasein. Sie mögen beobachten, vor allem wenn sie sich an gewissen Wendepunkten ihres Schicksals auf das Vergangene besinnen, wenn sie Rechenschaft ablegen vor sich selbst oder wenn sie Entschlüsse zu fassen haben für die Zukunft, wie aus den Tiefen ihrer Seele der Wille aufsteigt und wie die Gedanken dem Willen entgegenkommen. In dem Augenblick, wo beide sich finden und vereinen, trifft uns Michaels Blick. Er ist es, der unsere Herzen denken lehrt. In solchen Augenblicken werden von unserer Gegenwart an Menschen sehend werden für die Sphäre, in welcher Michael und Christus anzutreffen sind. Michael gibt das Licht, Christus gibt die Wärme. Michael gibt den Ernst der inneren Initiative, Christus gibt die Gnade, die unsere Seele entgegennimmt. Michael spricht zu unserem Mut, dem Christus nähern wir uns in Demut.

Wie das Kind neben sich und über sich seinen Schutzengel hat, so wird der junge Mensch einen hellen Doppelgänger neben sich haben: Das ist der Erzengel Michael. Die alttestamentliche Erzählung von dem Knaben Tobias, neben dem auf seinen Wanderungen der Erzengel Raphael einherging, ist eine Art Weissagung für uns. Der Mensch von heute darf sich sagen: Ich bin in eine Zeit hineingeboren, in der ich außer den Menschen als Mitbewohner der Erde, als Zeitgenossen, Christus und Michael antreffe. Und ich will auf die Augenblicke achten, in denen vielleicht nur noch eine ganz dünne Wand mich von ihnen trennt und ich nur den inneren Glauben haben muss, sodass die Wand zerreißt und ich sehe, wer bei mir ist. Die Götternähe hellerer Zeiten, in denen die Menschen noch denken konnten, sie hätten die Götter als Gäste an ihren Tischen, aufersteht. Und die Welt verjüngt sich durch die neue Götternähe.

»Das Licht, das euch zufließt, setzt in tätiges Leben um, damit euch die Finsternis nicht überwältige. Wer im Finstern wandelt, weiß nicht, wohin er geht. So viel Licht euch zufließt: glaubet an das Licht, damit ihr wahre Söhne des Lichtes werdet« (Johannes 12,35 f.).

MICHAEL UND DAS NEUE KOMMEN CHRISTI

AUS DER PAULINISCHEN CHRISTOLOGIE

Durch Tod und Auferstehung Christi ist eine neue Aufwärtsentwicklung eingeleitet worden, nicht nur für die Menschenseelen, sondern für alles Erdendasein. Aber damit ist dem immer noch weiterschreitenden Ur-Fall und Absturz keineswegs Einhalt geboten. Dem Abgrund wird nur entrissen, was von der Erdenschöpfung in die Durchchristung, die im einzelnen Menschen beginnt, miteinbezogen werden kann. So tobt denn seit dem Ostersiege Christi der Kampf weiter. Je mehr der Kreis des Lichtes wächst, umso mächtiger treten auch die Gewalten der Finsternis auf den Plan. Die Geschichte der Menschheit und der Erde seit dem Ereignis von Golgatha ist innerlich bestimmt durch die steigende Spannung zwischen dem Kommen des Christus, der »Parusie«, und dem Kommen des Antichrist, der »Apostasia« (2. Thess. 2,3), dem Sog des Abgrundes. Dieser Kampf wird schließlich andauern bis zum Ende des Erdenäons. Dann wird die »Scheidung der Geister« in ein kosmisches Ereignis größten Stiles einmünden. Die »neue Erde«, der mit Christus verbundene und durch ihn verwandelte Teil des Erdendaseins, wird einem Phönix gleich aus dem Weltbrand hervorgehen und, indem sie sich der Schwere und der Macht des Todes entreißt, die sonnenhaft leuchtende neue Gestalt unseres Planeten bilden. Wie eine Mondenschlacke wird, was unverwandelt geblieben ist, ausgeschieden und dem Gesetz der Schwere und des Todes unterworfen bleiben.

Paulus spricht davon in dem großen Auferstehungskapitel des ersten Korinther-Briefes (15. Kap.). An Ostern hat eine Auferstehungsströmung begonnen, die sich nun durch alles künftige Werden hindurchzieht. Die Kraft ist in die irdische Entwicklung eingetreten, die durch das Mysterium der Wandlung unverwesliches Leben und eine neue geistige Leiblichkeit aufkeimen lässt. Wie von dem ersten Adam ein sterbliches Geschlecht abstammte, das sich immer nur noch mehr in den Bann des Todes begab, so wird der zweite Adam zum Ahnherrn eines auferstehenden Geschlechtes, das durch die Vollmacht des Geistes über den Stoff den Keim eines neuen, unzerstörbaren Lebens zum Wachsen bringt. Und dann kommt schließlich der Zeitpunkt, in welchem sich der Ostersieg des Christus über den Tod auf menschheitlicher, tellurisch-kosmischer Stufe wiederholt. Als der letzte Feind wird der Tod, nun als kosmische Macht, überwunden (1. Kor. 15,26).

Auf dem Wege, der von Golgatha zum Erdenende hinführt, wird es eine Station des Werdens geben, in welche sich bereits die Figuren der letzten Entscheidung hereinspiegeln, sodass das Zeitalter, in das sie fällt, einen besonderen eschatologisch-apokalyptischen Stil haben und den Charakter einer Vorentscheidung annehmen wird.* Diese Phase der Entwicklung wird in einem besonderen Maße im Zeichen der Parusie, der »Wiederkunft« Christi stehen. In diesem damals zukünftigen Zeitalter musste sich Paulus mehr als in der eigenen Gegenwart heimisch fühlen. Es war noch um die gleiche Zeitspanne entfernt, die Paulus als Menschheits-Frühgeburt seiner Zeit voraus war. Als Zeitgenosse dieser Zukunft, des Zeitalters der Bewusstseinsseele, wird Paulus zum warnenden und mahnenden Herold der Parusie.

Einmal wird es einen kritischen Höhepunkt des großen Kampfes geben. Auf der einen Seite wird das Geheimnis des »Tages des Herrn« machtvoll emporsteigen. Aber es wird sich nicht um einen äußerlich wahrnehmbaren und datierbaren Tag handeln. Im Übersinnlichen, im Reiche des Ätherischen, in der Sphäre der Lebens- und Bildekräfte, für die allerdings die Menschenseelen zunächst noch blind sind, wird es »tagen«. Eine Zeit, in der die nächtlichen Gewalten, die Mächte der Finsternis, den Ton angaben, geht zu Ende; ein Tagesanbruch, durch

* Eschatologie ist »Lehre von den letzten Dingen«. In den Ausdrücken »Jüngstes Gericht«, »Jüngster Tag« geht die Bezeichnung »der, das Jüngste« auch auf εσχάτος (eschatos) zurück: »der, das Letzte«, sodass gemeint ist »letztes Gericht«, »letzter Tag«.

eine Morgenröte vorbereitet, kommt, und ein höheres Tageslicht tritt die Herrschaft an. Es wird um den Zeitpunkt herum sein, auf den uralte asiatische Weissagungen hindeuten, die von dem Übergang eines fünftausendjährigen »Dunklen Zeitalters«, des Kali Yuga (3101 v. Chr. bis 1899 n. Chr.), in ein »Lichtes Zeitalter« sprechen. Auf der anderen Seite kulminieren dann auch die Gegenmächte, die sich der kalten Klugheitskünste der Menschen bedienen, um die dunkle Wand der materiellen Welt mit ihren faszinierenden Reichtümern und technischen Möglichkeiten nur immer noch dichter und undurchdringlicher zu machen. Zunächst ist der Antichrist im Vorteil. Obwohl auch er und seine Scharen nicht von »Fleisch und Blut« (Epheser 6,12), sondern übersinnlicher Natur sind, vollführt er seine Zauberkünste im Sinnenbereich und schlägt dadurch die Menschen in seinen Bann des Truges und der Täuschung. Das Werden und Wirken Christi dagegen geschieht ganz und gar verborgen im Ätherischen und kann unbemerkt an den Menschen vorübergehen. Fasziniert von dem, was ihnen Unheil über Unheil, Untergang nach Untergang bringt, sind die Menschen in Gefahr, zu verschlafen, was Unerhörtes im Geistgebiet zu ihrem Heil vor sich geht.

Darauf weisen schon die alten Weissagungen hin, die da sagen, dass das Kommen des Antichrist dem Kommen Christi vorangeht. Paulus knüpft daran an. Im Ätherischen ist der Christus und der Sonnenaufgang seines Tagesanbruches schon da. Unter den irdisch-verkörperten Menschen aber versucht der Widersacher ihm zuvorzukommen, indem er alles tut, um die Seelen von der Sphäre abzulenken, in welcher sich das entscheidende Wunder der Geistessonne zuträgt. Paulus berührt tiefste Schicksalsrätsel, wenn er sagt, dass es dem Willen der Vorsehung selbst entspricht, wenn die Menschheit durch eine Zeit hindurchgeht, in der die Tendenzen der Täuschung den Gipfel ihrer Wirkung und Macht erreichen: »Gott sendet ihnen die voll entfaltete Macht der Irreführung«, oder wie es in der Luther-Bibel drastisch heißt: »Gott wird ihnen *kräftige Irrtümer* senden, sodass sie an die Lüge glauben« (2. Thess. 2,11). Die Magie des Truges bewirkt, dass die Menschen sowohl in ihrem Erkenntnisstreben als auch in ihrer kulturellen und zivilisatorischen Praxis nur die materielle Außenseite der Welt und des Menschenwesens für Wahrheit halten und mit der Welt des Übersinnlichen die Sphäre leugnen, die der Schauplatz der Parusie ist.

Der Antichrist, die satanisch-ahrimanische Macht der mit Wahrheitsanspruch auftretenden Lüge, betritt selber nicht den Bereich der physischen Sichtbarkeit. Aber sie prägt da, wo sie auf Menschenseelen Einfluss gewinnt, einen Menschentypus aus. Paulus nennt ihn den »Menschen des Chaos« (ánthropos tēs anomías); durch ihn wirkt sich die »Magie des Chaos« (mystērion tēs anomías) aus, deren letztes Subjekt der »Geist des Chaos«, das »Chaos in Person« (ho ánomos) selber ist (2. Thess. 2. Kap., Vers 3, 7, 8). Die Luther-Bibel ist hier weit entfernt von der geistigen Prägnanz des paulinischen Textes. Sie übersetzt, indem sie vom lateinischen Text ausgeht, den Begriff der Anomia mit »Sünde« und »Bosheit«: »der Mensch der Sünde«, »das Geheimnis der Bosheit«, »der Boshaftige«. Es handelt sich aber hier keineswegs um das »Moralisch-Böse«, das diese Ausdrücke bezeichnen. Hier ist exakt von dem »Sachlich-Bösen« die Rede, das sich als die Macht des »intellektuellen Sündenfalles«* im Denken auswirkt, wenn dieses nur noch den Gesetzen der kalten Klugheit, des seelenlosen Geistes folgt. Ist nicht diese Einseitigkeit auf breiter Front bis in die Wissenschaftsentwicklung der letzten Jahrhunderte eingedrungen? Und vom Felde des Denkens her hat das Sachlich-Böse alle Gebiete der modernen Zivilisation ergriffen und ist zum »sozialen Bösen«** geworden.

Das griechische Wort Anomia bedeutet wörtlich »Gesetzlosigkeit«. Wie klingt dies Wort im Munde des Gesetzesbekämpfers Paulus! Paulus läuft Sturm gegen die Alleinherrschaft des mosaischen Moralgesetzes, weil es den Menschen unmündig und unfrei hält. Er tut das mit umso größerem Nachdruck, als er das Gesetz des Geistes und

* Titel einer Vortragsreihe von Rudolf Steiner.

** Auf den Unterschied des persönlich-moralischen Bösen vom sozialen-kulturellen Bösen hat z.B. der russische Philosoph Wladimir Solowjew (1853–1900) deutlich hingewiesen; siehe hierzu: *Eine kurze Erzählung vom Antichrist*, Stuttgart 2021.

der Freiheit kennt, das in fortwährender schöpferischer Frische von dem »inneren Gesetzgeber«, dem »Christus in uns«, herrührt. Paulus kämpft aber mehr noch als gegen das Moses-Gesetz gegen die Macht, die auf die Auflösung jeder Gesetzmäßigkeit zielt. Ja, er kämpft auch deshalb gegen das äußere Gesetz und seinen Buchstaben, weil er prophetisch voraussieht, wie dieses der Auflösung aller Gesetze, dem Geist des Chaos, den Weg bereitet.

In unserer Zeit ist, was Paulus meint, fast schon mit Händen zu greifen. Die Strömung des äußeren Gesetzes ist heute einerseits bei der modernen politisch-sozialen Gesetzgebung, andererseits bei der wissenschaftlichen und technischen Auswertung der Naturgesetze angelangt. Sehen wir aber nicht von Tag zu Tag deutlicher, wie da, wo man das Gesetz, mit dem man arbeiten möchte, im Munde führt, ein unaufhaltsamer Auflösungs- und Chaotisierungsprozess hinsichtlich aller bisherigen Ordnungen und Harmonien vor sich geht? Man will das moderne Leben durch immer neue Gesetze ordnen, muss aber erleben, dass die bindende Kraft des Gesetzes durch die schließlich nicht mehr übersehbare Fülle von Gesetzen verloren geht. Und da, wo man glaubt, in der Erforschung und technischen Anwendung der im materiellen Dasein wirkenden Gesetze zu besonderen Triumphen des Menschengeistes gelangt zu sein, arbeitet man bereits mit Zerstörungskräften, die keiner mehr wirklich überschaut.

Die Strömung des äußeren Gesetzes überschlägt sich in unserem Zeitalter. Aus der Maske alles Redens vom Gesetz grinst uns das Antlitz dessen an, den Paulus den Geist der Gesetzesauflösung, den Herrn des Chaos nennt. Der Antichrist tarnt seinen Willen zur absoluten Auflösung, indem er die Menschen dazu bringt, umso mehr vom Gesetz zu reden, je spürbarer das Fundament aller bisherigen Ordnungen wankt. Ist nicht eigentlich längst als primäre Auswirkung der modernen Zivilisationsfortschritte das Absterben der Ehrfurcht in den Menschenseelen zu beobachten? »Der Widersacher überhebt sich über alles, was als göttlich und verehrungswürdig galt, und im Tempel Gottes sitzt in Wirklichkeit Er« (2. Thess. 2,4). Die kirchlichen Strömungen sind längst in die Defensive geraten und merken nicht, dass alle Versuche, das Alte bloß zu wahren, auf die Dauer umso aussichtsloser sein werden, als sie das denkende Erkennen und die zivilisatorische Entwicklung der Außenwelt überlassen und so, statt mit der ahrimanischen Macht um das Denken und um die wissenschaftliche Weltanschauung zu kämpfen, selber die Errungenschaften der antichristlichen Intelligenz in ihren Bereich einlassen.

Die apokalyptische Bildhaftigkeit, mit der Paulus prophetisch von den Christus-Ereignissen hinter dem Vorhang der Sinneswelt spricht, bringt es mit sich, dass an einigen Stellen der Anschein entsteht, als handele es sich um einen einzigen äußerlich fixierbaren Zukunftsaugenblick, auf den sich das entscheidende Geschehen zusammenziehen wird. Paulus hatte ja selbst, als er noch in der Eschatologie der Pharisäer befangen war, die Vorstellung gehabt, das Kommen des Weltrichters am Jüngsten Tage müsse wie eine ungeheure blitzartige äußere Katastrophe hereinbrechen, bei der sich die Gräber auftun und die Toten zum Jüngsten Gericht hervorsteigen. Vielleicht sind die Worte, die er jetzt benützt, in manchem ähnlich denen, die im Pharisäerkreise üblich waren; aber jetzt reißt er, indem er spricht, den Vorhang auf und enthüllt Entfaltungs- und Entscheidungsprozesse im Geistgebiet, in denen wir heute bereits mitten darinstehen. Sie sind voll dramatischer Hochspannung und bewegen sich auf entscheidende Kulminationen zu; sie werden sich auch, wie für ihn selbst in der Mittagsstunde von Damaskus, in Zukunft für einzelne Menschen und später für ganze Menschheitszusammenhänge blitzartig entladen und erfüllen; aber sie werden bis zum Erdenende hin fortschreiten.
Die missverständliche Auffassung eines momentanen Weltereignisses liegt für diejenigen, die sich das Ausgesprochene äußerlich-physisch vorstellen, besonders nahe bei dem Wort: »Sieh, ich spreche vor euch ein Mysterium aus: wir werden nicht alle dem Todesschlaf verfallen; aber wir werden die große Wandlung an uns erfahren.« Die Luther-Bibel fährt fort: »und dasselbe plötzlich, in einem Augenblick, zur Zeit der letzten Posaune« (1. Kor. 15,51 f.). Gemeint ist, dass die unerhörte Verwandlung, durch welche der mit Christus verbundene

Mensch Anteil erlangt an der Auferstehungsleiblichkeit Christi und am Geheimnis des »Geistesmenschen«, gewaltig über die Einzelnen kommt, sei es, dass sie im Erdenleib, sei es, dass sie im Reich der Verstorbenen sind. Dann ergreift sie die Seinsgewalt der Parusie so, dass sie über Raum und Zeit hinausgehoben werden. Im Griechischen sind die Worte, die Luther mit »plötzlich, in einem Augenblick« übersetzt, nicht beides Zeitbegriffe. Das erste: *en atómo* (»im Atom«) ist ein Raumbegriff; es bezeichnet den bis auf ein letztes, nicht weiter teilbares Maß zusammengeschrumpften Raum. Ebenso soll mit dem Worte »Augenblick« das letzte kleinste Maß des zeitlichen Ablaufes wiedergegeben werden. Im Heraustreten aus Raum und Zeit wird das Menschenwesen von der Verwandlungsmacht der Parusie Christi ergriffen. Eher liegt ein Hinweis auf eine bestimmte Phase der Zukunftsentwicklung in den Worten: »beim Ertönen der letzten Posaune«. Mit Selbstverständlichkeit bedient sich Paulus hier der gleichen Bildbegriffe, die die Sprache der Johannes-Apokalypse ausmachen. – Aber gerade die Zusammenschau mit dem letzten Buch der Bibel zeigt, dass das Ertönen der letzten, siebenten Posaune keineswegs den »Jüngsten Tag« als letzten entscheidenden Endpunkt bedeutet. Erstens begleitet der siebente Posaunenklang das breit sich entfaltende apokalyptische Drama einer ganzen Weltenzeit (in der Offenbarung Johannis werden die Geist-Ereignisse, die die siebte Posaune hervorruft, von der Mitte des 11. Kapitels bis in das 14. Kapitel hinein geschildert). Zweitens folgt auf die sieben Posaunenklänge noch das durch sieben Zeiten hindurchgehende Ausgießen der goldenen Schalen aus dem Tempel des Himmels. Wie die Apokalypse weist auch Paulus da, wo von der siebten Posaune die Rede ist, auf eine bestimmte Zukunftszeit hin. Es ist eben die Zeit, die Paulus durch sein Wesen damals bereits vorauslebte, unser heutiges Zeitalter der Bewusstseinsseele, in welcher der Kampf zwischen Christ und Antichrist in seine Kulmination eintritt. Im 1. Thessalonicher-Brief ist eine ähnliche apokalyptische Zeitangabe wie im 1. Korinther-Brief enthalten, die uns weiterführt: »Dann wird der Herr sich aus den Himmelssphären heraus offenbaren: wenn das Losungswort ertönt, wenn der Erzengel seine Stimme erhebt und die Posaune des

Geistes erschallt« (4,16). Hier spricht Paulus von *Michael.* Die Gestalt dieses Erzengels tritt ja auch in der Johannes-Apokalypse hervor, als die siebente Posaune ertönt. Da kulminiert der Kampf: Michael kämpft für Christus, die Geistessonne, gegen den Drachen und erringt im Himmel den Sieg. Der gestürzte Widersacher spaltet sich auf Erden in das Zweigetier, das aus dem Meer und aus dem festen Land aufsteigt. Die mit Christus verbundenen Menschen haben den Himmelskampf Michaels auf der Erde fortzuführen und insbesondere die Anläufe und Irreführungen der satanisch-ahrimanischen Macht, des »Sachlich-Bösen« zu bestehen. Wollen wir also die apokalyptischen Zeitangaben der Paulus-Briefe auf eine bestimmte historische Epoche beziehen, so kommen wir auf das Michael-Zeitalter, das innerhalb des Zeitalters der Bewusstseinsseele im letzten Drittel des 19. Jahrhunderts begonnen hat, also auf die Jahrhunderte, in denen wir gegenwärtig leben und deren innerem Entscheidungshöhepunkt wir entgegengehen. Dass unsere Zeit eines »Losungswortes« wartet, hat bereits Goethe in seinem apokalyptischen »Märchen von der grünen Schlange und der schönen Lilie« bedeutungsvoll verkündet: Wenn zum dritten Mal die Worte ertönen: »Es ist an der Zeit«, dann ist das große Opfer fällig und die Wandlung beginnt.

Paulus selbst wird nicht müde, den Losungs- und Weckruf an die Seelen der Menschen zu richten. Am lapidarsten und posaunenartigsten lässt er ihn im Epheser-Brief (5,14) ertönen, indem er einen alten Mysterienruf aufgreift:

»Wache auf, der du schläfst!
Stehe auf von den Toten!
Der Christus wird dich erleuchten.«

Mit diesen Worten hat in den Einweihungstempeln der Vorzeit der Hierophant den Mysten aus dem dreitägigen Tempelschlaf auferweckt, und als ein im Sein und Bewusstsein Verwandelter ist der Einzuweihende dem Grabe entstiegen. Welcher Umschwung ist nun aber in der inneren Menschheitsgeschichte eingetreten. Nicht mehr abseits vom

Leben, unfrei der autoritativ-hypnotischen Seelenführung unterworfen, findet der Schüler die Erleuchtung. Mitten im Leben, ohne gewaltsame Unterbrechung des Tagesbewusstseins, muss der Suchende als sein eigener Hierophant den Weg zu Christus finden. Ihn soll der Wach-auf-Ruf nicht aus dem somnambulen Tempelschlaf, sondern aus dem Sinnenschlaf, der sich für Wachheit hält, aufwecken. Ohne Preisgabe des Tagesbewusstseins, das aber der wahren Welt gegenüber ein Schlaf ist, muss der Mensch zu einem höheren Bewusstsein erwachen. Es ist ein Irrtum und eine verhängnisvolle Bequemlichkeit, ja auch Feigheit gegenüber der Welt des Übersinnlichen, wenn die paulinischen apokalyptischen Weckrufe bisher immer nur gefühlsmäßig als Appell an den guten Willen verstanden worden sind. Vom Aufwachen ist da nicht nur symbolisch die Rede. Paulus, den selbst das Licht von Damaskus erleuchtet hatte, rang mit all seiner Kraft darum, in denen, die auf ihn hörten, die Bereitschaft und den Impuls zu einer planmäßigen Erziehung und Erhöhung des wahrnehmenden und erkennenden Bewusstseins wachzurufen. Wegweiser und Bahnbrecher der Menschheit von der bloßen Sinneswahrnehmung und Verstandeserkenntnis zum Wahrnehmen des Übersinnlichen und zum Erkennen des Geistes wollte er sein. Er wollte, dass der Geistesmensch im Erdenmenschen erwachend die Augen aufschlagen sollte.

Wenn er im Anschluss an den ephesinischen Auferweckungsspruch die, zu denen er spricht, auffordert, die geistige Waffenrüstung anzulegen zum michaelischen Kampf, der nicht gegen Fleisch und Blut, sondern gegen dämonische Urkräfte und Finsternisgewalten zu führen ist, so ist mit dem »Gürtel der Wahrheit«, dem »Schild des Glaubens«, dem »Helm des Heiles« mehr als eine Summe guter und frommer Vorsätze gemeint. Der Mensch kann und soll durch innerlichste Aktivität, durch treuestes umwandelndes Arbeiten an seinem Wollen, Fühlen und Denken das Seine dazu beitragen, dass das Christus-Ich in seinem wahren Selbst mitwirkt und ihn wie mit einer Waffenrüstung und einer höheren, unverwundbaren Leiblichkeit, bestehend aus seinen eigenen aufkeimenden höheren Wesensgliedern, überkleidet. Hier ist vor allem auch das Wort wichtig, das die Luther-Bibel mit »Panzer der Gerechtigkeit« wiedergibt. Die wahren, durchgeistigten, dem Tode entrissenen Lebenskräfte sind es, die den Menschen über den Tod hinaus unverwundbar machen. Die Geisteswissenschaft nennt diese Kräfte den Lebensgeist, der im Menschen das verlorene göttliche Urbild wieder aufleuchten lässt. Er umfasst nicht nur ein höheres Sein, sondern besteht aus Licht und ist deshalb Träger eines erleuchteten Bewusstseins. Durch ihn wird der Mensch nicht nur unbewusst, sondern voll bewusst derjenigen Äthersphäre eingegliedert, die aus höherem Licht und Leben gewoben ist und in der sich die Parusie Christi zuträgt.

CHRIST-SEIN VOR DEM ZEITGEWISSEN

Das Wort »Gewissen« ist, wenn man es recht versteht, der Schlüssel für ein tiefes Weltgeheimnis. Eigentlich heißt es »Zusammen-Wissen«, wie es in dem lateinischen Wort *con-scientia* und in dem griechischen *syneidesis* deutlich zu erkennen ist. Es ist ein Wissen, das der Mensch nicht allein hat; aber der Mitwisser, der mit ihm »zusammen-weiß«, ist nicht sichtbar. Das Gewissen bezeichnet das Gefühl, das der Mensch haben kann, wenn er sich sagt: »Gott sieht mich. Was ich denke und tue, ein anderer weiß es mit. Der Blick eines Mitwissers ruht aus einer anderen Sphäre auf mir.« Durch das Gewissen ragt das Gottesbewusstsein in das Menschenbewusstsein herein. Das ist beim einzelnen Menschen, aber auch bei ganzen Zeitaltern der Fall. Die Zeitalter glauben sich zu kennen und kennen sich meistens ganz und gar nicht. Einzelne Große, wie Moses und Johannes der Täufer, konnten stellvertretend für die Menschheit die Stimme des Zeitgewissens, des großen Zeiten-Mitwissers, vernehmen. Derjenige, der zusammen mit dem höheren Auge auf das Zeitalter schaut und weiß, was sich in ihm begibt, weiß vor allem, welches dessen Ziele und Aufgaben sind. Und so konnten große Gestalten der Vergangenheit Dolmetscher, Boten des Zeitgewissens sein. Wie soll es aber ein Gewissen geben da, wo es kein Wissen von dem Mitwisser mehr gibt, wo die Menschheit in einer Weltanschauung lebt, die die Existenz der Sphäre einer höheren Mitwisserschaft bestreitet? Leugnet man die übersinnlichen Welten, so verliert das innerste Bewusstsein des Menschen seinen Partner; damit verliert es die Instanz und den Maßstab für sein ganzes Leben und Streben. Tragisch ist es, wenn das Zeitalter durch den Verlust des Wissens von einer höheren Welt den Zusammenhang mit dem Zeitgewissen verliert. Aus der *Wissen*losigkeit nach oben hin gebiert sich die *Gewissen*losigkeit im menschlichen Zusammenleben. Man darf sich weder im Einzel-Leben noch im Zeitalter-Leben darüber wundern, dass die Stimme des Gewissens verstummt, wenn man nichts mehr weiß von der Welt, mit der der Mensch einmal zusammen-gewusst hat.

Die Menschheit hat Gott vergessen. Einmal hat sie von ihm gewusst. Sie hat die Sphäre vergessen, in welcher auch speziell der Genius eines Zeitalters als Herold des Zeitgewissens spricht. Damit ist die Menschheit der Gottheit gegenüber untreu geworden; nicht aus Böswilligkeit, sondern aus Vergesslichkeit, durch das Erlöschen des einst vorhandenen Wissens von der übersinnlichen Welt. Und nun schaut der höhere Mitwisser, der Engel, auf den einzelnen Menschen, der Erzengel als Zeitgenius auf das Zeitalter, und die Menschen merken es nicht. Muss nicht der höhere Mitwisser darüber tief enttäuscht sein? Die Menschheit enttäuscht die Gottheit. Es entsteht die Sehnsucht Gottes, die Menschen möchten doch einmal wieder bemerken, dass er sie anschaut. Das ist, wie wenn im menschlichen Zusammenleben jemand den anderen anschaut, für den er Interesse oder Zuneigung fühlt, mit dem Wunsch, der andere möchte es merken und sich umkehren, sodass die Blicke sich begegnen. Wir Menschen enttäuschen die Welt über uns. Wir wenden uns nicht um, und die Blicke begegnen sich nicht. Statt nach oben zu blicken, blickt der Mensch heute nur nach unten: auf den Stoff des Irdischen. Das Gottesbewusstsein, das in den Zeiten eines lebendigen Gewissens in das Menschenbewusstsein hereinleuchtete, wird abgelöst durch das bloße Stoffbewusstsein.

Die Möglichkeit und Fähigkeit des Vergessens kann etwas Wohltuendes sein. So, wenn einer den Ärger oder Zorn vergisst, den er über einen anderen gehabt hat; oder auch, wenn einer sich nach gewissen heutigen Examina freut, dass er nun all den eingelernten Wissensstoff wieder vergessen kann. Seinen höheren Mitwisser jedoch, Gott und seinen Engel, kann der Mensch nicht vergessen, ohne dass dadurch tragische Veränderungen in seinem Wesen eintreten. Man sagt heute, das, was der Mensch vergisst, versinke in sein Unterbewusstsein. Und man hat ein deutliches Gefühl dafür, dass die in die Unbewusstheit hinuntervergessenen Komplexe keineswegs harmlos und ungefährlich sind. Die moderne Psychoanalyse stellt dar, wie sie in vielfältiger Art als Krankheitsursachen wirken. Deshalb ist man ja auch der Meinung, Krankheiten heilen zu können, indem man die vergessenen und verdrängten Komplexe durch analysierende Gespräche wieder ins Bewusstsein emporhebt. Dabei ist es vor allem der Schweizer Psychologe C. G. Jung, der auf den ursprünglich religiösen Charakter der im Unterbewusstsein des Menschen rumorenden Komplexe hinweist. In seiner Lehre von den Archetypen deutet er darauf hin, dass auf dem Grunde der menschlichen Seelen die Grund-Bild-Elemente der vergessenen Götterwelt vorhanden sind und, wenn sie ungepflegt bleiben, Schaden anrichten.

Hier wird an etwas gerührt, das im Rahmen einer nach dem Übersinnlichen hin erweiterten Weltanschauung darzustellen überaus lohnend sein könnte.

In den Höhen des Geistes waltet über dem Menschen die Welt der hellen, reinen, schöpferischen und gesunden *Urbilder*. Wird diese Welt vergessen, so werden daraus in den Tiefen des menschlichen Unterbewusstseins nur allzu leicht die dunklen, krankmachenden *Gegenbilder*. Die vergessene übersinnliche Welt wird im einzelnen Menschen zu Krankheitsursachen, im ganzen Zeitalter zur Ursache dramatischer apokalyptischer Katastrophen. Brandet und schäumt in einer Zeit der Ozean des Übersinnlichen über die Ufer an den Kontinent der Sinneswelt heran, ohne dass die Menschen Organe dafür haben, so steigen, statt dass die Gnade der Urbilder erlebt wird, die dämonischen Gegenbilder auf. Eine grandiose Gleichzeitigkeit tritt ein: Oben erscheint auf den Wolken des sturmbewegten Himmels der *Menschensohn;* gleichzeitig steigt von unten das *Tier aus dem Abgrund* empor.

Der Mensch muss sich entscheiden. Will er das wahre Menschenbild, das Bild des wahren Menschentums, finden und ergreifen, so muss er es hinter den Wolken des Himmels, da, wo der Vorhang der Welt zerreißen möchte, suchen. Der Mensch kann nicht Mensch sein ohne den Blick in den offenen Himmel. Verliert er diesen Blick, so steigt das Tier empor; das Untermenschliche droht sich seiner zu bemächtigen. Und zwar nicht nur das Tier der unbeherrschten Leidenschaft und Gier.

Das vielfältige Tierprinzip der Apokalypse umfasst auch das kalte Tier der bloßen Berechnung und seelenlosen Maschinenhaftigkeit. Hat der Mensch den Blick frei auf den Menschensohn auf den Wolken des Himmels, so kann er sich die Mächte des Abgrunds dienstbar machen. Hat er ihn nicht, so muss er seinerseits den Mächten des Abgrunds dienstbar werden, indem er zum Sklaven seiner eigenen Erzeugnisse und Einrichtungen wird. Das eingeschlummerte Zeitgewissen bewirkt, dass die Menschen den Illusionen und Verführungen, die aus den Tiefen stammen, verfallen.

Wir leben in einem Zeitalter, in welchem das Zeitgewissen eine ganz besondere Gestalt annimmt. Der Genius unseres Zeitalters, der Erzengel Michael, blickt auf seine Menschheit. Sein Blick ist voller Sehnsucht danach, dass die Menschen es bemerken und sich umwenden und ihm ihren Blick zuwenden. Warum hat der Erzengel Michael als Wächter des Zeitgewissens heute eine so hochgespannte Sorge um die Menschheit? Weil wir in dem Zeitalter leben, in welchem sich hinter den Wolken des Himmels das Bild des Menschensohnes zeigen will. Die Zeit einer neuen Christus-Nähe ist da. Die Sorge Michaels ist: Werden die Menschen das Geheimnis ihrer Zeit ganz und gar verschlafen? Wird sich nicht das Gewissen in ihnen regen? Werden wenigstens einige kleine Kreise bemerken, was über ihnen geschieht, und den Blick umwenden?

Die Aufgabe der Christengemeinschaft liegt nicht darin, einfach nur nach einer religiösen Stimmung zu streben. Wir haben 1922 unsere Arbeit beginnen dürfen, als Rudolf Steiner, der große Rufer des Zeitgewissens, das Wissen von dem Mitwisser, das Wissen von einer höheren Welt, in heutiger Gedankenform aufs Neue verkündigte. Und durch die Patenschaft eines neuen geistigen Wissens an der Wiege unserer Bewegung hat von vornherein unter uns ein prophetisches Element gelebt. Zu dem Vorauswissen, mit dem wir unseren Weg angetreten haben, gehörte eine apokalyptische Zukunftsahnung und -gewissheit, die sich auf den Zeitpunkt bezog, an welchem ein Drittel unseres Jahrhunderts abgelaufen sein würde. Wir wussten durch Rudolf Steiner, dass da eine wichtige Station im Näherkommen der Christus-Sphäre eintreten würde. Da wir das Licht ahnten und kannten, welches im Jahre 1933 in einer bestimmten Weise näher herankommen würde, waren wir auch auf seinen Schatten gefasst. Und wie verlief alles? Die Menschen spürten Erregungen. Sie fühlten, dass irgendetwas in der Luft lag. Sie hatten ein unbestimmtes dunkles Gefühl, dass etwas Großes sich anbahne. Da sie aber nichts von einer höheren Welt wussten, lenkten sie ihren Blick nur auf die politischen Verhältnisse und verfielen der dämonischen Verführung, die von den Gegenbildern und Karikaturen des wahren Geschehens ausging. Es ist ja nicht so, dass da bloß ein größenwahnsinniger Mensch aufgetreten ist. Er hätte gar nicht auftreten können, wenn in seine Seele nicht der dämonische Schatten gefallen wäre, der in der Menschheit entsteht, wenn ein Lichtereignis über sie dahingeht, für das in ihr die Organe erstorben sind. So treten reale Karikaturen und Verzerrungen dessen, was im Himmel geschieht, in unserem Zeitalter als irdische Geschichte auf. Wie wenige Menschen haben 1933 im Bewusstsein gehabt, was in Wirklichkeit über uns geschah!

Wir gehen in die Zukunft hinein mit dem Wissen, dass gegen Ende des Jahrhunderts die Kulmination des Dramas und der Prüfungen bevorsteht. Bis zum Jahrhundertende hat die Menschheit noch eine Frist, sich zu entscheiden. Und wenn sie sich auch nur in einer kleinen Kerngruppe entscheidet, so ist das letzte Unheil doch abgewehrt. Nicht als ob es möglich wäre, äußere Katastrophen zu vermeiden. Aber das eigentliche Unheil würde doch darin bestehen, dass der Christus kommt und dass sich im Augenblick seines Kommens die Menschheit von ihm lossagt, indem sie ihn nicht sieht. Es ist ja schon, als der Christus als Mensch über die Erde gegangen ist, so gewesen. Er war da, und doch haben diejenigen, die so viel vom Messias gesprochen hatten, ihn nicht erkannt. Er kam nicht so, wie sie ihn sich vorgestellt hatten, und deshalb schlugen sie den, der es war, ans Kreuz. Heute sind die Vorstellungen ganz und gar von der materiellen Ebene beherrscht, während die Welt, in der der Christus wirklich kommt, ja, in der er schon da ist, geleugnet wird. Damit leugnet man den Christus selbst, auch wenn man sich zu einem christlichen Bekenntnis rechnet. Die Leugnung der geistigen Welt ist heute Christus-Bekämpfung, gleichviel, ob sie von den Kirchen oder von anderen Kreisen ausgeht. Das ist die Schärfe der Krisis, um die es sich heute handelt.

Große Hoffnungen geistern durch die Menschheitsseele. Aber es wäre falsch, *nur* solche Hoffnungen, die auf äußerem Felde liegen, zu hegen. Wie leicht werden wir da enttäuscht! Die Weltraumschifffahrt zum Mond, wenn nicht gar zum Mars, scheint in erreichbare Nähe gerückt. Die Frage ist aber, ob solche Hoffnungen nicht gerade dann zu den größten Enttäuschungen führen, wenn sie in Erfüllung gehen. Muss man nicht sagen: Was nützt es dem Menschen, wenn er zum Mond reisen kann, und er findet nicht einmal den Weg zu sich selbst? Man richtet den Blick wieder rein auf die groben Erdendinge und meint, da läge es. Eine falsche Optik, eine verfälschte Perspektive macht, dass man, statt zum Himmel emporzublicken und so das wahre Zeitgeschehen mitzumachen, immer wieder fasziniert ist, sei es von politischen, sei es von technischen Dingen. Und das führt dazu, dass Illusionen die Menschen blind machen. Die Menschheit müsste den Blick dahin richten, wo das wirkliche Zeitgeschehen verläuft: auf und über den »Wolken des Himmels«. Der Blick wird abgelenkt auf die Ebene der Illusion. Die Menschheit sollte heute unter dem sich öffnenden Himmel lernen, mit überirdischer geistiger Kraft und Energie zu arbeiten, sollte dazu heranreifen, die Lebendigkeit, die Heilkraft einer höheren ätherischen Welt zu entdecken und in das menschliche Zusammenleben und Arbeiten hereinzuleiten. In demselben Augenblick jedoch setzt die Ablenkung ein durch die letztlich doch ins Irreale führenden technischen Ausblicke auf dem Feld des interplanetarischen Flugverkehrs und der Atom-Industrie.

Es soll nicht das Allergeringste gesagt werden gegen das, was auf technischem oder auf politischem Felde geschieht. Was da erreicht wird, kann aber nur segensvoll sein, wenn wenigstens einige Menschen dem wahren Zeitgewissen ihr Gehör schenken und merken, wovon das nur die Schattenwürfe, Verzerrungen und Karikaturen sind. Die Weltraumfahrt ist eine Karikatur davon, dass der Mensch den inneren

Aufschwung zur übersinnlichen Welt finden müsste. Dass die Ablenkungsmanöver durchschaut werden möchten, das ist das dringendste Anliegen Michaels.

Was dieser Genius unseres Zeitalters an uns tun möchte, ist, die Gewissenskräfte, die eingeschlafen sind, in uns wieder zu erwecken. Unter einem neuen Weltbild, welches dem Menschen zeigt, welche Mitwisser mit der menschlichen Seele mitgehen wollen, werden die Gewissenskräfte zu Kräften des Schauens. Das Schauen des Christus erfolgt nicht mit den physischen Augen; es wird aber auch nicht mit mirakulösen Hellsichtigkeiten geschehen. Es wird geschehen, wenn das Moralische des Menschen, das Herz, das Gewissen des Menschen zum Auge wird. Wo in der Menschheit die Wahrnehmung des Christus im Ätherischen beginnt – und Anfänge davon sind heute da –, tritt endlich das ein, worauf die Welt über uns wartet. Gott sieht die Menschen an, ob sie es wohl merken und sich umwenden, sodass die Blicke sich begegnen. Das Umwenden, die Sinneswendung, die Sinneswandlung, durch welche das menschliche Herz sehend wird im Gewissen, ist das, wodurch die Enttäuschung der Götter in Freude und Befriedigung verwandelt werden kann. Schlägt das Zeitgewissen in uns das Auge auf, so fangen wir an, dem Christus selber Antlitz in Antlitz gegenüberzustehen.

FORTSCHREITENDES CHRISTENTUM

Eine zeitalterhafte Unruhe ist in die Menschheit gefahren, die sie von einem stürmischen Fortschritt zum anderen hasten lässt. Aber der Mensch als Mensch kommt mit dem Tempo der durch ihn bewirkten Fortschritte nicht mit. Und tragisch ist, dass das Christentum, das doch die gewichtigsten inneren Werte in die andere Waagschale zu legen hätte, selber nicht mitkommt und meint, dem neuen Zeitalter mit veralteten Formen genügen zu können. Eine ehrliche Selbstbesinnung des Zeitalters führt darauf, dass auf dem Felde des religiösen Lebens nicht nur keine Fortschritte, sondern Rückschritte zu verzeichnen sind. War die Frömmigkeitssubstanz nicht sogar in den Tagen der schwäbisch-theosophischen Väter Bengel und Oetinger noch viel wärmer und ausstrahlender, als was heute an Religion übrig geblieben ist? Die zivilisatorischen Fortschritte sind kalter Natur, und der kalte Wind des modernen Lebens bedroht die letzten Reste an religiöser Wärme. Unsere Welt ist nach außen hin großartig entwickelt, aber in ihr sterben Frömmigkeit und Liebe den Kältetod.

In dem ungleichen Kampf zwischen dem fortschreitenden äußeren und dem zurückbleibenden kirchlich-religiösen Leben sehen wir heute schon das profane Prinzip auf das religiöse Feld übergreifen. In älteren Zeiten war es immer so, dass z.B. die Häuser, in denen die Menschen wohnten, ihren Baustil vom Sakralbau, vom Kirchenbau, empfingen. Heute ist es umgekehrt: Die Gotteshäuser übernehmen ihre Architektur von den Bahnhöfen und Warenhäusern. Und was auf dem Felde des Bauens zu beobachten ist, gilt auf vielen anderen Gebieten gleicherweise. Das organisatorische Prinzip, das alles beherrscht, macht sich auch im religiösen Leben breit. Immer mehr werden als statistische Sensation Massenerscheinungen bevorzugt. Statt dass es

Fortschritte im Christentum gäbe, gibt es eine Verweltlichung, eine Profanierung der Religion.
Vor hundert Jahren konnte Justinus Kerner, als dies alles noch in den harmlosen ersten Anfängen war, dichten:

»Fahr zu, o Mensch! treibs auf die Spitze
Vom Dampfschiff bis zum Schiff der Luft!
Flieg mit dem Aar, flieg mit dem Blitze
Kommst weiter nicht als bis zur Gruft.«

»Im eisernen Bahnhof«

Seit der letzten Jahrhundertwende ist die Harmlosigkeit endgültig dahin. Kaum jemand erschrickt z.B. noch über die Zahl der Verkehrstoten. Die »Gruft« nimmt man heute schon als zivilisatorische Selbstverständlichkeit hin, auch da, wo sie durch Sport- und Verkehrsunfälle nach dem Menschen greift. Man kann die Steigerung des Tempos, indem man z.B. mit neuen Flugzeugen immer noch größere Geschwindigkeiten anstrebt, nicht mehr mit Nützlichkeits-Argumenten rechtfertigen. Wenn man von gewissen Motorrad- oder Autofahrern sagt, sie fahren wie der Teufel, so ist das nicht ohne ein Körnchen Wahrheit. Eine kalte Besessenheit ist in den Zivilisationsbetrieb eingezogen. Es ist, als ob eine unsichtbare Gestalt die Menschheit hypnotisierte und mit der Peitsche knallte. Selbstverständlich kann niemand mitsprechen, der gegen die Entwicklung und nicht ein Liebhaber auch der modernsten Fortschrittlichkeit ist; aber erforderlich ist in jedem Falle, dass durchschaut wird: Seit der Jahrhundertwende ist durch den plötzlichen Massengebrauch der Elektrizität, durch das Auto und all die anderen modernen Errungenschaften, die der Welt ein so völlig verändertes Antlitz gegeben haben, eine innere Veränderung im Klima des Menschheitslebens eingetreten. Man hat nicht einfach nur in der materialistischen Kultur weitergemacht. Der Materialismus, auf den sich die zweite Hälfte des vorigen Jahrhunderts so viel zugutegetan hat, die derbe Bejahung des Erdenstoffes, die bloße Diesseitigkeit, ist unbemerkt zu Ende gegangen. Wenn zwar heute die Atomforscher sagen, der Materialismus sei wissenschaftlich bereits überlebt, so muss man sich darüber wundern, dass die materialistische Haltung der Menschen keineswegs abnimmt, sondern eher krasser wird. Es ist aber wahr, dass die Menschheit den Materialismus, die bloße Diesseitigkeit, hinter sich gelassen hat. Seit man mit der Elektrizität arbeitet, hat man angefangen zu zaubern; man arbeitet nicht mehr, wie man meint, aus Naturkräften heraus. Was z.B. wirklich bei der Atomkern-Spaltung vor sich geht, können die heutigen Physiker nicht sagen; man lässt sich vorerst mit hypothetischen Benennungen abspeisen. Die Vorgänge im Atom sind wie die elektrischen Phänomene keine materiellen Erscheinungen mehr, man ist nur nicht nach oben, nach dem guten schöpferischen Geist hin, aus der Materie herausgekommen, sondern in eine *Unternatur* vorgedrungen. Ist doch die Atomenergie das, was beim Materiezerfall frei wird. Der Stoff zerfällt nicht in nur Stoffliches, da tun sich die Schleusen des Untersinnlichen auf. Eine Menschheit, die sich sträubt, nach einer Weltanschauung zu streben, die das Übersinnliche erfasst, arbeitet faktisch bereits in ungeheurem Ausmaß mit dem Untersinnlichen. Es gibt nicht nur ein Jenseits nach oben, es gibt auch ein Jenseits nach unten. Die ungeheuren Energien, die bei der Kernspaltung in der Atomindustrie freigelegt werden, woher kommen sie eigentlich? Einstmals sind aus unermesslichen kosmischen Götterenergien die Schöpfungstatsachen, unser ganzes Weltall und unser Erdendasein, entstanden. Heute ist die Schöpfung alt geworden und fängt an zu sterben, zu zerfallen. Und nun hilft die Menschheit dem großen Absterbe- und Zerfallsprozess nach durch die Gewalt-Stöße ihres fortschrittlichen Arbeitens. So kommen die gleichen kosmischen Gewalten, aus denen die Welt zusammengedichtet worden ist, als Zerstörungsgewalten, als Todesstrahlungen, als Todeskräfte gewissermaßen von unten wieder heraus. Wir leben nicht mehr in der Schöpfung, wir leben bereits in der Antischöpfung.

Das geht bis in das zunächst harmlos erscheinende Gebiet der Kunststoffe. Was haben wir denn eigentlich im Perlon, im Schaumstoff usw. vor uns? Richtet man den Blick auf die Ausgangssubstanzen, so erkennt man, dass auch hier bereits mit den Kräften des Abgrundes gearbeitet wird. Viele dieser Stoffe werden aus giftigen Erdgasen, z.B. aus Acetylen und Blausäure, hergestellt, sodass hier unter fortwährender Lebensgefahr mit Gasmasken gearbeitet werden muss. Mit den Gaben des Abgrundes hat man das große Wunder getan, unzerstörbare Stoffe herzustellen. Aufregende Begleitprobleme ergeben sich sowohl in der Atom- wie in der Kunststoffindustrie: Was fängt man mit den Atomabfällen, den radioaktiven Substanzen, die übrig bleiben, an? Sie vergiften unseren Erdplaneten, denn sie verlieren ihre Radioaktivität nicht. Und was fängt man einmal mit den Abfällen aus Kunststoff an, wenn die daraus hergestellten Gegenstände nicht mehr brauchbar sind? Sie verrotten nicht, und so kann man sie nicht dem Erdreich überlassen, damit es sie wieder zu Erde umwandelt. Das alles ist für die Ewigkeit gemacht. Warum? Weil man da mit dem Tod, der letzten Erstorbenheit der irdischen Materie, d.h. mit den Kräften des Abgrundes arbeitet. Man wird eines Tages nicht mehr wissen, wohin mit den Sachen, weil sie den Boden, auf den man sie schüttet, unfruchtbar machen.

Seit dem Beginn dieses Jahrhunderts haben wir keine bloße Diesseitskultur mehr. Man ist in die Untergeschosse der Schöpfung vorgedrungen. Hierher gehört ein Bildbegriff aus der Offenbarung Johannis. Da ist von dem Engel die Rede, der den Schlüssel zum Brunnen des Abgrundes hat. Er schließt nach Ablauf der tausend Jahre den Abgrund auf, und die satanische Macht, die an Ketten lag, fängt an, sich zu regen, wird frei, betätigt sich dann aber auch. Bisher ist eigentlich die Vorstellung vom tausendjährigen Reich immer in illusionärem Sinne unter den Menschen angewendet worden. Man hat gemeint, das tausendjährige Reich sei das von Frieden und Wohlfahrt erfüllte goldene Zeitalter, das einmal kommt. In Wirklichkeit ist mit dem tausendjährigen Reich die Schonfrist gemeint, die die Menschheit im großen Gange der Entwicklung immer wieder bekommt, um die Kräfte, die sie entwickelt hat, sich bewähren zu lassen und sie sich für dauernd anzueignen. Ein solches »tausendjähriges Reich« ist in unseren Tagen abgelaufen. Die Ruhepause ist vorbei. Die Mächte des Abgrundes werden sich in unserer Kultur auf durchaus salonfähige Art tyrannisch breitmachen und betätigen. Man versteht das nur deshalb nicht, weil man zu naive Vorstellungen von den Gegenmächten hat. Zwar ist ja unser Zeitalter immer noch eher geneigt, an den Teufel als an die Engel zu glauben, aber man hat ja keine Vorstellung von dem, was als satanische Macht die Herrschaft über die Abgrundsgewalten ausübt, weil man unter dem Teufel immer nur den moralischen Verführer versteht. Hier handelt es sich um die unpersönliche Macht der Weltenkälte, die sich der kalten Klugheit des menschlichen Denkens bedient. Aus diesen Quellen heraus gewinnt das untere Jenseits Eintritt in die Menschheitskultur.

Die unteren Tore jedoch hätten sich in unserem Jahrhundert nicht geöffnet, wären nicht auch über unseren Häuptern Tore aufgesprungen. Dass die Tore des Abgrundes sich öffnen, dass da Sphären zugänglich werden, die dem menschlichen Zugriff vorher nicht erreichbar waren, ist nur das Gegenbild dessen, was über den Häuptern der Menschen geschieht. Es ist nicht so, dass einmal nur die Tore der Hölle aufgehen und einmal nur die des Himmels. Entweder steht der Mensch vor verschlossenen Türen nach oben und nach unten – und das hat eben die Menschheit in den letzten Jahrhunderten durchgemacht – oder aber er ist umkämpft von den Gewalten, die von oben wartend auf ihn schauen, und von denen, die von unten nach ihm greifen.
Gewisse triviale Sektenanschauungen haben den Begriff der Wiederkunft Christi zu etwas gemacht, wovon ein gebildeter Mensch nichts mehr hören mag. Es kommt nicht infrage, unter »Wiederkunft Christi« ein Ereignis auf der körperlichen Ebene zu verstehen. Auf diesem Felde hat man sich in Illusionen verloren, die aus religiösem Egoismus stammen. Das kommt daher, dass in der Geschichte des Christentums je länger je weniger zwischen Jesus und Christus unterschieden wurde. Man kennt nur die Gestalt des Menschen Jesus, man kennt nicht das göttliche Wesen, das in Jesus Mensch geworden ist und das wir mit dem Christus-Namen bezeichnen. Von einer Wiederkunft Jesu kann nicht gesprochen werden, wohl aber von einer neuen Offenbarung des Christus. Dieses Zukunftsmysterium des Christentums hat in unserer Zeit angefangen, Gegenwart zu werden. Die üblichen Vorstellungen bedürfen der Erweiterung: Mit dem Christus-Namen wird ein Wesen bezeichnet, das das Schöpferisch-Werdende im Weltall selber ist, das, schon bevor es die Stufe der Menschwerdung durchschritt,

Himmelsschicksale von ungeheurem Ausmaß durchgemacht hatte und das dann durch Tod und Auferstehung ging. Und wenn die Jünger nach Ostern 40 Tage lang mit dem Auferstandenen Umgang haben pflegen dürfen, dann konnten sie zwar denken, das sei eine Gestalt wie die des Jesus von Nazareth, die während der drei Jahre in ihrer Mitte gewesen war. Es war aber doch der Auferstandene. In einer besonderen Menschennähe offenbarte er sich 40 Tage lang, bis die Jünger auf dem Bergesgipfel erleben mussten, wie dieses Wesen sich ausgoss, nicht in einen jenseitigen Himmel, sondern in das ganze ätherische Leben unseres Erdendaseins. Nur insofern er über die Wahrnehmungsfähigkeit der Menschen hinauswuchs, entschwand er ihnen. Die Bibel nennt die neue Gegenwart Christi niemals »Wiederkunft«, sie sagt immer »Parusie«: Hiersein, Gegenwärtigsein. Einmal aber muss seine Gegenwart eine solche Intensivierung erfahren, dass dadurch eine neue Erlebnismöglichkeit für die Menschheit entsteht. Wenn es immer heißt, dass er kommen wird »auf den Wolken des Himmels«, so ist eine Seite dieses Bildes diese: Hat sich unsere Erdenatmosphäre mit der Feuchtigkeit gesättigt, die sich in den Wolken sammelt, so strömen aus den Wolken schließlich die Wasser, welche die Erde benetzen und fruchtbar machen. Wenn das auch nur ein grober Vergleich ist: Etwas Entsprechendes geschieht im fortschreitenden Schicksal der Christuswesenheit. Einmal ergoss sie sich in das große Ganze und wuchs darin zu immer größerer Intensität heran, und diese wird einmal so groß werden, dass aus den Wolken des Ätherischen die Kraft ähnlich mächtig an den Menschen herandringt, wie der Regen aus den Wolken des Himmels die Erde befeuchtet. Ein solches Ereignis ist gemeint, wenn die biblischen Schriften von der »Parusie Christi« sprechen. Es ist eine große Werdestufe nicht des Menschen Jesus, sondern der göttlichen Christus-Wesenheit, und unsere Zeit soll etwas davon erfahren.

Weil unsere Augen für das Übersinnliche blind sind, nehmen wir das wahre Weltgeschehen nicht wahr, das über unseren Häuptern durch alle Sphären hindurchgeht. Die wahre Weltgeschichte geschieht oben. Es könnte sonst auch nicht im Vaterunser heißen: »Dein Wille geschehe auf Erden *wie in den Himmeln.*« Es geschieht etwas über unseren

Häuptern, nur ist tragischerweise das, was auf der Erde geschieht, aus dem Zusammenhang herausgefallen. Ein neues Herbeikommen, eine neue Menschennähe des Christus tritt ein. Nur den Schatten davon erfahren vorerst die Menschen: den sich öffnenden Abgrund. Das erscheinende Licht wird von dichten Wolken verdeckt; die Blicke der Menschen sind zu schwach, um durch die Wolken zu dringen. Das ist der Grund dafür, dass den Fortschritten der äußeren Zivilisation keine Fortschritte des Christentums gegenüberstehen. Christus selbst aber schreitet fort. In den Zeiten, die vor uns liegen, wird sich die fortschreitende Christuswesenheit immer mehr einzelnen Menschenseelen kundtun. Wetterleuchtend werden Damaskus-Erlebnisse durch einzelne Seelen ziehen, und so wird es immer mehr Menschen wie Schuppen von den Augen fallen, sodass sie sehen, was in Wirklichkeit vor sich geht.

Wie aber verhält sich die auf Erden gepflegte christliche Religion zu dem Fortschreiten des Christus? Vor 2000 Jahren blickten die Menschen fasziniert zum Himmel empor, von wo sie den Messias erwarteten, und sie waren blind für den schlichten Menschen Jesus, in dem der Messias unter ihnen war. Sie verkannten ihn und schlugen ihn ans Kreuz. In unserer Zeit blicken die Menschen fasziniert auf den Erdenstoff, und im Geistbereich zieht derjenige über unseren Häuptern vorbei, der allein der Zukunft der Menschheit ihren Sinn geben und wirkliche Fortschritte in der Menschheit bewirken kann. Aber es gibt doch auch schon Früchte des neuen Naheseins Christi. Das Lebenswerk Rudolf Steiners beruht darauf, dass hier ein Mensch den Ausblick auf das, was über unseren Häuptern geschieht, erreichte. In wissenschaftlich-denkerischer Form ist hier eine Zeugenschaft von der neuen Christus-Nähe in unser Zeitalter hereingestellt. Auch die Entstehung der Christengemeinschaft ist eine Wirkung des Christus, der wieder nahe herbeigekommen ist. Wie hätten wir als ein kleiner Kreis von vorwiegend ganz jungen Menschen es wagen können, ein neues Priestertum zu begründen, Altäre zu bauen, Sakramente zu verwalten, wenn nicht wirklich ein Auftrag erlebt worden wäre, dem Christlich-Religiösen eine Form zu geben, die dem entspricht, was heute an den geistigen Tatsachen abgelesen werden kann?

Die Tradition wusste immer: Bevor der Christus wiederkommt, offenbart sich auf besondere Weise der Antichrist. Der Christus kommt nicht in einem Zeitalter der Windstille, des paradiesischen Friedens, sondern bei Sturm und Gewitter. Das neue Kommen Christi fällt in die Zeit der größten Gottferne, da aus dem Abgrund das Haupt der satanischen Macht auftaucht und die Menschen mit den Gaben des Abgrundes wirtschaften, als wäre nichts dabei. Der Antichrist hat die Vorhand, weil die Gaben des Abgrundes sich, ohne wirkliche Gegenleistung, der bloßen Erdenklugheit ergeben. Der Mensch braucht dafür keine Opfer des Herzens zu bringen.
Die Gaben des Christus können dem Menschen nicht von außen gegeben werden; nur aus der innersten Freiheit und Selbstverwandlung kann er sie empfangen. So ist die heutige Menschheit den Gaben des Himmels, die doch in Fülle auf sie warten, noch fremd und fern. Fast bleibt nur die Hoffnung, dass die Menschen schließlich durch Schaden klug werden.

Der Gesundheitszustand der Menschen ist schlechter geworden, je mehr sie durch das moderne zivilisatorische Leben von der Natur abgeschnitten wurden. Der Mensch hat aber nicht nur die Natur verloren. Er hat begonnen, mit der Unternatur, mit den Gaben des Abgrundes in selbstverständlicher Alltäglichkeit umzugehen. Es kann kein Zweifel daran sein, dass er schon durch sein Arbeiten mit der Elektrizität krank wird, geschweige denn durch sein Arbeiten mit Radioaktivität. Die allgemeine Nervosität ist nur der Anfangsgrad einer allgemeinen Zivilisationserkrankung. Man will heute sogar Krankheiten mit den Gaben des Abgrundes heilen. Die Wundermedikamente, auf die man heute so stolz ist, können den Menschen aber nicht wirklich heilen, sie können nur die Krankheitssymptome beseitigen. Schon fangen die Ärzte an, über manche Arzneimittel, die man heute anwendet, anders zu denken. Es ist doch selbstverständlich, dass die Gaben des Abgrundes, auch in Form von Medikamenten, den Krankheitszustand der Menschen nur vergrößern. Ja, man möchte einmal sagen: Wäre der Satan schon ganz frei von den Ketten, die ihn im Abgrund verschlossen gehalten haben, so wären alle Menschen schon ganz krank. Werden die Rückschläge die Menschen eines Tages zur Besinnung bringen? Allem Krankmachenden gegenüber könnte es Heilung bis ins Körperliche hinein bedeuten, wäre ein solches religiöses Leben da, das die Gaben des über unseren Häuptern erscheinenden Christus entgegennehmen kann. Da ist eine Lebens- und Kräftewelt nahe herbeigekommen, aus der die Seelen geheilt und alle Gebiete der Kultur befruchtet und erneuert werden könnten. Kräfte könnten der Menschheit zuströmen, die das Gegengewicht schaffen gegenüber den Giftwirkungen, die die Menschen in ihrer Harmlosigkeit nicht durchschauen.

Zweierlei ist nötig: Nach der Seite des Abgrundes hin müssen wir diejenige Fähigkeit entwickeln, die Paulus »die Kunst, die Geister zu unterscheiden«, nennt. Auf der anderen Seite ist es nötig, dass wir bestrebt sind, zur Erfahrung des wiederkommenden Christus zu gelangen. Das *Durchschauen des Antichrist* und das *Schauen des Christus,* das sind die beiden Aufgaben, vor denen ein gegenwartsgemäßes Christentum steht. Und das würde bedeuten, das Christus-Wort aus Gethsemane »Wachet und betet« wahrzumachen.

Zu dem »Wachen«, dem Aufwachen aus dem Schlaf der Illusionen und der Suggestion des Abgrundes, würde es gehören, dass man die Entwicklung der letzten Jahrzehnte doch etwas anders sieht. Der Sinn von allem, was auf der Erde vor sich geht, ist oben. Unten ist bloß der unterste Rand. Wenn es z.B. vor dem Ausbruch des Ersten Weltkriegs die Jugendbewegung gegeben hat – und sie vervollständigte ja nur das, was an wahrem Idealismus schon vorher in der Arbeiter- und Frauenbewegung aufgetreten war –, dann war darin bereits ein im Geistgebiet aufsteigendes Licht wirksam, das die jungen Menschen zwar nicht als solches durchschauten, aus dem sie aber schöpften und gute, tatkräftige Ideen für die Menschheitszukunft fassten. Das Wiederkommen Christi ist nicht nur da wirksam, wo von Christus gesprochen wird. Im ersten Anlauf war innerhalb der Jugendbewegung ein echt christlicher Impuls wirksam, auch wenn der Christus-Name nicht vorkam. Und in gewisser Weise gilt das auch vom Aufkommen der Arbeiter- und Frauenbewegung, wenn es sich da auch um ganz andere Lebensprobleme handelte. Da fielen Lichtstrahlen herein, die sich allerdings, weil das Bewusstsein nicht durchdrang, schnell verdunkelten und dann ja auch bald von den Schatten der großen Kriege überwältigt wurden. Der kleine Kreis, der nach dem Ende des Ersten Weltkrieges aufbrach, um die Christengemeinschaft zu begründen, hat sich damals ganz besonders mit all den Freunden verbunden gefühlt, die in großer Zahl auf den Schlachtfeldern geblieben waren. Ihr jugendlicher Idealismus war als ein christlicher Impuls mit uns und ist mit uns geblieben. – Dann kam 1933. Wir haben in der Christengemeinschaft sehr wohl gewusst, zusammen mit allen, die auf Rudolf Steiner gehört hatten, dass das Jahr 1933 eine besondere Station bedeuten würde in den Entwicklungen, die über unseren Häuptern vor sich gehen. Wir waren nicht unvorbereitet auf das, was kam. Aber was kam dann? Zwar ging durch die Menschheit in Mitteleuropa ein unbestimmtes Vorgefühl von Zukünftigem, aber die Menschen waren blind und kurzsichtig genug, diesem Gefühl einen so unpassenden Gegenstand zu geben wie nur möglich. Es entstand jene Karikatur, unter deren Folgen die ganze Menschheit in Europa und über Europa hinaus so schwer zu leiden hat. Im Geistgebiet war eine große führende Gestalt erschienen, aber man schaute nicht empor, sondern schaute nur die Karikatur an und glaubte an sie, statt an die Wirklichkeit. Hätte man die Wirklichkeit gekannt, so hätte man die Karikatur durchschaut und wäre nicht darauf hereingefallen. Als die letzte große Kriegskatastrophe abklang, gab es unter der Einwirkung der großen Untergänge in Mitteleuropa eine Zeit lang Menschen, die etwas vom wahren Sinn der Geschichte fühlten. Wie oft ist damals die Frage aufgeworfen worden: Was ist eigentlich der Mensch? Heftig wurde um das Menschenbild gerungen. Als die Trümmer herumlagen, war man wenigstens eine kurze Zeit lang dazu geneigt, innere Fragen zu stellen. Man war aufgeschlossen, und wieder kann man sagen: Es fielen Strahlen aus der Wolke über unseren Häuptern in unser Menschendasein herein, und zahlreiche Seelen nahmen, wenn auch undeutlich, etwas wahr von dem Menschenbild, dem Menschensohn auf den Wolken des Himmels. Gefühlsmäßig ging das durch die Menschen hindurch. Aber nur allzu schnell zog der »Wiederaufbau-Wohlstand«

einen dichten Vorhang vor das geahnte Licht, und das Fragen nach dem Menschenbild ging nur auf dem Papier noch eine Zeit lang weiter. Heute kann man nur von einem heillosen Durcheinander, von illusionären Entspannungshoffnungen und lähmenden Enttäuschungen sprechen. Man bewegt sich immer einige Stockwerke zu tief. Das, worum es sich in Wirklichkeit handelt, liegt auf einem anderen Plan. Würde man dahin vordringen, so hätte man den Schlüssel dafür, was eine lohnende Hoffnung und was eine schon werdende Enttäuschung ist. Man würde sich auch von keinem vorübergehenden Wirtschaftswunder einschläfern lassen. Man kann eine untergangsschwangere Kultur nicht mit denselben Kräften wieder aufbauen und retten, die selber die Ursachen des Unglücks und des Unterganges gewesen sind. Man hat nichts aus den Ereignissen gelernt. Wozu geschehen aber die großen Menschheits-Katastrophen, wenn sich durch sie die Menschheit nicht zum Umdenken aufgerufen fühlt? Heute braucht ja eigentlich nicht erst ein Mensch aufzutreten, der wie dazumal Johannes der Täufer spricht: »Ändert euren Sinn.« Man kann es fast mit Händen greifen, dass eine Geistwelt von oben sowie ihr Schatten und Gegenbild von unten in die Menschheit eingreifen wollen und um die Seelen kämpfen.

Ein mächtiger vorwärtstreibender Geist ist im Gefolge des Christus: der Genius unseres gegenwärtigen Zeitalters, der *Erzengel Michael.* Er ist auf den Fortschritt der Menschheit bedacht. Er möchte vorwärtstreiben, aber er meint die *inneren* Fortschritte. Und der ganze fieberhafte Fortschrittstrieb auf den äußeren Gebieten kommt im Grunde davon her, dass man das Licht mit dem Schatten verwechselt. Viele heutige Symptome kann man eigentlich nur verstehen, wenn man sie wie die Schattenrisse, wie heruntergefallene Schattenbilder des wahren Geschehens nimmt. Früher war weithin der Inhalt des religiösen Lebens der Wunsch, so zu leben und so fromm zu sein, dass man dann in den Himmel kommt. An die Stelle einer solchen kindlichen Himmelssehnsucht ist nun karikaturmäßig die Idee getreten, zum Mond und zum Mars zu fahren. Das ist die im Eisschrank des Materialismus tiefgekühlte Form der Geistsehnsucht, die durch unser Zeitalter hindurch wetterleuchtet. Das Arbeiten mit dem Atom ist im Grunde ein Griff in die Welt jenseits des Räumlichen, wo der Raum nicht mehr herrscht. Das Geistige ist überräumlicher Natur. Und die Steigerung des Tempos über die Schallgeschwindigkeit hinaus ist ein Streben, aus der Zeit herauszukommen. Und wie kommt das bei den Menschen an? In der Karikatur, dass *keiner mehr Zeit* hat. Man hat das Ziel, über Raum und Zeit hinauszustreben, um zum Geiste zu gelangen. Also eigentlich sucht man eine reale Geistwelt, aber es bleibt eine verzerrte Karikatur: Statt die Ewigkeit zu erleben, hat man nur »keine Zeit«.

Heute gilt es, eine solche Form des christlichen Lebens zu pflegen, in welcher der Mensch, ohne dass er aufhört, ein Mensch unserer Gegenwart zu sein, zum Geiste kommen und den Zusammenhang finden kann mit der Wolke, in welcher sich der Christus neu offenbart. Nichts von den Errungenschaften der Gegenwart braucht man prüde zu verurteilen; alles soll der Zukunft dienen. Aber je mehr äußere Fortschritte erzielt werden, umso mehr Gewichte müssen in die Waagschale der fortschreitenden Innerlichkeit gelegt werden. Die Christengemeinschaft will dazu beitragen durch die Pflege eines zeitgemäßen kultisch-sakramentalen Lebens. Der wahre Kultus ist die Schule, in der die Seele sich in der *Offenheit nach oben* übt. Das von unten nach oben Strebende, das die Frömmigkeit des Protestantismus charakterisiert hat, führt auf die Dauer zu einer solchen Verkrampfung des Menschen, dass das, was bereits über ihm schwebt, nur immer noch schwerer Eingang findet in seine Seele. Wir möchten an unseren Altären eine Sphäre der Andacht pflegen, in welcher die Menschen es lernen, ihre ganze Nervosität draußen zu lassen und sich ganz offen zu machen für die Gegenwart Gottes, die Parusie des Christus selbst. Christus ist da. Er ist über unseren Häuptern gegenwärtig, und keine größere Sehnsucht ist in ihm, als dass die Menschen sich für ihn aufschließen. Schließen sich die Menschen auf, dann ist er bei ihnen und in ihnen. In einer Zeit, in welcher die Pforten des Abgrundes, zugleich aber auch die Pforten des Himmels offen stehen, möchte die Christengemeinschaft der Menschheit dienen durch eine Kultur der wissenden Andacht, des Wachens und des Betens.

WANDLUNGEN MICHAELS

Die Sonne – ist sie wirklich nichts als jene leuchtende Feuerkugel draußen im Weltenraum, die einen wenn auch gigantischen, so doch messbaren Radius und Umfang besitzt und in einer gleichfalls gewaltigen, aber messbaren Entfernung von unserer Erde umkreist wird? Ist sie nicht vielmehr allgegenwärtig, also auch uns auf der Erde dicht umgebend, sodass das Gestirn, das über unseren Himmel seine Kreise zieht, nur wie ein Zeichen ist, ein Hinweis auf ein allumfassendes, alldurchdringendes Wesen, vielleicht das sichtbare Herz einer großen sphärischen Wesenheit, die als solche unserem Auge nicht erscheint, aber in ihren Kräftewirkungen von allen übrigen Organen unseres vollen Mensch-Seins wahrgenommen werden will? Insbesondere als lebenspendende Macht kann die Sonne gar nicht mit jenem Feuerball identisch sein; denn wäre nichts als dessen physische Licht- und Wärmeausstrahlungen, so könnte, wie wir es in den tropischen Klimaten der Erde sehen, nur Ausdörrung und Tod von ihr ausgehen.

Das alte mythische Bewusstsein der Menschheit sah noch durch das Sonnengestirn wie durch ein Fenster in vielschichtige, hierarchisch-sphärisch abgestufte Wesenhaftigkeit hinein. So haben die Griechen die kreisende Tagesleuchte als das Gefährt eines Gottes, als den Wagen des Helios, geschaut, haben aber hinter und über Helios eine höhere, umfassendere Gottheit, Apollo, den sie Phöbus, den Glänzenden, nannten, verehrt. Auf die Sphäre des Helios weist uns noch, was unser Auge sieht; die jedoch des Apollo ist übersinnlicher Natur. Apollo ist der Herr des geistigen Sonnenlichtes und als Träger der Sonnenharfe auch der Gebieter der göttlichen Sphärenharmonien, die in der Sonne ihren Quell und Mittelpunkt haben: »Die Sonne tönt nach alter Weise in Brudersphären Wettgesang.« Den unermesslichen, unser All mit Leben durchpulsenden Ätherleib der Sonne empfanden die Alten, wenn sie sich dem Apoll zuwandten. Aber auch hinter Apollo und über ihn hinaus haben die Mysterien der alten Welt noch höhere Götterwesenhaftigkeiten, gewissermaßen höhere und höchste Wesensglieder des umfassenden Wesens »Sonne« gekannt. In der Lehre des Philosophenkaisers Julian Apostata von der dreifachen Sonne klingt das alte Wissen noch in christliche Zeiten herein. Die höchste Geistwesenheit der Sonne, ihr eigentliches Ich, wusste man, nachdem einst Zarathustra von ihr als von Ahura Mazdao, der großen Sonnen-Aura, gelehrt hatte, in dem Gott, der durch Sterben und Auferstehen geht, und den die späteren vorchristlichen Religionen, sein Kommen ersehnend, als Osiris, Adonis und unter manchem anderen Namen verehrten. Nur kurze Zeit leuchtete im Urchristentum die Ahnung auf, dass in Christus dieser höchste Sonnengeist als Mensch unter Menschen gelebt habe. Zur Zeit des Julian hatten die Christen dies Geheimnis bereits vergessen.

Das Wissen von den hierarchisch-abgestuften Engelreichen, das in den neutestamentlichen Schriften überall noch als selbstverständlich bekannt vorausgesetzt ist und das, zurückgehend auf Dionysius Areopagita, den großen athenischen Schüler des Paulus, in einer grandios aufgebauten Hierarchien-Lehre bis ins hohe Mittelalter weitergetragen wurde, ist ein Kapitel alter, ins Christentum hereinströmender Sonnen-Weisheit. Im Gefühl blieb erhalten, was die alte Welt in unmittelbarem Schauen erlebt hatte: dass die Sonne das Tor oder Fenster ist, durch das uns aus hierarchisch geordneten Sphären ein höchstes Gotteswesen anschaut und von jedem Stockwerk der Geisteswelten durch die Wesen zu uns spricht, die dort seine Hüllen und Boten sind. So pflanzten sich bildhafte Anschauungen fort, in denen die Hierarchien in solchen farbigen Kreisen angeordnet vorgestellt wurden, als ob sie miteinander die große, hinter dem physischen Sonnenlicht verborgene geistige Sonnen-Aura bildeten. Zahlreiche Malereien, z.B. in der Kuppel des Baptisteriums neben dem Dom zu Florenz, bekunden dies bis in späte Jahrhunderte. Durch das Auge der Sonne schauen nicht nur die Götter-Reiche uns an; auch wir schauen hier, wenn wir die unser

Auge blendende Außenseite durchdringen, in die Sphären-Stufen der himmlischen Heerscharen hinein.
Deshalb spielt immer da, wo von der Gesamtheit der Engel-Hierarchien die Rede ist, der *Erzengel Michael* eine besondere Rolle. In den Heiligen-Legenden des hohen und späten Mittelalters, die den Jahreslauf von Tag zu Tag begleiten, enthält die auf den 29. September fallende Legende des Erzengels die Aufzählung und Schilderung aller neun Engelstufen; Michael wird geradezu als der Fürst der Hierarchien bezeichnet. Der Erzengel Michael ist der Erzengel der Sonne. Er erscheint hinter dem Sinnenschein des Tag-Gestirnes als eine der Menschen-Ebene noch verhältnismäßig nahestehende Geistgestalt. Aber er ist nur das Antlitz höherer Daseinsreiche, zuletzt des Christus selbst. Hinter ihm erscheinen sie alle, insofern sie Hüllen, Glieder an Seinem Leibe, Wesensglieder Seiner Selbst, sind. Wie das Antlitz eines Menschen nicht sein eigenstes Wesen, sondern nur ein Teil seiner beseelten Leibeshülle ist, wohl aber mehr als der übrige Leib transparent, sodass sich das Ich durch es offenbaren kann, so ist Michael das bereits der Geisteswelt angehörige Antlitz der Hierarchien-Ganzheit und zuhöchst das Antlitz des Christus.

Die Offenbarung des Johannes zeigt uns auf dem Höhepunkt ihrer dramatischen Schau Michael als Sieger über den Drachen. Die Szene des Kampfes mit dem Drachen kehrt auf allen Stufen der menschheitlichen Geistesgeschichte als mythisches Grundbild wieder. In vorchristlicher Zeit sind es große erhabene Göttergestalten, die diesen Kampf mit dem tiergestaltigen Feind vollführen: im babylonischen Bereich *Marduk,* bei den Indern *Indra,* bei den Griechen *Apollo,* der den Drachen Python in die Kastalische Schlucht stürzt. Zur Zeit des frühen Urchristentums breitet sich der persische Kultus des göttlichen Sonnenhelden *Mithras* über das ganze Mittelmeergebiet aus. In christlicher Zeit sind es menschliche Heroen-Gestalten, die den Drachen besiegen: auf nordischem, vom Christentum noch nicht ergriffenen Boden *Siegfried,* unter den Heiligen des frühen Christentums *St. Georg.* Ist der Bezwinger des Untieres immer der Gleiche, nur mit wechselnden Namen, seien es göttliche oder menschliche, bezeichnet? Es ist ein hierarchisches Geheimnis, das die verschiedenen Überwinder-Gestalten miteinander verbindet. Auf allen Stufen der geistigen Wesensreiche erscheint der über den Drachen Triumphierende. In vorchristlichen Zeiten tauchen in Marduk, Indra, Apollo Wesenheiten, die über der Erzengel-Stufe stehen, in diesem Bilde auf. Sie erscheinen sozusagen durch das Transparent der Michael-Gestalt hindurch, die eine antlitzhafte Mitte zwischen oben und unten ist. Als in der Zeiten Mitte das Christus-Ereignis eingetreten war, wurden Menschen, die sich durch ihre Geisteskraft aus dem Allgemein-Menschlichen herausheben, ihrerseits transparent für die Gestalt des Erzengels Michael, der durch sie wirkt: der letzte nordische Eingeweihte Siegfried und der erste christliche Ritter St. Georg. Michael-Metamorphosen erscheinen auf allen Sprossen der Himmelsleiter infolge der Weltendurchsichtigkeit, die im Bereich der geistigen Sonne herrscht.

In dem Bild des siegreichen Drachenkampfes haben wir ein Mysterium der Sonne und zugleich des geistigen Menschenwesens. Der Mensch verdankt seine aufrechte Gestalt, die ihn über alles Niedere zu triumphieren instand setzt, den geistigen Sonnenkräften, wie auch die Pflanze ihre Aufrichtekraft, ihre Himmelszugewandtheit, von der Sonne hat. Weil der Mensch innerlich sonnenverwandt ist, schwingt er sich über das Tier hinaus, das allein schon durch den Mangel einer aufrechten Gestalt in die Kräfte der Erdentiefe gebannt bleibt. Die Überwindung des Tieres durch den Menschen, äußerlich-leiblich als Inhalt der entwicklungsgeschichtlichen Vergangenheiten, innerlich-seelisch als fortwährendes moralisches Zukunftsziel, das ist, auf die einfachste Formel gebracht, der Sinn des mythischen Bildes vom Drachenkampf. Zuerst sind höhere Götterwesen die Sieger über den Drachen: Wir sehen die Sonnen-Mächte am Werk, die durch große kosmische Stationen hindurch den Menschen schaffen. Es gibt Schilderungen Rudolf Steiners, die das Bild des Streites Michaels mit dem Drachen bereits auf die Entstehung eines irdischen Tierreiches beziehen. Die geistigen Führermächte halten den Menschen selbst noch im Geistgebiet zurück, den rechten Reife-Zeitpunkt erwartend, in welchem er in eine irdische Verkörperung eintreten soll. Sie müssen diese ihre Absicht verteidigen gegen Widersacher, die nicht warten wollen und voreilig zur Verkörperung drängen. Diese Widersacher werden auf die Erde gestürzt, und es entstehen, ehe es noch den physisch verkörperten Menschen gibt, die drachenhaften Erstlinge des irdischen Tierreiches. Auf jeder Stufe des Werdens findet, immer näher an die Ebene des Irdischen herankommend, der Drachenkampf statt, der damit endet, dass der Drache gestürzt wird. Das geschieht immer zum Schutze des werdenden Geistesmenschen, der durch alle Niederungen und Entstellungen hindurch nach dem höchsten sonnenhaft-göttlichen Urbilde gestaltet werden soll. Schließlich ist der höchste Herr der Sonne, der das Urbild des Menschen in seinem Wesen trägt und deshalb als der wahre Menschen-Gott bezeichnet werden kann, selbst in die irdische Verkörperung eingetreten, um den ihm entsunkenen Menschen den Drachenmächten der Tiefe zu entreißen.

Wenn dann in christlicher Zeit menschliche Metamorphosen Michaels als Drachenbezwinger hervorgetreten sind, so ist daran abzulesen, dass die von dämonischen Gewalten bedrohte Zukunft des Geistesmenschen nunmehr in die Hand des Menschen selbst gelegt ist. Insbesondere in unserer apokalyptischen Gegenwart ist auf die *menschlichen* Sonnenkämpfer gerechnet. Die den geistigen Forderungen der Zeit entsprechenden Diener Christi sind diejenigen, die es im michaelischen Sinne, als Mitstreiter Michaels, sind.

MICHAEL, DER FÜRST DES FORTSCHRITTS

Das Michaelsfest, wie wir es, in einem neuen Michael-Zeitalter lebend, feiern dürfen, ist ein *neues* Fest. Sein Stern steigt eben über den Horizont und wird erst in der Zukunft seinen vollen Glanz gewinnen. Die immer ernsteren Weltverhältnisse, in denen sich das apokalyptische Evangelienwort bewahrheitet, dass unter den Menschen Bedrängnis herrschen wird und Furcht und Zittern vor dem, was über den Erdkreis hereinbricht, werden uns helfen, den neuen Inhalt des Michaelsfestes von Jahr zu Jahr deutlicher zu ergreifen.

Die kindlichen Bilder, die frühere Jahrhunderte von dem Drachenbesieger gemalt haben, können uns zwar immer noch viel sagen, aber sie zeigen uns den Erzengel nicht in seiner heutigen Gestalt; sie lassen uns die aktuelle Dringlichkeit seines Wesens nicht verspüren. Wichtigste Züge und Konturen des neuen Michaels-Bildes leuchten aus den feierlichen Worten hervor, die in den Wochen der Michaelszeit an den Altären der Christengemeinschaft gesprochen werden. Es sind Worte der Anbetung; dennoch entfaltet sich in ihnen ein Drama. Das hohe strahlende Wesen, zu dem wir unsere tiefste Andacht strömen lassen, enthüllt sich vor uns zugleich als Träger eines spannungsreichen dramatischen Geschehens. Große Bögen spannen sich im dynamischen Menschheitswerden: Einst stand Michael vor dem Vatergott – heute steht er vor dem Sohnesgott. Einen welthistorischen Schritt sollen wir bedenken, der die Menschheit in ein völliges Neuland führt. Ein Wesen, das nicht stillesteht, ist der Erzengel. Und nicht nur, dass er einmal in großem Stile voran- und mitgegangen ist, als nämlich die Zeit des Vaters von der des Sohnes abgelöst wurde. In unserer Zeit ist es geschehen und geschieht es, dass sich die Gebärde Michaels verwandelt: Die Hand, die kämpferisch-drohend gegen die Feindgewalten ausgestreckt war, erhebt sich jetzt zum Wink, zum Zeichen der gelösten Größe, die auf den freien Menschen rechnet. Der Engelsfürst der Fortschritte, die durch das innerste Wesen des Menschen erzielt werden sollen – das ist Michael. Darin liegt auch die unendliche dynamische Wesens-Nähe und -Verwandtschaft Michaels mit Christus. Die traditionelle Vorstellung vom Göttlichen ist eigentlich immer die, die das Göttliche in ewiger Unveränderlichkeit verharren sieht, woraus man meint, unveränderliche religiöse Traditionen und Formen ableiten zu sollen. Durch eine solche Vorstellung ist es ganz gewiss möglich, etwas vom Wesen des Vatergottes, des göttlichen Weltengrundes, zu erfassen. Sie lässt jedoch ein Gefühl für das eigentliche Wesen des Christentums noch nicht aufkommen. Christus, der Sohn, ist nicht unveränderlich. Er ist das Wesen, das alles Werden in der Welt bewirkt, weil er vom Urbeginne her auf seiner großen Wanderung und in der alles umfassenden Wandlung begriffen ist. Schon vor dem Ereignis von Golgatha hatte er den Zeitaltern ihr immer wieder neues Gepräge gegeben dadurch, dass er von Sphäre zu Sphäre der Erdenmenschheit entgegenwanderte. Und auch nach den drei Jahren der vollen Menschwerdung blieb er nicht in dem Zustand, in den er – wie man meint – am 40. Tag nach Ostern eingetreten war. Das Bild des gen Himmel Fahrenden deutet nur an, dass jetzt eine unendliche Weiterentwicklung beginnt. Sodass die rechte christliche Frage die ist: Wo ist und wie wirkt Christus heute? Der große Zug des nicht ruhenden, vorwärtsstrebenden Fortschreitens, der dem Christuswesen eigen ist, wird uns umso deutlicher und vertrauter, je mehr es uns gelingt, uns ein Bild von der heutigen Gestalt des Erzengels Michael zu machen. Wie einst Johannes der Täufer in der irdischen Menschenwelt, so bahnt Michael heute in dem geistigen Kosmos, der zur Menschheit gehört, dem Christus die Wege. Das Nicht-stille-Stehen, das zum Wesen des Christus gehört, muss erst recht das Wesen dessen bestimmen, der, alle Hindernisse aus dem Wege räumend, vor ihm hergeht.

Die Wegstrecke im großen michaelischen Lebenslauf, auf welcher der Erzengel »vor dem Vatergott stand«, spiegelt sich reich in das Alte

Testament hinein. Das Buch des Propheten Daniel spricht noch so, dass wir erkennen: Bis in die Zeit des babylonischen Exils war Michael der Genius des israelitisch-jüdischen Volkes (10, 13 und 21). Durch seine inspirierende Führung konnte die innere Volksgeschichte die irdische Entsprechung sein zu dem damaligen Vorwärtsschreiten des Christus in den übersinnlichen Welten.

Die michaelische Führung war es eigentlich, die das Volk des Alten Bundes zum »auserwählten Volk« machte. Durch eine Reihe von Jahrhunderten lagen Akzent und Schwerpunkt der Menschheitsentwicklung bei ihm. Es hatte als deren Vorhut stellvertretend für die ganze Menschheit den eben jetzt fälligen Fortschritt des Werdens zu erringen. In leiblicher Hinsicht hatte das Volk sich so zu entwickeln, dass es dereinst dem Christus, der zur Erde unterwegs war, die Möglichkeit zur Verkörperung bieten konnte. Vor allem aber hatte es durch die Entwicklung einer bestimmten Seelenkraft den spezifischen inneren Fortschritt im Menschenwesen zu erzielen, durch den die Menschheit einmal fähig sein würde, die Christus-Wirkungen voll bewusst und frei zu ergreifen. Wie einst der Erdenweg des Christus zur Schädelstätte Golgatha führen musste, so musste gleicherweise die innere Entwicklung der Menschheit, wenn das auch viel Verarmung und inneres Absterben mit sich brachte, zur Schädelstätte führen. Das an den Kopf und das Gehirn des Menschen gebundene Denken, das den Menschen arm, aber auch frei macht, hatte das »auserwählte Volk« für die Menschheit zu erringen. Obwohl Michael der Erzengel der Sonne ist, musste er, als der Christus ihn aus seinem vorirdischen sphärischen Dasein als Herold voraussandte, der geistige Anführer eines Volkes werden, dessen Mission eine mondenhafte war: nämlich für die Menschheit den mondenhaften Kopfverstand zu entwickeln. Noch konnte das Licht der geistigen Sonne, die schon im Aufgehen war – das Sonnenlicht des Christuswesens – der Menschheit nicht direkt begegnen und erscheinen. Das Menschenwesen war dazu noch nicht reif; es war noch zu weich und zu verschwimmend. So musste eine Zeit lang dasjenige Volk das Menschheitsvolk sein, das mit den Mondenkräften in der Seele den Spiegel aufstellte, in welchem sich das näherkommende Sonnenlicht zunächst indirekt und abgedämpft zeigte. Was ist der Mond am Himmel? Der Mond leuchtet nicht selbst, aber er wirft, wenn die Sonne unter dem Horizont ist, das Sonnenlicht wie ein Spiegel zurück. In mondenhafter Abschwächung empfing die Menschheit durch das von Michael geführte Volk das Sonnenlicht Christi wie eine Art Vorverkündigung. Sie lernte, die Weltvernunft *kopfmäßig* zu denken. Die Gedankenart, die unser Gehirn zum Träger hat, besteht, ähnlich wie das Mondlicht, aus reflektiertem Sonnenlicht, aus Spiegelungen der Weltvernunft, der großen göttlichen Gedanken. Wir sagen ja auch, dass wir mit unserem Verstand »reflektieren«. In der Tat reflektieren wir die Weltvernunft, d.h. wir formen Schatten- und Spiegelbilder der göttlichen Ideenwelt in unserem Gehirn.

Statt zu sagen, Michael habe damals vor dem Vatergott gestanden, kann man auch sagen, er sei das Antlitz Jahves gewesen, bevor er das Antlitz Christi wurde. Jahve ist ein Wesen, das wir uns im Bilde des Mondes vorstellen können, so wie die Sonne das große Wahrbild für Christus ist. So paradox es auch sein mag: Der Erzengel der Sonne wurde zum Antlitz einer mondenhaften Gottheit, um, wenn die Zeit erfüllt sein würde, unmittelbar das Antlitz der geistigen Sonne, des Christuswesens, sein zu können.

Es gibt einen Grund, weshalb die heutige Menschheit so weit davon entfernt ist, dem Wesen Michaels ein wirkliches Verständnis entgegenzubringen: Sie sieht den Sinn ihrer eigenen Geschichte im Wesentlichen doch in der Folge der äußeren Geschehnisse, in dem Wandel der Machtverhältnisse, in den Erfolgen und Misserfolgen des menschlichen Schaffens und Strebens. Sie wird noch nicht recht aufmerksam darauf, dass eine wichtige Ader des Werdens in der *menschheitlichen Bewusstseinsentwicklung* pulsiert. Der Genius und Führer der Menschheit auf dem Durchgang durch die verschiedenen Metamorphosen ihres Bewusstseins, das ist der Erzengel Michael. Rudolf Steiner hat uns gelehrt, in ihm den »Verwalter der kosmischen Intelligenz« zu sehen. Und eben darin ist er der unmittelbarste hierarchische Diener und Wegbereiter des Christus.

Die großen griechischen Denker von Heraklit an bis zur Stoa haben bereits den Christus gekannt und, gleich den Propheten des Alten Testamentes, sein Kommen vorausgeahnt. Sie nannten ihn den »Logos«, so wie ihn dann, nach seiner Menschwerdung, auch das Johannes-Evangelium genannt hat. Der Name »Logos« heißt nicht einfach nur »Wort«, er weist in die Ursprungssphäre, wo das Denken Gottes und sein Sprechen noch eines sind. Gewissermaßen bestand das Kleid oder die Geistleiblichkeit des Christuswesens in den Urbeginnen aus den schöpferischen Urgedanken Gottes, die wir stammelnd die »Weltvernunft« oder auch die »kosmische Intelligenz« nennen können. Die geistige Sonne, Christus, der gegenüber die Sonne am äußeren Firmament nur ein Gleichnis ist, besteht aus leuchtenden Gottgedanken, und Michael ist der Herold und Helfer des Logos. Er sorgt dafür, dass auf einer Werdestufe nach der anderen immer das Rechte geschieht, sodass schließlich die Weltvernunft selber unmittelbar im Menschengeist aufleuchten kann. Eine wichtige Zwischen- und Durchgangsstation auf diesem Weg war es, als in dem israelitisch-jüdischen Volksstrom das kopfgebundene intellektuelle Denken ausgebildet wurde, groß impulsiert durch Moses, der deswegen mit den zwei Hörnern auf der Stirne dargestellt wird. Die Mondprägung der Weltvernunft entsteht. Der Erzengel der Sonne dient dem Mond. Der Genius des Goldes prägt Silbermünzen. Er tut es, weil nur im Durchgang durch die schattenhafte Kopfintelligenz der Mensch ein Ich wird, das nachher das freie Subjekt eines erhöhten Denkens sein kann. Die Jahve-Mission war zur Vorbereitung der Christus-Mission notwendig. Und so war Michael das Antlitz Jahves, bevor er in den Zeiten der beginnenden Erfüllung zum Antlitz Christi werden konnte.

Die eigentliche Volksgeschichte hört für die alttestamentliche Strömung auf, als nach der Zertrümmerung des Zehn-Stämme-Reiches Israel durch die Assyrer auch das aus den restlichen zwei Stämmen bestehende Königreich Juda zertrümmert wurde und die Zeit der babylonischen Gefangenschaft begann. Die eigentliche Jahve-Mission ist zu Ende. Michael löst sich von der Bindung an die spezielle

Volksströmung, er steigt vom Volksgeist zum Zeitgeist auf. Ein Michael-Zeitalter beginnt. Der Sonnencharakter Michaels kann sich wieder unmittelbar zeigen. Der ganze Horizont wird hell. Ein Sonnenaufgang löscht das Mondlicht aus. Schon bei den großen israelitischen Propheten wird nun der Blick auf die Sonne maßgebend: Die messianischen Weissagungen beherrschen ihre Verkündigung. Die ersten Strahlen des Kommens Christi werden von ferne sichtbar; der Tag bricht an. Die michaelische Inspiration erreicht jetzt die Menschheit auf dem gesamten Erdenrund: Zeitgenossen der Propheten sind in Griechenland die großen Denker von Pythagoras bis Plato und Aristoteles, in Indien der große Buddha, in Persien Zarathustra, in China Laotse und Kungfutse. Die sich über die ganze Erde hin erstreckende Geisterversammlung ist wie eine messianische Morgenröte.
Als das Zentralereignis der irdischen Menschheitsgeschichte eintrat, die Menschwerdung Christi, sein Tod und seine Auferstehung, da war das Michael-Zeitalter bereits wieder zu Ende. Die Heroldsfackeln, die überall aufflammten, sind ausgebrannt. Ganz in der Stille geschieht, wodurch der absteigenden Menschheitsentwicklung gnadevoll ein Wiederaufstieg eingefügt wird. Wir haben uns die allerintimste Verflechtung des Erzengels Michael mit den Ereignissen vorzustellen, die das Evangelium berichtet. Davon wird nicht direkt gesprochen, aber wenn durch die stillen Szenen von Galiläa Blitze hindurchzucken, so sehen wir wie durch eine Wolke hindurch das Antlitz Michaels, der so innig beteiligt ist an dem, was auf der Erde geschieht.
Der Erzengel stand vor dem Vatergott, jetzt steht er vor dem Sohnesgott. Er ist das Antlitz Christi und bereitet sich darauf vor, es auch für die Menschen zu werden. Das Ziel dieses Strebens wird dann erreicht sein, wenn in Menschenseelen, nicht abgeschattet und durch den Kopfverstand verdunkelt, das Sonnenlicht der Gottgedanken unmittelbar Einlass findet. Nach dem Ereignis von Golgatha blitzt dann und wann die michaelische Christus-Zukunft auf: vor Damaskus für Paulus, auf Patmos für Johannes.
Aber welch dichten Schleier webt die Geschichte des Christentums zunächst vor das Licht, das doch bereits leuchtet! Den Christen ist der

Sonnencharakter Christi tief verhüllt. Sie sehen nur den Menschen Jesus. Ganz fern liegt ihnen die Einsicht, dass die Christus-Beziehung eine verwandelnde Wirkung auch auf das Bewusstsein des Menschen, auf sein Denken ausüben könnte. Gewöhnen sie sich doch immer mehr daran, Glauben und Wissen scharf voneinander zu trennen. Nur in einsame Gottsucher leuchtet die michaelische Sehnsucht nach schauender Christus-Unmittelbarkeit herein.

Der Erzengel wirkt im Dienst der Christus-Zukunft in steigendem Maße wieder in die Dynamik des geschichtlichen Werdens hinein. In den Zeiten der Völkerwanderung fühlen sich gewisse Stämme unter seiner Führung und schauen verehrend zu ihm auf. Michael schickt sich an, wie in den Zeiten des Alten Bundes, so jetzt noch einmal eine Volksaufgabe zu übernehmen. Die Stämme, die sich unter seiner Führung fühlen, wachsen zu einem Volk zusammen. Es wäre aber nicht richtig, einfach zu sagen, Michael sei zum Volksgeist der Deutschen geworden. Er hat das Volk, das sich in Mitteleuropa bildete, überschwebt, ist aber nicht in der Intensität und bis zu dem Grad in das Blutadersystem des Volkes eingetreten, wie er das gegenüber dem Volk des Alten Bundes getan hatte. So blitzten die Volksseelenwirkungen Michaels in der deutschen Geistesgeschichte eigentlich immer nur in einzelnen Menschen auf, z.B. in Fichte, Hegel, Schelling oder in Goethe, in denen sich der Gedanke von der Ebene der bloßen Spiegelungen und Schattenbilder losreißen will. Diesmal zielt eben die Volksseelenwirkung Michaels nicht darauf, dass der Christus physisch geboren werden kann. In einem Teil der Menschheit soll eine geistige Atmosphäre geschaffen werden, durch die eine Offenheit für das *neue* Kommen Christi entsteht. Eigentlich hat die ganze deutsche Geistesgeschichte durch die michaelische Führung den Sinn gehabt, dass für die neue Christus-Offenbarung, die man die »Wiederkunft Christi« zu nennen pflegt, der Boden bereitet werde.

Dass in der zweiten Hälfte des 19. Jahrhunderts die Lichter des goetheschen Zeitalters so krass erloschen und einer steigenden Verfinsterung durch die Herrschaft des bloßen Kopfverstandes weichen mussten, bedeutete nicht ein Abnehmen der Michael-Wirkungen. Die

Gegenwirkungen wuchsen an, im Stillen aber wuchs auch die michaelische Kraft. Auf dem Plan der äußeren Geschichte trat schließlich eine ähnliche Tragik ein wie damals, als die Juden in die babylonische Gefangenschaft gerieten. In den Siebzigerjahren des vorigen Jahrhunderts ging die eigentliche deutsche Volksgeschichte, entgegen dem äußeren Anschein, bereits zu Ende. Michael stieg von seiner Volksgeistrolle aufs Neue zu einer Zeitgeistaufgabe auf. Dem deutschen Geist war die Aufgabe gestellt, über den Bereich des Volksegoismus hinaus in einen selbstlosen umfassenden Menschheitsdienst hineinzuwachsen.

Wir haben in dem neuen Michael-Zeitalter, das 1879 begonnen hat, das gigantische Anwachsen der Gegenmächte erlebt und müssen Tag für Tag ihre Sieges- und Triumphmeldungen ertragen, die im Grunde die innere Angst und Bedrängnis der Menschenseelen, das Erschauern vor dem, was daraus werden soll, nur noch steigern.
Wir sind aber auch bereits Zeugen geworden von den Anfängen der neuen michaelischen Inspiration. Die erste große Gabe Michaels für unsere Zeit war das Lebenswerk Rudolf Steiners. Die Menschheit wird, wenn sie den Mut hat, sich diese Gaben zu eigen zu machen, mit sonnenhaften statt bloß mit mondenhaften Gedanken ausgerüstet. Christus und Michael sind der Menschheit mitten in den wachsenden stürmischen Finsternissen nahe; sie tragen ihr die Sonne entgegen, die in der Mitternacht leuchtet. Wo Menschen, ohne die strenge Denkzucht, die das Zeitalter der Naturwissenschaft mit sich gebracht hat, zu verlieren, den Übergang finden von dem bloß kopfmäßigen Denken zu den von Kopf und Herz gemeinsam gedachten, schöpferisch-michaelischen Gedanken, da ist der Keim zum Schauen des Übersinnlichen und damit zum Damaskus-Erwachen der Menschenseele gegeben.
Im Geistgebiet ist der Kampf Michaels mit dem Drachen bereits siegreich durchgeführt. Auf der Erde muss der Mensch im Bunde mit Michael, dem Antlitz Christi, den Kampf erst noch vollenden. Er tut das nicht durch krampfhaftes Ankämpfen gegen die Errungenschaften der

Finsternis, er tut es durch die positive geistige Vollmacht, die jeder wirklichen Christus-gemäßen Erkenntnis, jedem durchchristeten Gedanken, innewohnt.
Michaels Gebärde ist nicht mehr die des Kampfes: Er erhebt die Hand zum Wink. Der freie Mensch soll diesem Wink folgen. Durch alle Schrecken und durch alles Sterben hindurch kann er der österlichen Sonne des Auferstandenen begegnen und dienen.

CHRISTUS UND MICHAEL

Immer bedeutet es eine Prüfung, wenn der Herbst kommt. Tritt Ende September die Sonne in das Sternbild der Waage ein, so wird in der Tat der Mensch auf strenger Waage gewogen: Wird seine innere Kraft ausreichen, wenn jetzt die tragende Natur sich von ihm zurückzieht und ihn auf sich selbst zurückverweist?

Es gibt heute den kleinen und den großen Herbst, den rhythmisch wiederkehrenden im Jahreslauf und den zeitalterhaften, in den die Menschheit im Großen eingetreten ist. Der große Herbst übt immer umfassender seine Herrschaftsrechte aus, nachdem ein Menschheits-Sommer unwiederbringlich zu Ende gegangen ist. Er greift auch in den Jahreslauf ein, indem er dem Jahresherbst ein Übergewicht gibt. Die herbstlichen Schauer verfrühen sich und bewirken, dass es beinahe schon keine richtigen, ungestörten Sommer mehr gibt.

Schützende Vorhänge umgaben uns durch die wärmedurchwobene Schönheit der Sommer-Natur. Wie durch raue Griffe werden sie weggezogen. Aus düsteren Hintergründen trifft uns ein kalter Hauch, umtosen uns stürmende Regengüsse. Haben wir die Kraft, innerlich standzuhalten, so tritt aus den dämmer-dunklen Tiefen aber auch eine andere Gestalt hervor, in einem Licht, das zunächst milde, dann immer strahlender leuchtet: der Erzengel Michael. Der goldene Glanz geht aus von seiner Rüstung und der Waage, die er hoch erhoben in der Hand hält. Sein Mund ist verschlossen, sein ernst-sorgenvolles Auge ruht auf uns Menschen. Seine schweigende Sorge spricht: Ich bin für euch da; mein ganzes Streben ist, euch zu helfen. Aber wenn ihr bleibt, wie ihr seid, darf ich euch nicht helfen. Ihr bliebet sonst erst recht, was ihr seid; und was ihr seid, reicht für die Weltenzukunft nicht aus. Ihr müsst erst anders werden, dann wird euch meine Hilfe sicher sein.

Wir fühlen: Diese Gestalt ist nicht einfach etwas außer uns; sie geht jeden Einzelnen von uns im Allerinnersten an. Wie ein strenger Gottesspiegel steht sie vor uns und lässt uns erkennen, wie sehr wir versagen, wie schwach wir im Innern sind und wie wir dadurch immer wieder der Suggestion der bloß äußeren Dinge unterliegen.
Erst wenn wir so den Prüfungsernst ehrlich empfinden, beginnt der Erzengel seine Belehrung.

In den alten Legenden, die es zu jedem Tag des Jahres gab, fing die zum Michaelstag gehörige mit der Aufzählung der neun Engelschöre an. Der 29. September hieß: »St. Michael und alle Engel«. Die Anschauung der Hierarchien von den Engeln und Erzengeln bis hinauf zu den Cherubim und Seraphim eröffnet sich unserer Seele. Michael steht als Repräsentant und Herold der Engelreiche vor uns und zeigt sie uns alle. Das Erste also, was er uns schweigend lehrt, ist dieses: Richtet euren Blick nicht immer nur auf die Naturreiche, erweitert ihn zu den Reichen des Geistes. Sucht über Stein, Pflanze, Tier und Mensch die wahre Stufen-Großartigkeit des Daseins bis zu den Seraphim empor.
Und dann fängt alles an, sich zu bewegen: Wir sehen, »wie Himmelskräfte auf- und niedersteigen und sich die goldnen Eimer reichen«. Es ist uns wie Jakob, dem einst der Erzengel das Traum-Auge auftat, sodass er die Himmelsleiter sah: »Siehe, eine Leiter stand auf der Erde, die bis in den Himmel reichte. Und die Engel des Himmels stiegen daran auf und nieder. Und ganz oben stand der Herr selbst und sprach.«
Was ist das für ein Auf- und Niederfluten? Was ist das für ein Gespräch zwischen Himmel und Erde, das nicht mit Worten, sondern mit Wesenhaftigkeit geführt wird?
Viele Menschen können, in den üblichen Weltanschauungsvorstellungen befangen, nichts damit anfangen, wenn von Engeln, Erzengeln usw. gesprochen wird. Sie haben Sorge, die Vorstellung hierarchischer Wesenheiten könnte dem großen Gedanken der Einheit Gottes Abbruch tun. Sie wollen nicht vor einer Vielheit, sondern nur vor der erhabenen Einheit stehen.

Die große göttliche Welteneinheit erscheint uns jedoch in einer unerhörten Lebendigkeit, gerade wenn wir, dem Wink Michaels folgend, den Blick auf die auf- und niedersteigenden Himmelskräfte lenken, die ja nach unten zu bei den Engeln nicht aufhören, sondern ihre goldenen Eimer an Mensch, Tier, Pflanze und Stein weiterreichen. Gliedmaßen am Leibe des einen Gottes sind sie alle, sind auch wir mitsamt der ganzen Erdenkreatur. Wenn wir, auf unser Leben zurückblickend, sagen: Wir haben die Hand Gottes in unserem Schicksal verspürt, so ist das nicht bloß ein bildlicher Ausdruck. Die Engel, als schützende und führende Genien den einzelnen Menschen zugeteilt, sind wirklich die Hände Gottes. Die Erzengel könnten wir die Arme, die Throne die Füße Gottes nennen. Und Christus ist das Herz Gottes. Wir ahnen die große Einheit, und die auf- und niedersteigende Bewegung innerhalb der Vielheit ist wie das pulsierende Strömen, der lebendige Blutkreislauf in dem einen großen Wesen.
Dieser göttliche Blutkreislauf sollte auch durch uns Menschen hindurchgehen. Aber da ist durch den »Fall« der tragische Riss in die Schöpfung gekommen: Der Mensch hat die Erdenkreatur in die Gottabgetrenntheit mit hineingerissen. Wir fangen an, die Belehrung Michaels zu verstehen, die uns von dem bloßen Hinschauen auf die abgetrennte äußere Natur zur wahren Selbsterkenntnis und von da aus zum neuen erkennenden Anschluss an die Welt des Geistes führen will. Er möchte seine Belehrung in eine Erweckung übergehen lassen.

In dem großen, Himmel und Erde umfassenden Organismus hat auch Michael die Funktion eines bestimmten Organs. Er ist dadurch sogar den Hierarchien, die höher sind als er, übergeordnet und kann so der Herold und Herzog aller Engel sein. Er ist »das Antlitz Christi«. Was ist damit gemeint?
Michael lebt allen Wesen oben und unten ein Grund-Lebensprinzip vor, das alle Sphären, von den Tiefen herauf bis in die höchsten Höhen, verbinden kann: das Prinzip der *Offenheit nach oben.* Jede Wesensstufe verwirklicht erst dadurch ihre volle Wahrheit, dass sie für die nächsthöhere Stufe offen ist. Die Engel müssen offen sein für die Erzengel,

die Erzengel für die Urkräfte usw. Jede Stufe muss selbstlos genug sein, um sich zum Organ der höheren Ordnung zu machen. Keine darf bloß sie selbst sein wollen. Michael macht nun in übermenschlich erhabener Weise den Satz wahr, den wir im Anschluss an Paulus in die Worte fassen: »Nicht ich, sondern Christus in mir«. Er spricht: Christus in mir, und so wohnt ihm Christus selber ein. Aus Michaels Augen schaut uns Christus an, auf seiner Stirne leuchten die Gedanken des Christus. Und täte er seinen ernst schweigenden Mund auf: Christus würde durch ihn sprechen. Das heißt: »Michael ist das Antlitz Christi.«

Wir Menschen unserer Zeit sollten für unser Erkennen und Verhalten das Geheimnis des »Ineinander«, der wahren Eingliederung, wohl verstehen. Wir kommen nicht mehr aus mit einem Gottesbegriff und einer Vorstellung von Engeln und anderen höheren Wesenheiten, wenn wir dabei von einem Nebeneinander oder auch einem »Einander-Gegenüber« ausgehen. Wir warten dann darauf, dass dieses höhere Wesen, vielleicht Gott selbst, auf uns zukommt und etwas für uns tut. Ein großes heiliges Ineinander ist das eigentliche Gesetz unserer Schöpfung. »Was wär' ein Gott, der nur von außen stieße …?« Wir können mit Paulus sprechen: Christus in mir! Und wenn sich dieses Wort erfüllt, so lebt durch den Christus auch der Vater in uns auf. Das Gesetz der Einwohnung ist das Herzprinzip des christlichen Weltbildes.

Derjenige Mensch, der nur er selber sein will, sei es im egoistischen Verhalten, sei es auch im oberflächlichen Nachdenken bzw. Nicht-Nachdenken über sich selbst, ist *nicht* er selbst. Sind wir nur das, was wir sind, so sind wir noch nicht eigentlich Menschen, vor allem sind wir noch nicht wir selbst. Der Mensch fängt erst an, wirklich Mensch zu sein, wenn er offen ist für den Genius. Ob wir da von dem Engel des Menschen sprechen oder von seinem wahren höheren Selbst: Alles ist zunächst ein Tasten nach der Wahrheit, aber eben nach einer der wichtigsten Wahrheiten für unsere Existenz. Allerdings ist hier Wachsamkeit vonnöten. So wahr es ist, dass derjenige nur ein Fragment oder gar eine Karikatur des Menschen ist, in dessen Antlitz nicht der Glanz des Genius leuchtet: Ist dasjenige Wesen, für das sich der Mensch offen macht, nicht selbst wieder nach oben hin offen, so bringt der

Mensch es nur zu einer gleißenden Schein-Genialität. Er ist dann nicht in wirklich selbstloser Art offen; seine Eitelkeit und sein Ehrgeiz ziehen eine luziferische, nicht eine dem Christus dienende Geistigkeit in seine Seele herein.
Der Mensch hat noch nicht wirklich in sich, was ihm als seine wahre Wesenheit zugedacht ist. Es schwebt noch über ihm. Deshalb muss er sich mit den Engelschören, die an der Himmelsleiter auf- und niedersteigen, verbinden, weil sie sein wahres Wesen noch tragen und bewahren.

Das Prinzip der Einwohnung geht durch alle Stockwerke des Daseins hindurch, wo immer nur das selbstlose Offensein nach oben vorhanden ist.
Das Wesen, das wir mit dem Christus-Namen bezeichnen, ist bereits in unvordenklichen Zeiten das klassische Ur- und Vorbild dieser Offenheit gewesen. Damals waren, wie es uns die Geistesforschung beschreibt, Christus und Luzifer noch Brüder, der gleichen hierarchischen Stufe zugehörig. Einmal kam dann im großen Werden der Welt ein Augenblick, da ein Wesen dieses hierarchischen Ranges geneigt sein musste, den Logos, das Weltenwort, durch dessen Ertönen unsere Schöpfung in Gang kam, in sich aufzunehmen und durch sich wirken zu lassen. Christus war offen nach oben, und der Logos, das Sohnesprinzip der Welt, zog in ihn ein. Luzifer wollte er selber sein und die Kraft des Logos für seine eigenen Ziele benützen. Durch sein selbstsüchtiges Handeln verlor er seinen Rang und Halt und stürzte ab. In den Sagen vieler Völker lebt noch eine Erinnerung an den Sturz Luzifers, der eben in dem Augenblick erfolgte, als Christus erhöht wurde zum Träger des Logos und somit zum Organ für die Erschaffung unserer Welt.

Die Christenheit der früheren Epochen hat in ihren Gottesdiensten immer gesprochen: »Dominus vobiscum«, »Der Herr sei mit euch«. Heute sprechen wir, uns an das paulinisch-christliche Prinzip der Einwohnung haltend: »Christus in euch«. Die alte Formel hat nicht unrecht. Sie gilt aber eigentlich nur für eine Kindheitsstufe der

Menschheit. Zu einem Kind kann man sagen: Dein Engel sei mit dir. Der Schutzengel schützt das Kind vor Gefahren, er schwebt über ihm in der Nacht und geht neben ihm bei Tage. Wenn aber der Mensch heranwächst, so wird sein Verhältnis zu seinem Engel ein anderes. Der Engel hat ihn, weil er ein freies Wesen werden soll, aus der früheren Obhut entlassen. Er hilft ihm nicht mehr einfach von außen her, ohne eigenes Zutun. Der erwachsene Mensch kann mit seinem Engel nur in Verbindung bleiben, wenn er ihn in wahrer Offenheit, die nach oben gerichtet ist, in sich aufnimmt. Erst recht dürfen wir uns, dem Kindheitsalter entwachsen, nicht vorstellen, dass Christus von außen her Wunder an uns tut. Nur wer es lernt zu sprechen: »Christus in mir«, kann auf seine Segnungen rechnen. Die Gaben des Christus wollen innerlich empfangen werden, und zwar nicht einfach rezeptiv, sondern durch die aktive Empfänglichkeit, die wir den »Glauben« nennen.

Wir wachsen in eine große, erfüllte christliche Zukunft hinein, wenn die am Altar gesprochenen Worte »Christus in euch« und »Christus in uns« immer mehr von wirklichen Vorgängen in den Seelen begleitet und schließlich auch zu Leitworten des persönlichen Frömmigkeitsstrebens werden. Das regelmäßige Eintauchen in die Sphäre der Andacht im kultischen Leben der Gemeinde, das treu geübte Gebet im Leben des Einzelnen, sie unterstützen die »Offenheit nach oben«, sodass durch das echt-entzündete Feuer von Glaube, Liebe und Hoffnung dasjenige dann auch wirklich geschieht, was jene Worte am Altar erbitten: der Einzug des Christus in die Menschenseele.

Was ganz bestimmt zunächst eintritt, wenn wir dieses üben, ist, dass unser Engel, der unser höheres Ich trägt, in uns einzieht. Und durch ihn erreicht uns die Wesens-Botschaft, ein Gnaden-Echo, eine Gnaden-Widerstrahlung aus der Christus-Sphäre. Je mehr wir dann zu der aktiven Durchlässigkeit gelangen, die in unser irdisches Ich unser höheres Ich eintreten lässt, umso mehr wird der Engel für uns sozusagen zum »Antlitz Christi«. Und indem die Einwohnung Christi in dem Engel aufleuchtet, vollzieht sie sich auch in uns selbst.

Das ist die erste Stufe, die Stufe der Gotteskindschaft, um die wir in echtem kindlichem Frommsein immer wieder neu ringen müssen. Der

Schritt von der Kindschaft zur Sohnschaft liegt dann darin, dass uns nicht nur der Engel, sondern nun auch der Erzengel, der im eigentlichen Sinne das »Antlitz Christi« ist, zu erfüllen und zu durchdringen beginnt. Wir erfahren die Nähe und die Kraft des Erzengels Michael und dadurch auf neue Art die Nähe und die Kraft Christi. Ein Hauch davon zeigt sich immer schon dann, wenn wir uns gedrängt fühlen, die in uns erwachende höhere Kraft nicht für uns zu behalten, sondern im Dienste des »wachsenden Reiches Gottes« tätig zu bewähren. Was uns zuerst im Gefühl berührte, uns stille machte und unsere innere Stille erfüllte, will unseren Willen ergreifen.

Schiller hat das Wort geprägt: »Nehmt die Gottheit auf in euren Willen, und sie steigt von ihrem Weltenthron.« Klingt das nicht für das Ohr der meisten Christen als unfromme Kühnheit und anmaßende Überheblichkeit des Menschen gegenüber Gott? In Wirklichkeit zeigt es, dass Schiller etwas von dem paulinisch-christlichen Prinzip der Einwohnung wusste, wenn er wohl auch beim Formulieren des Verses selbst nicht daran gedacht hat, eine christlich-religiöse Verkündigung auszusprechen. Und zwar deutet er hier auf das Geheimnis der Einwohnung im *michaelischen* Sinne. Christus als der Logos, der Sohn, der den Menschen in die Sohnschaft einbezieht, ist der Schöpfer der Welt. Lernen wir, »in Christi Namen«, »in des Herrn Namen« zu sprechen und zu handeln, so dürfen wir gnadevoll zu Trägern eines höheren Schöpfertums werden.

Nun ist es aber nicht so, dass die michaelische Wendung in die christliche Haltung einfach schon durch den Schritt vom Gefühl zum Wollen und zur Tat hineinkommt. Dem Erzengel Michael ist es nicht so sehr um Taten äußerer Art, als vielmehr um *Taten des Bewusstseins* zu tun. Er ist der Fürst des Werdens, der den Menschen aus der Blindheit gegenüber der geistigen Welt zu einer neuen Geist-Erkenntnis führen will. Über das alte Gottschauen der Menschheit war durch den fortschreitenden Sündenfall, aber zugleich auch zum Erwerb der Freiheit, die Götterdämmerung hereingebrochen. Das bloß intellektuelle Kopfbewusstsein ist das Mitternachtsstadium in der großen

Bewusstseins-Entwicklung der Menschheit. Michael ist heute mit aller Kraft bemüht, die Menschenseele zu einem neuen Sonnenaufgang zu führen.

Deshalb gilt sein vorwärtsdrängendes Interesse nicht dem Willen im Allgemeinen. Ihm geht es um *den Willen im Denken,* der das Gedanken- und Erkenntnisleben des Menschen der bloßen Kopfmäßigkeit entreißt; der es mit der Wärme des Herzens durchblutet und mit der Kraft des ganzen Menschen aus der Fesselung an die Sinneswelt löst und frei macht für das Übersinnliche.

Je mehr wir mit dem Wesen Michaels vertraut werden, umso unmittelbarer wird es zu uns sprechen, dass er *das Antlitzwesen* ist, und zwar für die Zeiten, in welche die Menschheit durch das Ereignis von Tod und Auferstehung Christi eingetreten ist: das *Antlitz Christi.* Beim Menschen ist das Antlitz der Ort der Wachheit und des Bewusstseins: Durch das wache Auge, das hellste unserer Sinnesorgane, durch die klare Stirn, auf der unsere Gedanken leuchten können, durch den Mund, durch den wir, was wir denken, fühlen und wollen, in deutlichen Worten aussprechen können. Erreicht uns die Kraftwirkung Michaels, so muss sie sich schließlich in unserer Wahrnehmung, in unserem Denken und unserem Wort verwandelnd kundtun. Und da Michael das »Antlitz Christi« ist, gibt er der Einwohnung Christi in uns die Richtung auf unser Bewusstsein. Er lässt selber Christus so in sich wohnen, dass in seinem Wahrnehmen, Denken und Sprechen Christus selber sieht, denkt und spricht. Und so macht er in den Seelen derer, die sich in seinem Sinne Christus nähern, die Bahn frei, damit auch durch unser menschliches Auge Christus sehen, auf unserer Stirn Christus denken und durch unseren Mund Christus sprechen kann. Die Durchchristung des Herzens ist immer der Anfang des Christ-Seins. Aber Michael will, dass auch das Tätigsein unseres Hauptes, das unser Antlitz trägt, durchchristet werde.

Der Trennungsstrich zwischen Glauben und Wissen musste im geschichtlichen Werden der Menschheit einmal gezogen werden, weil eine Zeit lang, in der Mitternacht der Bewusstseins-Entwicklung, Herz und Kopf getrennte Wege gingen. Aber die Zeit, in welcher die

Kälte des Kopfgedankens der Wärme des gläubigen Herzens widerstritt, muss heute zu Ende sein. Michael ringt um die Durchchristung des Denkens und Erkennens, die auf einer Herz-Beteiligung an den Funktionen des Kopfes beruht. Ein Bewusstseins-Christentum muss dem Menschheits-Herbst abgerungen werden, in welchem ein gläubiges Erkennen und ein erkennender Glaube den Menschen wieder voll anschließt an die Engelshierarchien, deren Herold und Herzog Michael ist.

> Sprechen wir in rechter Art »Christus in uns«, so fängt Christus an, in unserem Herzen zu wohnen.
> Spricht Michael: »Christus in mir«, so leuchtet sein Antlitz als das Antlitz Christi auf.
> Sprechen wir mit Michael: »Christus in uns«, so fängt Christus an, in unserem Herzen *und* in unserem Haupt zu wirken.

DER MICHAELS-GEDANKE: DAS FEST DES WERDENDEN

Das Michaelische, das wir ja ganz neu finden und fühlen lernen müssen, liegt niemals im Gewordenen und Fertigen; es liegt stets im Werdenden, in dem, worum noch gerungen werden muss, über dem aber doch der Stern einer erstrebten Vollkommenheit leuchtet.

Es ist gar nicht so leicht, wie es sich wohl manche vorstellen, sich heute ein Bild von Michael, dem Erzengel, zu machen. Die Bilder aus früheren Jahrhunderten treffen ja nicht mehr zu. Wir dürfen uns durch die alten Michaels-Bilder nicht mehr festlegen lassen, sondern müssen lernen, den Erzengel da zu finden, wo er *heute* steht, nachdem er alle seine früheren Schauplätze und Wirkensbestrebungen hinter sich gelassen hat. Das Michaelische will heute eigentlich mehr wie ein Wind empfunden werden, der durch die Welt geht; wie eine große Stimmung, die sich der Herzen bemächtigen möchte, ja vielleicht nicht bloß wie ein Wind, sondern wie ein Sturm, vor dem man sich nur nicht fürchten darf. Sich ein fertiges menschenähnliches Bild von ihm zu machen, lenkt nur allzu leicht von dem Elementarischen, Sphärischen, alles Durchdringenden des michaelischen Wirkens ab.

Wie spricht denn Michael heute? Er spricht nicht mit Worten. Seine Sprache ist sozusagen eine solche mit verschlossenen Lippen. Sie ist eine Sprache der Ausstrahlung, der Atmosphäre, der Willens-Gesinnung. Wir müssen heute insbesondere auch verstehen, dass er, obwohl er der Erzengel der Sonne ist, nicht durch den Frühling und den Sommer, sondern durch den Herbst spricht. Er spricht eben nicht durch das aufsteigende Leben der Natur, er spricht nicht aus dem, was irgendwie von außen dem Menschen geschenkt werden kann, er spricht ernst; er spricht so, dass er den Menschen immer etwas Großes zutraut. Er will nicht die Menschen als bloße Empfänger, die immer nur entgegennehmen wollen. Über solche sieht er großzügig hinweg. Er sucht diejenigen, die selber das bewirken wollen, was sie sich in der Welt und für die Welt wünschen.

Nun stehen wir ja nicht nur in dem Jahres-Herbst, der Jahr für Jahr durch die Michaeli-Zeit eingeleitet wird, wir stehen auch in dem großen Herbst, der unserem Zeitalter das Gepräge gibt, nachdem wir in ein Michael-Zeitalter eingetreten sind. Und es scheint sogar oft, als ob der große Herbst, das Herbsten in der ganzen Menschheit, bewirke, dass der kleine Herbst, der Jahresherbst, vordatiert wird. Der fängt immer öfter bereits an, wenn eigentlich noch Sommer sein sollte. Und so wird die Seite des Herbstes, die uns nicht ohne Weiteres beschenkt, sondern innere Aktivität und Standhaftigkeit von uns verlangt, vielleicht immer noch mehr in den Vordergrund treten. Nicht nur, dass es in manchem Jahr schon keinen rechten Sommer mehr gibt, dass, wenn man sich auf den Sommer freut, der Herbst schon seine vorzeitigen Boten entsendet: Vielleicht wird es in der Zukunft immer öfter so kommen, dass auch die sogenannten schönen Herbsttage ausbleiben. Die Welt nimmt einen immer strengeren Charakter an; einen gewagteren Stil des Lebens müssen wir als Söhne und Töchter eines Michael-Zeitalters finden.

Michael will uns nichts schenken; er will uns auch nicht Schweres ersparen. Er tut nichts, um uns über die Schwierigkeiten des Lebens hinwegzutrösten. Es ist aber nicht so, als sei er mitleidlos und als wolle er uns quälen. Wenn Schweres die Menschen trifft, sodass sie in große Nöte kommen, so spricht er: »Daran sollt ihr wachsen; wer daran nicht wächst, sondern zerbricht, wer zu schwach ist, um die Prüfung des großen Herbstes zu bestehen, der kommt vielleicht in einem späteren Leben einmal an die Reihe. Jetzt kann ich ihn nicht brauchen.« Wir wissen es ja recht gut: Als noch die Gefahren drohten, als man noch auf Fliegerangriffe gefasst sein musste, und auch in den Jahren unmittelbar nach dem Krieg waren die Seelen außerordentlich viel offener und lebendiger als heute. Wenn dann wieder Zeiten des Wohlstands kommen, so ist es, als ob Michael spräche: »Wenn es euch gutgeht, ist mit euch nichts anzufangen.« Alles, was nur von außen kommt, die Wohltaten der Sommernatur und des Wohlstandes, das sind nur allzu leicht Hindernisse für die Absichten Michaels, falls nämlich der Mensch nicht den rechten Gebrauch davon macht, wenn er nicht in allem und jedem den Schwerpunkt des Menschendaseins nach innen verlegt. Im Sommer wird heute in der Welt herumgereist, wie es in der Weltgeschichte niemals, nicht einmal in der Völkerwanderungszeit, der Fall gewesen ist. Man meint, sich auf diese Weise zu erholen. Aber man wird in der Zukunft immer mehr darauf kommen, dass auch die schönste Natur nicht mehr die erhoffte Wiederherstellung der Kräfte geben kann. Nur durch eine *innere* Erholung, durch innere Regsamkeit und Arbeit werden die verbrauchten Lebenskräfte erfrischt und erneuert. Auf diese Weise geschieht eine Verlegung der Sommerlandschaft in das Innere der Seele, mögen dann auch Stürme tosen und endlose Regengüsse niederrauschen. Die innere Sommerlandschaft, die durch die Wärme treuer innerer Übung entsteht, wird dem Menschen Erholung spenden.

Der Blick Michaels geht immer in die Zukunft. Die Vergangenheit mag noch so Großes gebracht haben, die Natur mag aus ihrer paradiesischen Erbschaft immer noch viel Schönheit bewahren – darauf richtet sich der Blick des michaelischen Geistes nicht. Er weiß, dass es im Untergang begriffen ist. Aber er weiß auch, im Dienste welcher Zukunft die Menschheit alle ihre Verarmungen und Prüfungen durchmachen muss.

Um von dem Allerzentralsten zu sprechen: Eigentlich ist es nicht einmal im Sinne Michaels, bloß auf das zurückzuschauen, was sich einmal als geschichtliches Ereignis auf Golgatha zugetragen hat. Er sieht das Mysterium von Golgatha nicht, indem er sich umkehrt und in die Geschichte zurückschaut; er sieht es als etwas Gegenwärtiges und Zukünftiges. Deshalb spricht er, dass er uns zu einem neuen, höheren Ahnen und Verstehen der Lebenstodestat auf Golgatha führen will, die fortwirkend Leben und Licht spendet. Das Ereignis von Golgatha ist für Michael in erster Linie ein Schlüssel für alle Türen und Tore der Zukunft. Er will, dass es ein Erkenntnisprinzip sei: Jeder recht gestorbene Tod bringt wirklich die Menschheit vorwärts, jedes innerlich erfüllte Leiden trägt Früchte, und so erblüht fortwährend Leben aus dem Tod. Also: Golgatha nicht als Vergangenheitsinhalt, sondern als Lebensprinzip, als Zukunftsschlüssel, als innere Orientierung für die Haltung des Menschen – das ist das stumm ausgesprochene Wort Michaels, es ist der Inhalt seines stummen und doch laut vernehmbaren Rufes an unsere Zeit.

Wie spricht Michael heute in der Bibel zu uns? Auch da spricht er nicht unmittelbar im menschlichen Wort. Lernen wir aber, die Bibel dramatisch und im Ganzen zu lesen, nicht nur in erbaulichen Einzelversen, sondern die Bibel als Ton um uns herum, als Drama auf der Höhe unseres Herzens, so werden wir an die Sprache Michaels herangeführt. Schon das Alte Testament leitet uns auf klassische Art an, uns an die michaelische Sprache heranzutasten. Wir denken beim Alten Testament immer zuerst an die historischen Bücher. Danach kommen aber noch die poetischen Bücher, zu denen die Psalmen gehören, und schließlich folgen vor allem die prophetischen Bücher. Man hat zunächst die naive Vorstellung, das alles sei aus einer einheitlichen Offenbarungsquelle hervorgegangen. Höchstens dass in den letzten 150 bis 200 Jahren die trockenen Gelehrten angefangen haben zu behaupten, dass die Bücher des Alten Testamentes zu sehr verschiedenen Zeiten niedergeschrieben worden seien. Damit aber verliert man sehr schnell das Gotteswort in der Bibel und behält nur das Menschenwort übrig. Lassen wir doch einmal den Aufbau des Alten Testamentes auf uns wirken und blicken wir von den beiden ersten Gruppen, den historischen Büchern, die in die Vergangenheit schauen, samt den poetischen Schriften, die den Übergang bilden, hin zu der dritten Gruppe, den prophetischen Büchern, die in die Zukunft schauen. Da liegt auch in der Geschichte des Alten Bundes ein unerhörter Einschnitt. Die Zeit der Propheten fällt in diejenige Entwicklung, als das Volk Israel bereits heimatlos geworden ist. Sowohl das Königreich Israel mit den zehn Stämmen als auch das Königreich Juda mit den zwei restlichen Stämmen sind vernichtet. Und so fallen die prophetischen Bücher des Alten Testamentes in das Michael-Zeitalter hinein, das begann, als die

Volksgeschichte zu Ende war. Michael war bis dahin der Erzengel des Volkes gewesen, jetzt steigt er auf zum Erzengel des Zeitalters. Jetzt darf getrost die Volksgeschichte zerbrechen. Die fremden Erobererzüge dürfen das israelitische Volk zerschmettern und den Rest in die babylonische Gefangenschaft führen. In dem neuen Weltzustand sprechen die Propheten, und durch sie spricht Michael. Nicht mehr wird der Blick in die Vergangenheit gelenkt wie in den Moses-Büchern, die bis in den Schöpfungsursprung zurückblicken. Jetzt wird in die Zukunft geschaut, und so haben die prophetischen Bücher alle den Doppelklang von Unheilsprophetie und Heilsprophetie. Die Gewitter haben schon angefangen, sich zu entladen. Die Unglückskatastrophen sind bereits hereingebrochen, und die Bücher der Propheten, vor allem des Jeremia, aber auch die der anderen, sind voll von der Verkündigung: Die Zeiten werden immer noch schwerer werden; sie werden immer dramatischere Prüfungen mit sich bringen, aber das alles ist nichts anderes als der Schatten dessen, der da kommt. Mitten in den Gewittern durften die Propheten den Blick auf die messianische Zukunft der Menschheit lenken.
Seit dem Jahre 1879 sind wir wieder in ein Michael-Zeitalter eingetreten. Und so wie damals die großen, gigantischen Machtblöcke entstanden, etwa des Assyrerreiches und anschließend des neubabylonischen Reiches, in dessen Namen Nebukadnezar Juda zertrümmerte und den Rest des israelitischen Volkes in die Gefangenschaft führte, so haben wir auch heute die großen Machtblöcke, nun in Ost und West aufgeteilt. Europa geht politisch unter. Politisch ist es nicht mehr zu einem Machtfaktor zu machen, wenn es nicht seine geistige Aufgabe ergreift. Wenn ein Michael-Zeitalter kommt, sind immer die völkischen Gebundenheiten überholt. Das nationale Element, das die Menschen sich nicht erwerben, sondern einfach durch gemeinsame Abstammung haben, tritt in den Hintergrund, und es muss *Menschheit* werden. Das war damals so und ist heute wieder so. Die nationalen Ambitionen und Machtbestrebungen können nicht mehr segensreich sein, da sie nichts sind als ein Zurückgreifen auf Vergangenheitsverhältnisse. In einem Michael-Zeitalter sind die bloß geschenkten Güter

der Vergangenheit überholt und nicht mehr zeitgemäß. Dafür aber kann nun das menschheitliche Wehen des michaelischen Windes, das menschheitliche Brausen des michaelischen Sturmes durch die Welt gehen; ein neues Geistelement kann empfunden werden, zunächst noch wie eine sich ankündigende, dann aber wie eine immer deutlichere Atmosphäre um uns herum, die allerdings keine Bequemlichkeit bietet, sondern den Menschen im innersten Wesenskern anspricht.

Wie ist es nun im Neuen Testament? Haben wir nicht für das heutige Michael-Zeitalter etwas Entsprechendes zu der Tatsache, dass damals bei dem großen Zusammenbruch der Weltverhältnisse im 7. und 6. vorchristlichen Jahrhundert die Propheten aufstanden? Wir können die Wunder der Vorsehung ahnen, die im Aufbau des Neuen Testamentes wie kristallisiert enthalten sind. Da haben wir auch die historischen Bücher: die Evangelien und die Apostelgeschichte, die auf die Ereignisse der drei Jahre zurückschauen und auf die urchristlichen Entwicklungen, die sich unmittelbar daran angeschlossen haben. Aber daran schließen sich ja die Paulus-Briefe und insbesondere am Schluss die Apokalypse an. Auch beim Neuen Testament haben wir leicht das Gefühl, das alles sei aus einer einheitlichen Offenbarung hervorgeflossen, zumal ja das vierte Evangelium und die Apokalypse sogar auf denselben Johannes zurückgehen. Aber es ist doch damals, und zwar insbesondere durch das Patmos-Erlebnis des greisen Johannes und auch schon durch das Damaskus-Erlebnis des Paulus, für eine Zukunft vorgesorgt worden, in der es wieder nötig ist, dass die Menschheit prophetische Bücher hat, um den Blick in die Zukunft zu lenken. Wenn das auch zunächst paradox erscheint: Die paulinischen Briefe gibt es schon seit fast 2000 Jahren, aber *für heute* sind sie eigentlich geschrieben. Die Offenbarung des Johannes am Schluss des Neuen Testamentes ist bereits am Ende des 1. Jahrhunderts aufgezeichnet worden, aber sie wurde damals schon vorsorglich *für unsere* Zeit geschrieben. Die Offenbarung Johannis ist die heilige Schrift unseres gegenwärtigen Michael-Zeitalters. Was will sie? Sie will nicht von irgendwelchen einzelnen Geschehnissen sprechen, an denen man herumrätselt, sondern sie will im Ganzen in die Zukunft blicken lassen. Gewiss, wir lesen die Evangelien in Dankbarkeit und Verehrung für das, was sich in den heiligen drei Jahren zugetragen hat. Uns sagt der Name Jesus, der Name des Menschen, in dem sich der Christus verkörperte, unendlich viel; wir werden niemals ausschöpfen, was er uns sagt. Aber wenn wir den Christus-Namen nennen, dann denken wir doch letzten Endes nicht an etwas, was der Vergangenheit angehört; sondern wir meinen das Wesen, das heute und in der Zukunft immer mehr und mehr in der Menschheit lebendig wird; nicht nur den, der da war, sondern den, der kommen wird und der eben heute schon im Kommen ist. Auf seine messianische Zukunft blicken wir hin, wie das Volk des Alten Testamentes in der babylonischen Gefangenschaft auf das Kommen des Messias hingeblickt hat. Das ist eigentlich die Sprache Michaels. Mitten in allen Untergängen, die als Prüfungen die Menschheit innerlich wecken und stärken sollen, geht dann die Sonne einer neuen Christus-Nähe auf. Eine messianische Zukunft ist es, der wir entgegengehen, die aber auch schon begonnen hat. Ja, lesen wir in der Bibel und hören wir im Lesen, wenn auch nicht gleich in den einzelnen Worten, so doch in dem großen dramatischen Aufbau des Neuen Testamentes die Sprache Michaels, die Sprache des apokalyptischen Bewusstseins! Steht auch nur in großen Zügen der in Entsprechungen sich vollendende Aufbau des Alten und Neuen Testamentes vor uns, so stehen wir damit vor dem Gartentor einer neuen Natur, einer neuen Sommer- und Frühlingswelt mitten in den Kälteschauern und Unheimlichkeiten der Gegenwart, die aber ein michaelisches Zeitalter ist. Und wir dürfen sagen: Ja, der äußere Sommer wird nicht mehr viel geben; er wird im Laufe der Jahre immer karger werden. Die äußere Sonne wird den Menschen immer weniger helfen, weil sie in ihre absteigende Linie eingetreten ist. Aber es wird immer mehr den inneren Sommer, die Ausstrahlungen der inneren Sonne geben. Und Michael ist der Erzengel der Sonne im Sinne der inneren, geistigen Sonne. Die äußere Sonne lässt er getrost untergehen, vieles lässt er trüber und kälter werden; aber dass die geistige Sonne mit der Wiederkunft Christi in der Menschheit aufgeht, das ist sein Anliegen. Und um den Altar herum werden schon die Blumen auch im Winter blühen, die Blumen der Seele, die Blumen im Garten der Frömmigkeit. Und die Menschen werden gesunden, wenn sie sich diesem Sommerglanz auftun.

Und so wollen wir dem, was die Zukunft bringt, mit großer freudiger Erwartung entgegengehen. Die Zukunft wird zweifellos manche Schrecknisse bringen, aber sie wird uns auch, wenn wir auf die Sprache Michaels, die Sprache der Apokalypse horchen, eine neue Christus-Nähe bringen, wenn wir uns nur hinauswagen auf das stürmische Meer des Werdens im michaelischen Zeitalter.